U0741739

口服固体制剂

国家食品药品监督管理局药品认证管理中心 编写

GMP

中国医药科技出版社

内 容 提 要

本书是《药品 GMP 指南》之一，由国家食品药品监督管理局药品认证管理中心编写，紧扣《药品生产质量管理规范（2010 年修订）》的要求，参照了国际药物工程协会（ISPE）《关于新建和改造口服固体制剂厂房的基准工程指南》（2009 年 11 月，第二版），学习借鉴了欧盟、FDA、WHO 等关于药品生产质量管理、GMP 规范和相关指南的新理念，以实际达到"最大限度地降低药品生产过程中污染、交叉污染以及混淆、差错等风险"的药品 GMP 基本目标为前提，与国际接轨，拓宽企业国际化视野，促进我国由制药大国向制药强国的转变。基本内容包括质量风险管理，生产管理，常用设备，生产过程控制，物料管理，验证，产品防护，健康、安全和环境。可供药品生产企业及工程设计、设备制造、药品监管等单位的管理、技术、生产和检查人员参考使用。

图书在版编目（CIP）数据

口服固体制剂：药品 GMP 指南／国家食品药品监督管理局药品认证管理中心编写. —北京：中国医药科技出版社，2011.8

ISBN 978 - 7 - 5067 - 5072 - 1

Ⅰ. ①口…　Ⅱ. ①国…　Ⅲ. ①固体—药剂—制药工业—产品质量—质量管理—规范—中国—指南　Ⅳ. ①F426.7 - 65

中国版本图书馆 CIP 数据核字（2011）第 133330 号

美术编辑　陈君杞
版式设计　郭小平

出版　中国医药科技出版社
地址　北京市海淀区文慧园北路甲 22 号
邮编　100082
电话　发行：010 - 62227427　邮购：010 - 62236938
网址　www. cmstp. com
规格　787×1092mm $^{1}/_{16}$
印张　16½
字数　357 千字
版次　2011 年 8 月第 1 版
印次　2021 年 6 月第 6 次印刷
印刷　三河市腾飞印务有限公司
经销　全国各地新华书店
书号　ISBN 978 - 7 - 5067 - 5072 - 1
定价　139.00 元

本社图书如存在印装质量问题请与本社联系调换

编 委 会

编写说明

《药品生产质量管理规范（2010年修订）》于2011年1月17日经卫生部令第79号发布，自2011年3月1日起施行。

依法实施《药品生产质量管理规范》（简称药品GMP），是强化国家对药品生产监督管理措施之一，也是促进我国药品生产企业建立与国际标准接轨的质量管理体系、保证上市药品质量和走向国际市场的关键因素，更是我国制药产业健康发展的技术保证。

为切实做好新修订药品GMP的实施工作，国家食品药品监督管理局药品认证管理中心会同北京大学药物信息与工程研究中心组织来自国内外药品监督管理部门及药品生产企业的160余位专家，完成了《药品GMP指南》的编写工作。旨在通过比较、研究国内外已有资料或实施经验，融汇成一套适合推进我国药品GMP实施的综合性指导资料，为新修订的药品GMP的实施提供全面、深入、实用的科学参考。

《药品GMP指南》由"质量管理体系、质量控制实验室与物料系统、厂房设施与设备、无菌药品、口服固体制剂、原料药"六个分册组成。基本涵盖了新修订药品GMP的主要内容，每部分指南从背景介绍、法规要求、技术要求、实施指导、实例分析及要点备忘等方面展开。如在公共系统指南中，对药品生产与质量控制的通用部分内容进行了重点说明，以帮助理解新修订药品GMP中质量风险管理、纠正与预防措施（CAPA）、变更、偏差等新概念。在具体剂型指南中，根据不同剂型的生产工艺、关键质量控制点的不同进行了具体分析。公共系统指南与具体剂型指南各自独立又相互补充，使药品GMP系统性要求与产品风险控制有机结合，为药品GMP的有效实施打下基础。

《药品GMP指南》编写过程中除了紧扣新修订的药品GMP外，还参考、引用了包括US FDA、EMA、WHO、ISO、PIC/S、ICH、ISPE、PDA在内的部分国外药品监督管理机构、国际组织、行业协会以及药品生产企业的相关指导原则、技术标准和文件达290余份。

《药品GMP指南》的研究、编写本身就是科学监管理念指导下的一次实践，也是药品监督管理部门、学术研究机构和药品生产企业在药品监管全球化趋势下的一次合作。希望《药品GMP指南》的出版有助于药品检查员、药品监督行政管理人员、药品生产企业的管理和技术人员从中学习借鉴汲取国际先进管理及技术理念。同时，为对新修订药品GMP的认知和实践，提供一个学习研究的平台。《药品GMP指南》作为对药品GMP的科学理解和实践经验的凝练的技术参考资料，也应随着认识的提高和实践经验的丰富而不断更新和完善。

《药品GMP指南》的编写得到了国家食品药品监督管理局以及相关业务司局的支持和指导；北京大学药物信息与工程研究中心及部分药品生产企业给予全力配合。在此，谨对关心和支持《药品GMP指南》编写的各级领导和专家表示衷心的感谢！

《药品GMP指南》涉及的内容广泛，虽经努力，但因时间仓促、水平有限，错漏之处恳请指正。

国家食品药品监督管理局药品认证管理中心
2011年6月

目　录

配图索引

表格索引

1 前言

1.1 背景

1.1.1 指南说明

为配合《药品生产质量管理规范》（2010 年修订）（以下简称 2010 版 GMP）的实施，《口服固体制剂》从 2010 版 GMP 的要求出发，参考欧美药监机构、行业协会和企业的相关指南、标准和技术文件，结合国内外制药行业 GMP 实施经验，融汇成一套既与国际接轨又适合中国国情的指南，为 2010 版 GMP 的企业实施和药品检查提供参考。

本套指南共分 6 册，包括 3 部产品指南及 3 部公共系统指南。《口服固体制剂》在 2010 版 GMP 基础上，参考了 FDA、EMEA、WHO、ICH、ISPE、ISO、PIC/S 等监管机构或国际组织原料药相关指南或技术文件及其最新进展，并广泛了解企业的实际状况及需求，结合国内的具体实例，力图更具指导性、实用性和可操作性。对每个关键控制点，本指南尽可能给出多种具体的实施方法，药品生产企业应根据自身情况，在风险评估的基础上选择应用，并不限于指南中提供的方法。考虑到业界的水平和行业的发展，本指南也将在现有的基础上不断更新。

本指南主要突出了口服固体制剂生产的特点，对于公共部分，可参见本丛书相应分册。

本指南是推荐性、非强制的，生产企业可以有其他合理选择。

1.1.2 法规背景

2010 版 GMP 中没有关于口服固体制剂这一剂型的附录，关于口服固体制剂的法规条文分布在其通则部分。2010 版 GMP 吸纳了质量管理体系、质量风险管理等新理念，借鉴了国际上在厂房设备管理、生产管理、供应商管理、文件管理、质量受权人、委托生产和委托检验、变更控制、偏差管理、纠正和预防措施（CAPA）、持续稳定性考察、产品质量回顾分析、药品模拟召回等方面的先进管理和实践经验，引入了先进的质量管理方法，使制药企业能够及时发现质量风险或产品质量缺陷，持续改进，不断提高产品质量。

本指南在编制过程中，参照了国际药物工程协会（ISPE）关于新建和改造口服固体制剂厂房的基准工程指南（2009 年 11 月，第二版），学习借鉴了欧盟、FDA、WHO 等关于药品生产质量管理、GMP 和相关指南的新理念，在实际达到"最大限度地降低药品生产过程中污染、交叉污染以及混淆、差错等风险"的 GMP 基本目标为前提，与国际接轨，拓宽企业国际化视野，促进我国由制药大国向制药强国的转变。

1.1.3 技术背景

在固体剂型的制备过程中，首先根据生产工艺要求将药物生产中用到的原辅材料进行预处理，以适用于后期加工成各种剂型的需要。如与其他组分均匀混合后直接分装，可获得散剂；如将混合均匀的物料进行造粒、干燥后分装，即可得到颗粒剂；如将制备的颗粒压缩成形，可制备成片剂；如将混合的粉末或颗粒分装入胶囊中，可制备成胶囊剂等。对于固体制剂来说，粉碎、过筛、混合是保证药物的含量均匀度的主要单元操作。

在种类纷繁的药品制剂中，口服固体制剂的剂型品种最为丰富、临床用药最为方便，长期以来，一直占据着国际用药主流剂型地位，GMP 的实施可以保证大范围使用的口服固体制剂产品更为安全、可靠。

1.2 范围

《口服固体制剂》适用于片剂和胶囊剂、颗粒剂等口服固体制剂的生产和检查，指南正文结合生产工艺路线和不同单元操作所使用的设备、生产操作的技术特点，从管理角度和技术角度分别进行阐述，综合了人员、物料、厂房和设备、工艺控制和环境控制对产品生产中防止污染和交叉污染，防止混淆和差错的基本管理要求。

1.3 框架

本指南根据口服固体制剂的生产工艺特性，从管理角度和技术角度引导口服固体制剂生产企业 GMP 的实施。

参照 2010 版 GMP 的机构，本指南第 2 章介绍了质量风险管理概念和工具，并结合口服固体制剂剂型特点和生产工艺给出了应用的案例。

第 3 章侧重于介绍口服固体制剂生产实现的要素的 GMP 管理要点，包括人员、物料管理、厂房设施设备、空调系统、制药用水等方面，并增加了批次管理、清场管理等关键控制项目，对厂房设施、公用系统、仪器设备的整体要求，在本套指南的公共系统指南部分有详细阐述。

第 4 章描述了口服固体制剂生产用设备的操作原理和使用要点、清洁维护操作要求，包括称量单元、粉碎机、混合机、制粒机、压片机、胶囊机、包衣机和包装设备等，还针对口服固体制剂工艺过程中使用的特殊设备，如模具、筛网、滤袋的管理提供了参考，并介绍了中间体检测用到的设备，还介绍了金属探测器这类较前沿的设备。

第 5 章按照生产操作顺序介绍了生产过程控制中要注意的技术操作要点和相关要求，并增加了技术转移的相关内容，口服固体制剂生产中包括了配料、制粒、干燥、压片、包衣、胶囊填充、包装等重要单元操作。

第 6 章描述了物料从供应商选择，进厂检验，仓储，成品检测放行及销售与退货全生命周期的程序管理和 GMP 控制要素，重点介绍生产过程中的物料管理和输送过程的隔离要求。

第 7 章在重点介绍工艺验证和清洗验证的基础上，增加了包装验证的内容，验证是 GMP 认证的基础，2010 版 GMP 对质量管理体系的强调，离不开确保生产设备设施、检验仪器等处于验证状态，即处于合格的受控的状态。

第 8 章针对固体制剂物料周转运输量大，易产生粉尘的操作较多的生产特点，描述了产品防护的实现。

第 9 章描述了口服固体制剂生产环境、健康、安全（environment，health，safety，EHS）要求，分别描述了产品本身和产品对外界污染和交叉污染的防护，体现出药品生产质量管理体系不仅受 GMP 的直接影响，还与 EHS 等间接影响质量的非 GMP 因素密切相关。

最后以附录的形式给出了软胶囊制剂的 GMP 实施案例，供有需要的企业参考。

2　质量风险管理

本章将探讨以下问题：
- ☞ 质量风险管理简介
- ☞ 风险评估的工具
- ☞ 口服固体制剂生产中风险评估应用案例

　　质量风险管理的概念由 ICH Q9 推广，对于行业及其监管有着重大意义，其影响力不仅局限于欧盟、美国和日本等地域限制。欧盟 GMP 指南也在 2008 年增加了附录 20 质量风险管理，全面引用了 ICH Q9，2010 版 GMP 也引入了质量风险管理的概念，本章将通过口服固体制剂的案例，简介质量风险管理的原则、工具和应用，关于原则和工具的更多详细内容，参见本丛书《质量管理体系》分册 5. 质量风险管理。

药品生产质量管理规范（2010 年修订）

第十三条　质量风险管理是在整个产品生命周期中采用前瞻或回顾的方式，对质量风险进行评估、控制、沟通、审核的系统过程。

第十四条　应当根据科学知识及经验对质量风险进行评估，以保证产品质量。

第十五条　质量风险管理过程所采用的方法、措施、形式及形成的文件应当与存在风险的级别相适应。

2.1　质量风险管理的原则和工具

【技术要求】

　　ICH Q9 中关于质量风险管理（quality risk management，QRM）的定义为：

　　"质量风险管理是质量管理方针、程序及规范在评估、控制、沟通和回顾风险时的系统应用。"

　　Quality Risk Management（QRM）is the systematic application of Quality management policies，procedures and practices to the tasks of assessing，controlling，communicating and reviewing risk.

　　"风险（Risk）"由两个关键因素构成：

- ● 危害发生的可能性
- ● 危害发生的严重性

有效地管理风险就是对风险的这两个因素的控制。

质量风险管理应用范围很广，可以贯穿于质量和生产的各个方面，包含多种方法和适应性。质量风险管理方法的应用，针对不同的风险所用的方法和文件可以有所不同。对质量风险的评估应该基于科学性和保护患者的出发点，质量风险管理流程和文件的复杂程度应该与所对应的风险程度相一致。质量风险管理方法的应用，针对不同的风险所用的方法和文件也可以有所不同。

质量风险管理可以应用于，但不仅限于以下方面：

- 确定和评估产品或流程的偏差或产品？投诉对质量和药政法规造成的潜在的影响，包括对不同市场的影响
- 评估和确定内部的和外部的质量审计的范围
- 厂房设施、建筑材料、通用工程及预防性维护项目或计算机系统新建或改造的评估
- 确定确认、验证活动的范围和深度
- 评估质量体系，如材料、产品发放、标签或批审核的效果或变化
- 其他方面的应用

【实施指导】

质量风险管理是通过掌握足够的知识、事实、数据后，前瞻性地推断未来可能会发生的事件，通过风险控制，避免危害发生。

A. 质量风险管理模式图

质量风险管理的模式（图2－1）由三部分组成：

- 风险评估（risk assessment）
- 风险控制（risk control）
- 风险审核，文件和沟通（documentation and communication）

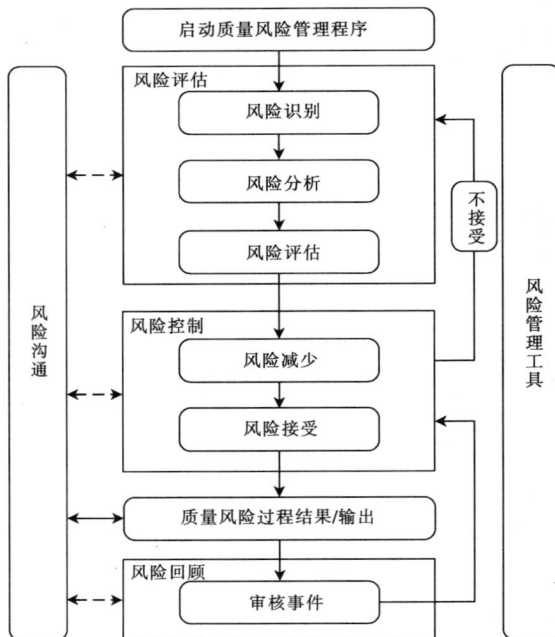

图2－1　质量风险管理模式图

B. 质量风险管理流程

根据质量风险管理的模式图，质量风险管理流程可以概括为以下基本步骤：

- 风险识别
- 风险分析
- 风险评价
- 风险控制
  - 风险降低
  - 风险接受
- 风险审核及回顾

C. 风险评估的工具

进行质量风险评估时，针对不同的风险项目或数据可选择不同的风险评估工具和方法。这里介绍几种常用的风险评估工具：

（1）常用统计工具

用于收集或组织数据、构建项目管理，包括：流程图、图形分析、鱼骨图、检查列表等。

（2）风险排列和过滤（risk ranking and filtering，RRF）

这个方法是将风险因素进行排列和比较，对每种风险因素做多重的定量和定性的评价，权重因素并确定风险得分。

风险评价可以使用"低/中/高"或"1/2/3"的分类和简单的矩阵，如矩阵图和 RRF 列表。RRF 适用于对事件定性及定量的全面分析。

（3）事先危害分析（preliminary hazard analysis，PHA）

PHA 用于在事情发生前应用经验和知识对危害和失败进行分析以确定将来可能发生的危害或失败。

这个方法基于在给定的条件下对风险矩阵的开发，包括：

- 严重性的定义和排列：严重，主要，次要，可忽略；
- 发生频次（可能性）的定义和排列：频繁，可能，偶尔，罕见；
- 风险的水平和定义
  - 高：此风险必须降低
  - 中：此风险必须适当地降低至尽可能低
  - 低：考虑收益和支出，降低至尽可能低
  - 微小：通常可以接受的风险

PHA 常用于评估产品、过程、厂房设施等前期设计阶段所存在的潜在缺陷。

（4）失败模式效果分析（failure mode effects analysis，FMEA）

评估潜在的失败模式和因此对产品性能或结果产生的影响。

一旦失败模式被确定，可应用风险降低来消除、减少或控制潜在的失败。

FMEA 工具依赖于对产品和流程的深入了解，针对每种失败模式确定相应的风险得分。

FMEA 排列标准和失败得分举例如下：

$$严重性 \times 可能性 \times 可测定性 = 风险得分$$

（5）危害分析及主要控制点（hazard analysis and critical control points，HACCP）

HACCP 共有 7 步，该工具的应用需基于对过程或产品有深刻的理解。

● 列出过程每一步的潜在危害，进行危害分析和控制；

● 确定主要控制点；

● 对主要控制点建立可接受限度；

● 对主要控制点建立监测系统；

● 确定出现偏差时的正确行动；

● 建立系统以确定 HACCP 被有效执行；

● 确定所建立的系统被持续维持。

HACCP 用于产品的物理、化学性质等危害分析，只有对产品及过程有全面的了解和认识时方可正确地确定控制点，其输出结果可推广用于不同的产品生命周期阶段。

（6）过失树分析（fault tree analysis，FTA）

FTA 是鉴别假设可能会发生过失的原因分析方法。

FTA 结合过失产生原因的多种可能假设，基于对过程的认识做出正确的判断。

FTA 用于建立发现过失产生原因的路径，是评估复杂过程中多种因素分析的有效工具。

2.2 口服固体制剂的质量风险管理

口服固体制剂生产过程质量风险点管理示意见图 2-2。

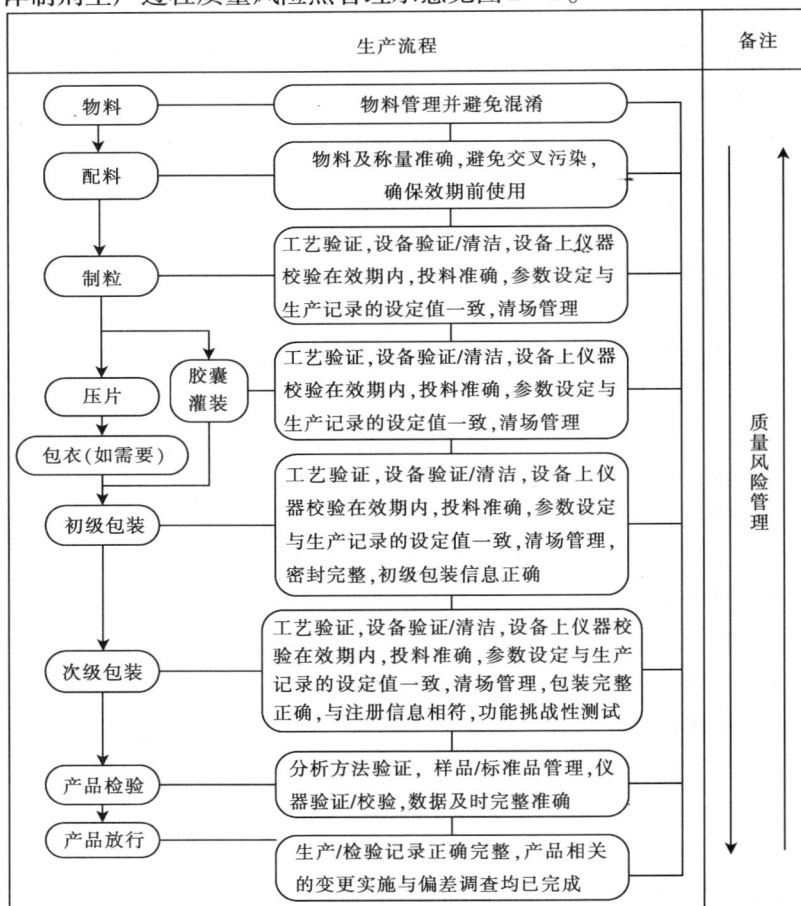

图 2-2 口服固体制剂生产过程风险点（以片剂和胶囊剂为例）

【实例分析】

实例1：应用质量风险管理的方法确定仪器设备校验周期

（1）风险识别

确定风险问题：根据仪器设备的情况，如何确定仪器设备的校验周期？

收集信息：历史校验记录；当前的校验周期；偏差报告等相关信息；是否对发放的产品产生影响等。

（2）风险分析：选择风险评估工具

本案例应用失败模式效果分析，识别潜在的失败模式，对风险发生的频率、严重性和可测量性评分（表2-1、表2-2、表2-3）。

表2-1 仪器设备校验失败的发生频率

	风险等级	低	中	高
	数字等级	-1	-2	-3
历史	该设备（通过以往情况了解发生频率）	两年以上的历史记录，低校验超值率（MTBF > 24个月）	低于两年的历史记录，低校验超值率	无历史记录或无记录表明MTBF < 24个月
	同样设备	三台或三台以上同样的设备（MTBF > 24个月）	1或2台同样的设备（MTBF > 24个月）	无同样设备作为备份
	相似设备（在计划环境中是否有设计和功能相似的设备，可以提供预示性数据）	在相似环境中有多台相似设备（例如10台）（MTBF > 24个月）	在相似环境中有几台相似设备（MTBF > 24个月）	在相似环境中无相似设备
环境	温度和湿度（操作和存放条件）	温度和湿度稳定，在厂商建议范围内	温度和湿度不稳定，但在厂商建议范围内	温度和湿度无法获知，可能超出厂商建议范围
	输电线/电干扰	非电动设备	使用电池或对电、雷有良好的防护	设备所在环境的用电情况复杂。强电磁干扰等
	灰尘/污垢/化学品/冲洗	设备置于干净、干燥的区域，不会被冲洗	设备置于柜中或被清洗区域，少量灰尘，无化学品	设备置于脏乱的区域，该区域频繁清洗或存有化学品
	振动	设备永久性安置在稳定的环境中	设备是便携的，经常搬动，或时有振动	设备受到强振动影响
	有形损坏	设备置于隔离或防护区域	设备所置区域有人流物流通过，对设备有潜在影响	设备所置区域总有人流物流通过，对设备有影响
使用范围	设备受输入的使用范围的影响	唯一的、固定的设置，在设定为设计功能的中间点运行	设备多项设置在设计功能的80%的范围内运行	设备多项设置在设计功能的全部范围内运行
年限	初次使用或已使用一段时间	设备的使用时间大于3个月，但未超过5年	设备的使用时间低于3个月，但已超过5年	设备的使用时间超过10年

两次失败之间的平均时间（Mean Time Between Failure，MTBF）

表 2-2 仪器设备校验失败的严重性

	风险等级	低	中	高
	数字等级	-1	-2	-3
人员安全	设备危险程度与工厂安全	该设备不是安全系统的一部分	该设备是安全系统的一部分，但有多余的配置	该设备是安全系统的主要部分，并且没有多余的配置
环境	设备危险程度与操作环境	该设备不是环境系统的一部分	该设备是环境系统的一部分，但有多余的配置	该设备是环境系统的主要部分，并且没有多余的配置
GMP/产品	校验失败对产品质量的影响	无影响，不符合性能标准/期望值的失败校验对产品质量没有不利影响	有间接影响或是直接影响的间接部分，不符合性能标准/期望值的失败校验对产品质量有不良影响，但在工艺中保证了后续的100%的检验/确认	有直接影响且没有后续的检验/确认，不符合性能标准/期望值的失败校验对产品质量有不利影响
生产	校验失败对生产运行的影响	不符合性能标准/期望值的失败校验对生产的迅速或效率没有不利影响	不符合性能标准/期望值的失败校验对生产的迅速或效率有不利影响	不符合性能标准/期望值的失败校验将导致生产中断
成本	由校验失败带来的额外费用	校验失败没产生额外费用	校验失败产生少量额外费用	校验失败导致重大损失，甚至返工或拒收
能源	校验失败对能源消耗的影响	校验失败对能源效率和消耗无影响	校验失败引起能源消耗的增加，或效率降低	校验失败引起能源消耗的大幅度增加，或效率急剧降低

表 2-3 校验失败的可测量性

	风险等级	低	中	高
	数字等级	-1	-2	-3
自动	关键产品特征/参数的自动确认	对关键产品特征/参数100%或持续的在线检查/分析（PAT）	对关键产品特征/参数进行定期的在线检查/分析	无关键产品特征/参数的在线检查/分析
手动	人工参与或审核产品质量的确认	对关键产品特征/参数100%或持续的在线检查/分析	对关键产品特征/参数进行定期的在线检查/分析	无在线检查/分析

（3）风险评估：识别、分析和评价潜在的风险

从发生频率、严重性和可测量性的角度出发确定仪器设备校验失败的影响：依据前述表2-1~表2-3的各项标准综合、分解各项与之相关的参数。

表 2 - 4　质量风险评估案例

仪器设备	是否重要	相关系统	发生频率	严重性	可测性	风险得分（失败模式）	建议的校验周期		备注
							原周期	建议周期	
温度传感器	Y	WFI	2	2	2		6 个月		
压力计	Y	反应器	3	2	3		12 个月		
湿度传感器	Y	包装间	1	3	1		12 个月		
氧传感器	Y	反应器	3	3	3		6 个月		
RPM 传感器	Y	反应器	1	1	1		18 个月		

表 2 - 5　应用三分制的失败模式效果分析的等级标准和失败赋值

数字等级	发生频率（表2-1）	严重性（表2-2）	可测量性（表2-3）	最大风险分值
	仪器使用历史，环境，使用范围和年限	人员安全，环境，GMP/产品，生产，成本和能源	自动化操作，手动操作，操作人员确认	
1	低	低	低	1
2	中	中	中	8
3	高	高	高	27

分别将低、中、高风险赋值以数字 1、2、3。每一项标准（发生频率、严重性、可测量性）就会有一个对应的数字作为风险得分。失败风险得分为各项标准得分的乘积。如：

$$发生频率 \times 严重性 \times 可测量性 = 风险得分$$

（4）风险降低

表 2 - 6　质量风险评估案例风险评分与措施

风险得分	风险描述	仪器设备校验周期的改变
1	可忽略的	36 个月
2	很低	24 个月
3 ~ 6	低	原周期的 2 倍（如 6 个月变为 12 个月）
8	中	原周期的 1.2 ~ 1.5 倍（如 3 个月变为 4 个月，12 个月变为 18 个月）
9 ~ 12	中/高	原周期不变
18	高	原周期的 0.5 倍（如 12 个月变为 6 个月）
27	很高	大大缩短周期（如 3 个月），考虑改造设备以降低风险得分

（5）风险接受

仪器设备校验失败的发生频率、严重性和可测量性都分别评估完成并且达成一致，即可以定义风险可接受的标准。

使用失败模式效果分析的标准认定风险的等级并完成风险综合评估。

表 2 - 7　质量风险评估案例最终的 FMEA 表

仪器设备	是否重要	相关系统	发生频率	严重性	可测性	风险得分（失败模式）	建议的校验周期		备注
							原周期	建议周期	
温度传感器	Y	WFI	2	2	2	8（中）	6 个月	9 个月	发生频率（中），严重性（中），可测量性（中）。因此，延长周期为原周期的 1.5 倍
压力计	Y	反应器	3	2	3	18（高）	12 个月	6 个月	发生频率（高或未知），严重性（中），可测量性（高）。因此，缩短周期
湿度传感器	Y	包装间	1	3	1	3（低）	12 个月	24 个月	低发生频率，易测量，延长周期至 24 个月
氧传感器	Y	反应器	3	3	3	27（高）	6 个月	3 个月	历史记录糟糕，严重性（高），可测量能力表明具有高风险。因此，大幅缩短周期，考虑改造可测量系统以降低风险
RPM传感器	Y	反应器	1	1	1	1（低）	18 个月	36 个月	可忽略的风险

（6）风险沟通和审核

● 文件和批准：更新设备校验规程并获得批准。

● 沟通：完成相关人员的讨论及培训。

● 新周期的风险审核：设备校验过程及使用过程中监控任何的偏差，如果出现偏差或增加设备校验的新条件或要求需重新评估。

实例 2：应用失败模式影响分析模式 FMEA 对配料过程进行分析

（1）风险识别

配料是固体口服制剂生产过程中的第一个步骤，随着药品质量风险控制的不断提升，配料过程风险控制也随之愈加重要。在 5.2.2 配料中已经对配料过程要点进行了详细的描述，在本章节中，我们使用 FMEA 工具对在开放区域的手动人工配料进行失败模式分析，以便于更好的掌握配料过程的风险控制点。

（2）风险分析：选择风险评估工具

本案例应用 FMEA，识别潜在的失败模式，对风险的严重程度、发生几率和发现的可能性评分（表 2 - 8、表 2 - 9、表 2 - 10）。

表 2 - 8　严重程度的 10 分制

结果	结果的严重性	得分
无警告的严重危害	在没有任何预兆的情况下发生的，影响操作人员和机器安全或违反有关法律法规的极其严重的失败模式	10

续表

结果	结果的严重性	得分
有警告的严重危害	在有预兆的情况下发生的，影响操作人员和机器安全或违反有关法律法规的极其严重的失败模式	9
非常高	造成生产线的较大破坏，可能造成100%的产品报废，使产品或系统丧失主要功能的失败模式。顾客非常不满	8
高	造成生产线的较小破坏，可能需对产品进行挑选、有部分需报废。导致产品或系统降级工作。顾客不满意	7
中等	对生产线造成较小的破坏，可能有部分产品需报废（但无需挑选）。顾客感觉不方便	6
低	对生产线造成较小的破坏。可能需对100%的产品进行返工。顾客感觉到有些不满	5
非常低	对生产线造成较小的破坏。可能需对产品进行挑选，部分产品返工。大部分顾客可以发现这些缺陷	4
较小	对生产线造成较小的破坏。部分产品需进行返工。一半的顾客可以发现到缺陷	3
非常小	对生产线造成较小的破坏。部分产品需进行返工。但很少有顾客可以发现到缺陷	2
无	无影响	1

表中的"顾客"一词，可以是内部顾客，例如下一个工序，也可以是最终用户

表2-9　发生几率10分制

失败发生的可能性	失败的几率	举例	得分
非常高：几乎不可避免失败	≥1/2	—	10
	1/3	—	9
高：反复发生的失败	1/8	每日发生	8
	1/20		7
中等：偶尔发生的失败	1/80	每月发生	6
	1/400		5
	1/2000		4
低：相对很少发生的失败	1/15000	—	3
非常低：相对非常少发生的失败	1/150000	—	2
微小的：几乎不可能发生的失败	≤1/150000	仅发生过一次	1

表2-10　发现的可能性10分制

发现的可能性	在发生之前通过过程控制可以检测出缺陷的可能性大小	得分
绝对不可能	完全没有有效的方法可以检测出失败模式	10
可能性极小	目前的方法几乎不可能检测出失败模式	9
可能性小	目前的方法只有极小的可能性可以检测出失败模式	8
可能性很低	目前的方法只有很低的可能性可以检测出失败模式	7

发现的可能性	在发生之前通过过程控制可以检测出缺陷的可能性大小	得分
可能性低	目前的方法有较低的可能性可以检测出失败模式	6
中等可能性	目前的方法有中等的可能性可以检测出失败模式	5
中等偏上的可能性	目前的方法有中等偏上的可能性可以检测出失败模式	4
可能性大	目前的方法可以检测出失败模式的可能性大	3
非常大的可能性	目前的方法可以检测出失败模式的可能性非常大	2
几乎肯定能	目前的方法几乎可以肯定的检测出失败模式；有可靠的检测方法	1

（3）风险评估：识别、分析和评价潜在的风险

确定可能的失败模式范围，列出每一个失败模式的潜在结果，对每一个失败模式给出严重性（SEV）分数。识别每一个失败模式的原因，给出每一个原因的发生几率（OCC）分数。

识别用于发现失败模式的当前控制手段，对每一个原因和控制手段给出发现的可能性（DET）分数。

计算 FMEA 中每一条风险优先数（RPN），基于 RPN 确定失败模式和原因的优先次序。

如表 2-11 所示，将 RPN 分值大小排序，便得到了风险控制中的关键控制点。基于不同工厂的实际案例和情况，定义本工厂需要采取行动的 RPN 值。以本例来看，该案例发生工厂的规定，对 RPN > 100 的失败模式进行关注与分析，即至少需要对以下两点制定相关的改进措施来减少其过程的质量风险。

● 在物料称重，双人复核重量读数过程中的物料错误失败模式，RPN = 120
● 将未使用的物料退回到物料储存间过程中的退回物料错误失败模式，RPN = 150

（4）风险降低

确定所采取的整改行动，基于整改完成后情况再重新评估后计算 RPN。

如表 2-12 所示，在采取了相应的改进措施后，再次对其严重程度 S、发生几率 O 和发现的可能性 D 进行重新评估后，整改后的 RPN 值降低了。即通过全面的过程失败模式影响分析后，针对关键风险控制点进行了相应的控制，从而降低了整个过程的质量风险。

实例 3：应用失败模式风险分析模式 FMEA 对包装过程进行分析

（1）风险识别

包装作为生产过程的最后一步，可以分为初级包装和次级包装。下文以片剂铝塑包装形式为例，进行失败模式风险分析，找出包装过程中的风险关键点。

（2）风险分析：选择风险评估工具

本案例应用失败模式效果分析，识别潜在的失败模式，对风险的严重程度、发生几率和发现的可能性评分（参见表 2-8、表 2-9、表 2-10）。

（3）风险评估：识别、分析和评价潜在的风险

如表 2-13 所示，在对配料过程进行全面的分析后，对其可能的失败模式进行了影响的严重程度 S，其原因的发生几率 O 和现有控制手段后的发现的可能性 D，将其相乘，便得到了每个关键工艺过程的风险排序 RPN = S × O × D。

表 2 – 11 风险优先数排序示例 1

关键工艺过程	可能的失败模式	可能的失败影响	严重程度 S	可能的原因	发生几率 O	现在的控制手段	发现的可能性 D	风险排序 RPN
1. 准备料铲, 物料桶, 不锈钢容器, PE袋, 扎丝等配料工具	配料工具不洁净	交叉污染和微生物污染	9	配料工具没有根据 SOP 清洁	2	1. 操作人员上岗资格认证, 2. 在 SOP 和生产记录中规定对清洁状况的日常检查	1	18
2. 确认物料信息	物料超过效期	产品失效	8	没有检查物料的效期	1	清洁验证及定期的验证状态回顾	2	18
					4	1. 计划员按照 SOP 要求检查物料效期 2. 配料操作人员根据物料准备单, 检查效期	1	32
	错误的物料	产品成分错误	10	没有根据 SOP 要求操作	3	在配料开始前, 操作人员双人检查物料信息	1	30
	错误的生产文件	混批	5	没有根据 SOP 要求操作	3	在配料开始前, 操作人员双人检查生产记录信息	2	30
3. 检查 PE 袋的完整性	PE 袋不完整	物料遗撒	7	没有根据 SOP 要求操作	4	1. 双层 PE 袋 2. 根据 SOP 的要求, 日常检查	1	28
4. 用酒精消毒料铲	没有消毒	微生物污染	9	没有根据 SOP 要求操作	2	在使用料铲前, 在日志上记录料铲的消毒	1	18
5. 物料称重, 双人复核重量读数	错误的物料	产品成分错误	10	没有根据 SOP 要求操作	4	操作人员上岗资格认证	3	120
	错误的称重	产品成分比例错误	10	没有根据 SOP 要求操作	3	1. 配料双人复核 2. 制粒操作人员检查重量	1	30

续表

关键工艺过程	可能的失败模式	可能的失败影响	严重程度 S	可能的原因	发生几率 O	现在的控制手段	发现的可能性 D	风险排序 RPN
6. 在重量标签上填写信息	填写信息错误	误导制粒操作人员	2	没有根据 SOP 要求操作	4	在标签粘贴前，双人复核标签	2	16
7. 粘贴重量标签	标签丢失	物料信息和重量丢失	6	PE 袋上附有过多的粉末	4	在双重 PE 袋之间粘贴标签并在配料完成后扎紧物料的扎丝	1	24
8. 记录生产记录和操作日志	记录错误信息或者忘记记录	违背 GMP 数据准确要求，并误导其他操作人员	2	没有根据 SOP 要求操作	4	1. 操作人员上岗资格认证，2. 按照 SOP 要求，由主管高频率的检查	2	16
	退回物料错误	物料混淆	10	没有根据 SOP 要求操作	5	转运操作人员复核重量标签	3	150
9. 将未使用的物料退回到物料储存间	退回物料重量错误	物料数量与物流控制系统中记录不符	4	当配料时，所配物料重量错误	2	1. 在每批配料之后检查剩余物料数量，2. 制粒操作人员双人复核物料重量	1	8
10. 在配料之后，清洁配料操作间	没有彻底的按照 SOP 清洁配料操作间	化学成分交叉污染	6	没有根据 SOP 要求操作	4	操作人员上岗资格认证	1	24

表2-12 采取改进措施后风险水平降低1

关键工艺过程	可能的失败模式	整改前RPN	改进措施	可能的失败影响	严重程度S	可能的原因	发生几率O	现在的控制手段	发现的可能性D	整改后RPN
5. 物料称重,双人复核重量读数	错误的物料	150	对在岗操作人员进行物料相关物理和化学知识的培训,以提升其对物料的准确识别能力	产品成分错误	10	没有根据SOP要求操作	2	1. 操作人员上岗资格认证 2. 持续的在岗人员培训	1	20
9. 将未使用的物料退回到物料储存间	退回物料错误	120	不同的物料以不同的包装区别,颜色,大小等明确以区分	物料混淆	10	没有根据SOP要求操作	2	1. 转运操作人员双人复核重量标签 2. 不同的物料由不同的包装区分	1	20

表2-13 风险优先数排序示例2

关键工艺过程	可能的失败模式	可能的失败影响	严重程度 S	可能的原因	发生几率 O	现在的控制手段	发现的可能性 D	风险排序 RPN
1. 准备过程	药片混淆	部分甚至整批被拒客户投诉	9	1. 清场不完整 2. 错误容器标签 3. 操作错误	2	1. 双人复核 2. 按照SOP要求清场并填写清场检查表格	4	72
	包装材料混淆	部分甚至整批被拒客户投诉	9	1. 清场不完整 2. 错误容器标签 3. 操作错误	2	1. 双人复核 2. 按照SOP要求清场并填写清场检查表格	4	72
2. 产品信息确认	错误的药片或者物料引入了生产过程	部分甚至整批被拒客户投诉	9	1. 错误的在线确认操作 2. 生产记录信息错误	2	1. 双人复核 2. 按照SOP要求操作并记录在生产记录上	4	72
3. 药片下料装填	药片被污染	部分甚至整批被拒	9	1. 操作错误 2. 药片在生产前已经被污染	2	按照SOP要求保证操作清洁	4	72
4. 下成型膜给料	物料错误	成型膜外观缺陷部分甚至整批被拒	9	1. 物料质量缺陷 2. 错误的不完整的标准 3. 操作错误	2	1. 按照SOP要求接收、检验并放行物料 2. 生产记录的检查和发放 3. 操作人员上岗前资格认证	4	72
	物料错误	下成型膜外观缺陷部分甚至整批被拒	9	1. 物料质量缺陷 2. 错误的不完整的标准 3. 操作错误	2	1. 按照SOP要求接收、检验并放行物料 2. 生产记录的检查和发放 3. 操作人员上岗前资格认证	4	72
5. 铝箔给料	铝箔破损	客户投诉部分甚至整批被拒	9	1. 错误的参数设置 2. 牵引辊上的污迹刺破铝箔 3. 设备故障	5	1. 操作人员上岗资格认证 2. 生产前检查	5	225

16

续表

关键工艺过程	可能的失败模式	可能的失败影响	严重程度 S	可能的原因	发生几率 O	现在的控制手段	发现的可能性 D	风险排序 RPN
6. 铝箔打印（如适用）	漏印信息	客户投诉 部分甚至整批被拒	9	1. 设备故障 2. 错误的参数设置	3	1. 操作人员上岗资格认证 2. 生产前检查 3. 设备定期维护保养	3	81
	印字字符不正确	客户投诉 部分甚至整批被拒	9	1. 字模混淆 2. 操作错误 3. 字模版本错误	2	1. 操作人员上岗资格认证 2. 生产前检查 3. 按照 SOP 要求接收、检验并放行字模	2	36
	缺少印字	客户投诉 部分甚至整批被拒	7	1. 错误的设定 2. 油墨问题	4	1. 操作人员上岗资格认证 2. 生产前检查	2	56
7. 药片填料	缺陷药片	客户投诉 部分甚至整批被拒	8	1. 设备故障 2. 设定错误 3. 照相控制系统无此缺陷类型	3	1. 工艺验证 2. 工艺功能测试 3. 操作人员上岗资格认证	3	72
	污染药片	部分甚至整批被拒	9	设备磨损	2	1. 经设备验证的照相控制系统 2. 操作人员上岗资格认证 3. 生产前检查	4	72
8. 密封	密封不完全	部分甚至整批被拒	9	1. 错误设定 2. 物料问题 3. 密封盘故障 4. 清洁操作不当	4	1. 工艺验证 2. 生产前检查	6	216

续表

关键工艺过程	可能的失败模式	可能的失败影响	严重程度 S	可能的原因	发生几率 O	现在的控制手段	发现的可能性 D	风险排序 RPN
9. 刻字（如适用）	刻字错误	客户投诉 部分甚至整批被拒	9	1. 刻字信息错误或不全 2. 操作不当	2	1. 生产前检查 2. 经审阅和发放的生产记录 3. 操作人员上岗资格认证	4	72
	缺失刻字	客户投诉 部分甚至整批被拒	9	操作错误	2	1. 生产前检查 2. 操作人员上岗资格认证	4	72
	刻字不完整	客户投诉 部分甚至整批被拒	9	设备故障	2	1. 设备定期维护保养 2. 生产前检查 3. 操作人员上岗资格认证	4	72
10. 药板进料	下料不正确导致药板损坏	客户投诉	7	1. 设备故障 2. 设定错误	3	1. 技术员上岗资格认证 2. 设备定期维护保养 3. 生产前检查	3	63
11. 小盒成型	小盒错误	客户投诉 部分甚至整批被拒	9	1. 物料混淆 2. 小盒信息错误或不全 3. 操作不当	3	1. 按照 SOP 要求接受检验并放行 2. 小盒物料 3. 操作人员上岗资格认证 4. 生产前检查	4	108
	成型错误	部分甚至整批被拒 过多的报废	7	1. 设定错误 2. 物料问题 3. 设备故障	3	1. 技术员上岗资格认证 2. 生产前检查 3. 设备定期维护保养	2	42
12. 说明书折叠	说明书错误	客户投诉 部分甚至整批被拒	9	1. 物料混淆 2. 说明书信息错误或不全 3. 操作不当	3	1. 按照 SOP 要求接受检验并放行说明书 2. 操作人员上岗资格认证 3. 生产前检查	4	108
	说明书缺失	部分甚至整批被拒 过多的报废 客户投诉	9	1. 设备故障 2. 设备设定错误	3	1. 操作人员上岗资格认证 2. 生产前检查	2	54

续表

关键工艺过程	可能的失败模式	可能的失败影响	严重程度 S	可能的原因	发生几率 O	现在的控制手段	发现的可能性 D	风险排序 RPN
13. 小盒刻字	刻字错误	客户投诉部分甚至整批被拒	9	操作不当	2	1. 操作人员上岗资格认证 2. 生产前检查 3. 双人复核	4	72
	刻字缺失	客户投诉部分甚至整批被拒	9	1. 设备设定错误 2. 操作不当 3. 设备故障	2	1. 操作人员上岗资格认证 2. 生产前检查 3. 设备定期维护保养 4. 双人复核	4	72
14. 手工装小盒	小盒缺失	客户投诉部分甚至整批被拒	7	操作不当	2	1. 操作人员上岗资格认证 2. 生产前检查	4	56
	小盒损坏	客户投诉部分甚至整批被拒	7	操作不当	3	1. 操作人员上岗资格认证 2. 生产前检查	4	84

表 2-14 采取改进措施后风险水平降低 2

关键工艺过程	可能的失败模式	整改前RPN	改进措施	可能的失败影响	严重程度S	可能的原因	发生频率O	现在的控制手段	发现的可能性D	改进后RPN
5. 铝箔包料	铝箔破损	108	根据供应商制定手册制定详细的设备维护保养操作流程(SOP),组织专门针对操作人员的专业技术培训,加强对油墨使用方法的实践培训	客户投诉 部分甚至整批被拒	9	1.错误的参数设置 2.牵引辊上的污迹刺破铝箔 3.设备故障	2	1.操作人员上岗资格认证 2.生产前检查 3.经过有针对维护保养SOP的专业设置的同时,证参数设置正确的同时,确保油墨使用的检查,完全清除残留	3	54
8. 密封	密封不完全	108	制订设备维护保养操作流程(SOP),并特别着重对关键模具的定期检查。建立模具采购的报警级别,保证模具的完好及供应	部分甚至整批被拒	9	1.错误设定 2.物料同题 3.密封盘故障 4.清洁操作不当	2	1.工艺验证 2.生产前检查 3.根据维护保养操作流程(SOP),及时记录每次定期检查的结果 4.根据情况及时采购需更换模具	2	36
11. 小盒成型	小盒错误	108	修改小盒和说明书设计 增加在线条形码读取功能,避免混淆	客户投诉 部分甚至整批被拒	9	1.物料混淆 2.说明书信息错误或不全 3.操作不当	2	1.按照SOP要求交接检验并存放行说明书 2.操作人员上岗资格认证 3.生产前检查 4.增加在线条形码读取系统,所有物料100%被检查后使用,从根本上避免了次级包装材料混淆的可能性	1	18
12. 说明书折叠	说明书错误	108								

表 2-15 主料产地变化操作质量风险评估

编号	失败模式	风险评估 F	风险评估 D	风险评估 I	风险评估 Π	防范措施类型	对风险降低的防范措施或解释	改进后的危险程度 F	改进后的危险程度 D	改进后的危险程度 I	改进后的危险程度 Π	责任人	最终期限
1	混合均匀度	1	1	5	5	N/A	1. 所有制粒参数与在报告中总结的一致 2. 主料标准与以前的相同 3. 对混合均匀度进行全面调查,并看着针已被验证 所以此批不需进行混合均匀度测试	1	1	1	1	N/A	N/A
2	过筛分析	1	1	5	5	技术	进行过筛分析并与历史数据进行比较	1	1	1	1	生产	直至验证结束
3	含量均匀度	1	1	5	5	技术	压片速度变化已在报告中进行全面的验证。在不同的速度之下未发现含量均匀度的差异。因此,只使用目标速度。含量均匀度在结束时进行取样。如果含量均匀度在目标速度下合格,则在整个速度范围内都做认为为合格	1	1	1	1	生产	直至验证结束
4	溶出率	1	1	5	5	技术	压片速度变化已在报告中进行全面的验证。在不同的速度之下未发现溶出率的差异。因此,只使用目标速度。溶出率将在开始,中间以及结束时进行取样。如果溶出率样品在目标速度下合格,则在整个速度范围内都做认为为合格	1	1	1	1	生产	直至验证结束
5	批外观检查(黑点)	1	1	5	5	技术	在一批中选取 10kg×2 的药片进行目检。两份 10kg 的样品均应符合要求。否则需进行更大规模的取样或整批全检	1	1	1	1	生产	直至验证结束
6	稳定性测试	1	1	5	5	技术	确认此次将在承诺的稳定性试验中进行	1	1	1	1	QC	直至稳定性测试结束

F:频率(1 代表最低,5 代表最高) D:探测能力(1 代表最低,5 代表最高) I:影响(1 代表最低,5 代表最高) Π:F×D×I(1 代表最低,125 代表最高)

将 RPN 分值大小排序，便得到了风险控制中的关键控制点。基于不同工厂的实际案例和情况，定义本工厂需要采取行动的 RPN 值。以本例来看，该案例发生工厂的规定，对 RPN > 100 的失败模式进行关注与分析，即至少需要对以下三点制定相关的改进措施来减少其过程的质量风险。

- 铝箔给料阶段，铝箔破损的失败模式，RPN = 225
- 密封阶段，密封不完全的失败模式，RPN = 216
- 小盒成型及说明书折叠阶段，物料错误的失败模式，RPN = 108

（4）风险降低

如表 2 − 14 所示，在采取了相应的改进措施后，再次对其严重程度 S、发生几率 O 和发现的可能性 D 进行重新评估后，整改的 RPN 值降低了。即通过全面的过程失败模式影响分析后，对关键风险控制点进行了相应的控制，从而降低了整个过程的质量风险。

案例 4：操作质量风险分析模板

操作质量风险分析模板不同于工艺质量风险分析模板，是工艺质量风险分析模板的一种补充。操作质量风险分析模板通常使用 FMEA 发掘潜在问题，通过对与工艺相关质量记录的考查（如偏差历史，生产批次的失败，投诉等）和对质量问题所导致的风险隐患等级的判断，对这些事件评估并分级，从而采用适当的对策，最终达到避免重复发生的目的。

操作质量风险分析模板也是一种用于质量持续改进的模板，改进的目的是通过结合风险评估和工艺控制统计，不断提高工艺控制的质量。

通过这种方式，可以确定每批产品中应严格控制的工艺参数。通过对关键操作步骤或关键控制点的严密检测及其数据的适当统计分析，使工艺趋势和可变因素更容易识别，从而使未来可能发生的质量问题得到显著的减少或完全排除。下面是操作质量风险分析的模板之一：

风险等级将以一个数值的形式表达，数值是由以下因素计算得来：

- 频率（F）：问题多长时间出现一次，用 1 到 5 代表从低频率到高频率
- 可发现性（D）：在生产过程中，出现的问题是否容易发现，用 1 到 5 代表容易发现到难以发现
- 影响性（I）：出现的问题对最终的产品有多大的影响，用 1 到 5 代表对质量影响低到对质量影响高

因此，风险等级表达式为：$F \times D \times I$

所以，问题的最低风险评估值为：$1 \times 1 \times 1 = 1$

问题的最高风险评估值为：$5 \times 5 \times 5 = 125$

对于每个出现的问题将依据以上的评估系统，采取一定的对策以降低风险。一旦对策被敲定，出现的问题将依据风险等级评估系统被再次评估，直至风险等级降到可接受的范围，使出现的问题得到足够的改进，避免问题的重复发生。所有的对策可归纳为以下几种类型：

- 技术方面
- 人员方面

● 组织机构方面

● 物料方面

操作质量风险分析模板可以运用于药物生产流程中全部的操作过程，例如：

● 生产职能部门将原始物料生产为所需产品的过程

● 生产操作，像制粒，初级包装等

一个完善的操作质量风险分析模板应依据产生的新信息而进行定期的更新。

3 生产管理

本章将探讨以下问题:
- ☞ 口服固体制剂一般分类和工艺流程
- ☞ 口服固体制剂的生产实现要素
- ☞ 口服固体制剂的批次管理、清场管理和取样管

3.1 概述

【背景介绍】

口服固体制剂作为应用最为广泛的药品剂型,包括颗粒剂、片剂和胶囊剂等。

颗粒剂系指活性药物组分与适宜的辅料制成具有一定粒度的干燥颗粒状制剂,可以分为可溶性颗粒、混悬颗粒、泡腾颗粒、肠溶颗粒、缓释颗粒和控释颗粒等。颗粒剂的特点是吸收快、显效迅速,携带方便,药效稳定。基本质量要求是干燥、颗粒均匀、色泽一致,无吸潮、软化、结块、潮解等现象。颗粒剂宜密封,置干燥处贮藏。

片剂以口服普通片为主,由定量体积的颗粒,在固定位置的冲模中压制而成,可以被生产成多种片形和大小的咀嚼片、分散片、泡腾片、舌下片等。

片剂与其他剂型相比有如下优点:片剂的溶出度及生物利用度较其他剂型好;剂量准确,片剂内药物含量差异较小;质量稳定,片剂为干燥固体,且某些易氧化变质及易潮解的药物可借包衣加以保护,光线、空气、水分等对其影响较小;服用、携带、运输等较方便;机械化生产,产量大,便于实现规模效益。

胶囊剂是指将活性药物组分加适宜的辅料充填于空心硬质胶囊中或者密封于弹性软质囊材中而制成的固体制剂,主要供口服应用,少数用于直肠等肠道给药。胶囊剂依据溶解与释放性,分为硬胶囊、软胶囊、缓释胶囊、控释胶囊和肠溶胶囊。本指南主要论述硬胶囊。软胶囊也属于固体口服制剂,由于软胶囊生产工艺过程与固体制剂相比差别较大,与软胶囊有关的生产质量管理参见本指南的附录。

胶囊剂可以掩盖药物的味道、提高稳定性;药物在体内起效快;液态药物固体剂型化;缓释胶囊技术可延缓药物的释放时间,控释胶囊技术可实现定向释放或者定位释放。

硬胶囊剂由不同形状和尺寸的硬/软明胶组成。其中可以灌装粉末,颗粒,小丸,油和片剂。肠溶胶囊系指囊壳不溶于胃液,但能在肠溶液中崩解释放出胶囊中药物的硬胶囊剂或软胶囊剂。肠溶空心胶囊(简称肠溶空胶囊)也有透明、半透明和不透明三个品种。

【实施指导】

本指南以常见的口服固体制剂（颗粒剂、片剂和胶囊剂）的生产质量管理为重点，同时把软胶囊作为附录，供有需要的企业参考。颗粒剂的生产工序包含在片剂生产工艺过程中：从配料到整粒、混合后直接包装，只是不经过压片工艺，因此本指南不再单独介绍颗粒剂的生产质量管理要求，下面分别介绍片剂和胶囊剂的基本生产工艺过程。

A. 片剂生产工艺过程

片剂生产工艺流程包括配料、制粒、干燥、整粒、混合、压片、片剂的包衣以及内包装、外包装等九个步骤，见图 3－1（本部分的生产工艺流程步骤不是通用的，企业在生产管理和确定工艺步骤时要根据所用原辅料的性质和生产工艺特点，确定与企业实际相符的工艺路线设计）。

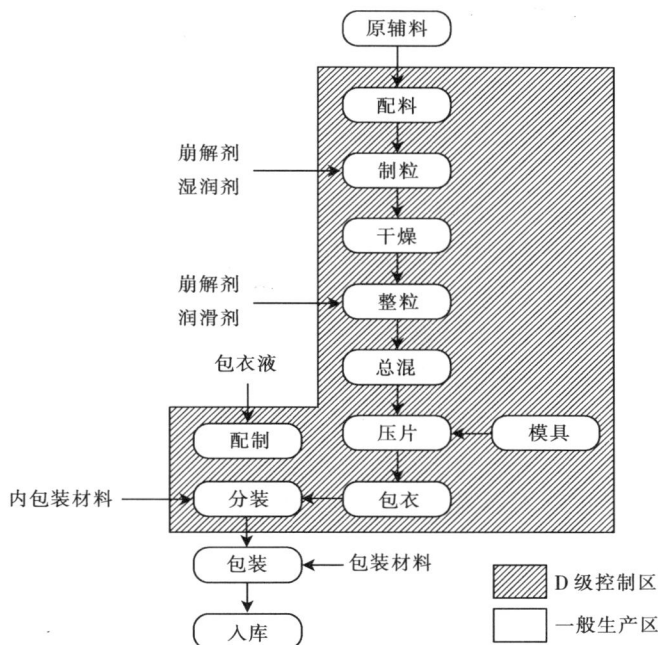

图 3－1　片剂生产工艺流程图

（1）原辅料的称量

从质量部门批准的供货单位购进原辅料。原辅料须检验合格由质量部门放行后，方可使用。原辅料生产商的变更应通过小样试验，必要时须通过验证。

物料应经缓冲区脱外包装或经适当清洁处理后才能进入备料室。原辅料配料室的环境和空气洁净度要与生产一致，并有捕尘和防止交叉污染措施。

原辅料使用前应目检、核对毛重。液体原料必要时应过滤，以除去异物。

称量用衡器应由计量部门专人对定期校验，做好校验记录，并在已校验的衡器上贴上合格证，使用前应由操作人员进行校正。

有的企业在配料前进行粉碎过筛处理，相关要求如下：

● 过筛前核对品名、规格、批号和重量等。过筛后的原辅料应在盛器内外贴有标签，写明品名、代号、批号、规格、重量、日期和操作者等，作好相关记录。

● 过筛和粉碎设备应有吸尘装置，含尘空气经处理后排放。

● 滤网、筛网每次使用前后，应检查其磨损和破裂情况，发现问题要追查原因并及时更换。过筛后的原辅料应粉碎至规定细度。

随着供应商原辅料加工工艺以及生产工艺水平的提高，某些产品生产工艺不需要对原辅料进行粉碎与过筛，粉碎与过筛等预处理操作会带来交叉污染的风险，应尽可能避免。

（2）配料

配料前应按领料单先核对原辅料品名、规格、代码、批号、生产厂、包装情况。

处方计算、称量及投料必须复核，操作者及复核者均应在记录上签名。

配好的料装在清洁的容器里，容器内、外都应有标签，写明物料品名、规格、批号、重量、日期和操作者姓名。

（3）制粒

使用的容器、设备和工具应洁净、无异物。

制粒时，必须按规定将原辅料混合均匀，加入黏合剂，对主药含量小或有毒剧药物的品种应按药物的性质用适宜的方法使药物均匀度符合规定，一个批号分几次制粒时，颗粒的松紧要一致。

采用高速湿法混合颗粒机制粒时，按工艺要求设定干混、湿混时间以及搅拌桨和制粒刀的速度与加入黏合剂的量。当混合制粒结束时，彻底将混合器的内壁、搅拌桨和盖子上的物料擦刮干净，以减少损失，消除交叉污染的风险。

对黏合剂的品种、温度、浓度、数量、流化喷雾法制粒的喷雾、颗粒翻腾状态以及干压制粒的压力等技术条件，必须按品种特点制订必要的技术参数，严格控制操作。

流化法制粒时应注意防爆。详见本指南5.2.5制粒。

（4）干燥

按品种制订参数以控制干燥盘中的湿粒厚度、数量，干燥过程中应按规定翻料，并记录。

严格控制干燥温度，防止颗粒融熔、变质，并定时记录温度。

采用流化床干燥时所用的空气应净化除尘，排出的气体要有防止交叉污染的措施。操作中随时注意流化室温度，颗粒流动情况，应不断检查有无结料现象。更换品种时必须洗净或更换滤袋。

应定期检查干燥温度的均匀性。

（5）整粒

整粒机必须装有除尘装置。特殊品种如抗癌药、激素类药物的操作室应与邻室保持相对负压，操作人员应有隔离防护措施，排除的粉尘应集中处理。

整粒机的落料漏斗可选择安装金属探测器或采取其他有效的手段和方法，除去意外进入颗粒中的金属屑。

（6）混合

宜采用V型混合机或多向运动混合机进行总混，每混合一次为一个批号。

混合机内的装量一般不宜超过该机总容积的2/3。

混合好的颗粒装在洁净的容器内，容器内、外均应有标签，写明品名、规格、批号、重量、日期和操作者等，及时送中间站。

（7）压片

压片室与外室保持相对负压，粉尘由吸尘装置排除。

压片工段应设冲模室，由专人负责冲模的核对、检测、维修、保管和发放。建立冲模使用档案和冲模清洁保养管理制度，保证冲模质量，提高冲模使用率。

冲模使用前后均应检查品名、规格、光洁度，检查有无凹槽、卷皮、缺角、爆冲和磨损，发现问题应追查原因并及时更换。为防止片重和厚度差异，必须控制冲头长度。

宜采用刻字冲头，使用前必须核对品名、规格，冲头应字迹清晰、表面光洁。

压片前应试压，并检查片重、硬度、厚度、崩解度、脆碎度和外观，必要时可根据品种要求，增测含量、溶出度或均匀度。符合要求后才能"开车"，"开车"后应定时（一般最长不超过 30 min）抽样检查平均片重。

压片机的加料宜采用密闭加料装置，减少粉尘飞扬。压片机应有吸尘装置，除去粉尘。

压制好的半成品放在清洁干燥的容器中，容器内、外都应有标签，写明品名、规格、批号、重量、操作者和日期，然后送中间站。

压片过程中取出供测试或其他目的之药片不应放回药品中。

（8）包衣

包装操作室与外室保持相对负压、粉尘由吸尘装置排除。

使用有机溶剂的包衣室和配制室必须符合防火、防爆要求，禁止使用明火。

包衣锅内干燥用空气应经过滤，所含微粒应符合规定。

包衣用的糖浆须用纯化水配制、煮沸、滤除杂质。食用色素须用纯化水溶解、过滤，再加入糖浆中搅匀，并做好包衣液的配制记录。薄膜包衣材料可根据规定配制。

薄膜包衣时，根据工艺要求计算薄膜包衣的重量，包衣材料的浓度。核对品名、规格、包衣颜色。

将适量的溶剂或纯化水加入大小适宜的容器中，并加入薄膜包衣材料，以一定速度搅拌使液面形成旋涡带动整个容器液体。包衣时其材料应充分溶解均匀。

包薄膜衣时，应控制进风温度、出风温度、锅体转速、压缩空气的压力，使包衣片快速干燥、不粘连而细腻。

包薄膜衣过程中，随时取样检查包衣片质量和控制包衣片增重量。

装有包制好的半成品的盛器内、外应有标签，写明品名、规格、批号、重量、日期和操作者等。按规定时间干燥后送至中间站。

（9）胶囊剂灌装

生产作业场所与外室保持相对负压，粉尘由吸尘装置排除。室内应根据工艺要求控制温度和湿度。

在灌装前核对颗粒的品名、规格、批号、重量，并检查颗粒的外观质量和空胶壳规格、颜色是否与工艺要求相符。

灌装前应试车，并检查胶囊的装量、崩解度。符合要求后才能开车，开车后应定时抽样检查装量。

已灌装的胶囊，筛去附在胶囊表面的细粉，拣去瘪头等不合格品，并用干净的不脱落纤维的织物将胶囊表面的细粉揩净。盛于清洁的容器内，标明品名、规格、批号、重量等。

（10）内包装和外包装

包装材料的选用应符合国家食品药品监督管理局《直接接触药品的包装材料和容器管理办法》（局令第 13 号），在使用前应经预处理；

玻璃瓶用饮用水洗干净，最后用纯化水冲洗并经高温干燥灭菌，清洁贮存，贮存时间不超过规定的时限，超过规定时限应重洗；

塑料瓶、袋、铝塑材料等外包装应严密，内部清洁干燥。必要时采取适当方法清洁消毒；

直接接触药品的内包装材料应与药品不起作用，并采取适当方法清洁消毒，消毒后干燥密闭保存。

旋转式分装机和铝塑包装机上部都应有吸尘装置，排除粉尘。

数片用具应专人检查、清洗、保管和发放。

对包装标签的品名、规格、批号、有效期等必须复核校对。包装结束后，应准确统计标签的实用数、损坏数及剩余数，与领用数相符。剩余标签和报废标签按规定处理。

包装全过程应随时检查包装质量。要求贴签端正、批号正确、封口纸平整严密、PVC泡罩和铝箔热压熔合均匀、装箱数量准确及外箱文字内容清晰正确。

以上工艺步骤中，（1）～（6）和（10）构成了颗粒剂生产的完整流程，（1）～（8）和（10）构成了片剂（指包衣片）生产的完整流程，（1）～（6）、（9）和（10）构成了硬胶囊剂生产的完整流程。

B. 硬胶囊的生产工艺流程（图 3 - 2）

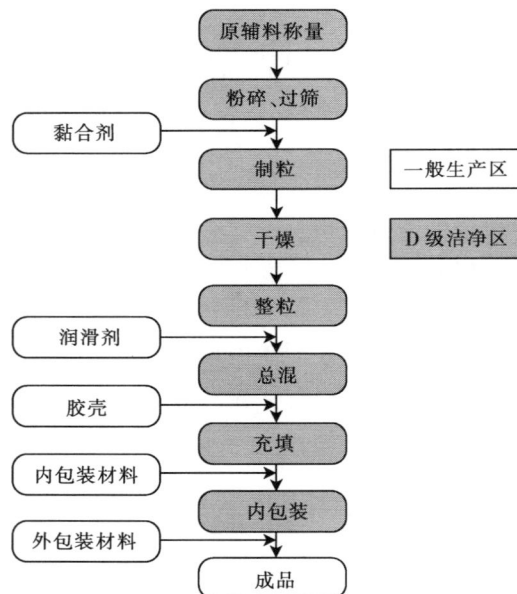

图 3 - 2　硬胶囊生产工艺流程图

3.2　产品实现要素

包括口服固体制剂在内的任何药品的生产都要有合格的人员、使用符合要求的设备在规定的环境条件下，按照既定的生产工艺来完成，这些构成了产品实现要素，本节是关于产品实现要素的纲要，更多详细内容参见后续章节或本丛书的其他分册。

3.2.1 机构与人员

【技术要求】

2010 版 GMP 提出"企业应当建立药品质量管理体系。该体系应当涵盖影响药品质量的所有因素，包括确保药品质量符合预定用途的有组织、有计划的全部活动"，要求企业在现场有有效的体系来管理企业生产质量活动，确保按照注册批准的工艺进行生产，生产出的产品不仅仅要符合既定的质量标准，还要符合预定用途。质量管理体系要确保实践并履行企业的质量方针，完成质量目标。

参与药品生产的每一个人都要对质量负责，2010 版 GMP 把质量管理体系的范围延伸到工厂之外，把人员的范围进行了扩展，GMP 中人员的范围包括：企业高层管理人员、供应商、经销商、质量受权人以及企业从事行政、采购、生产、检验、仓储、销售、卫生、清洁、人力等各级别管理人员和一线操作员工。

企业要配备"足够的、符合要求的人员"是实现质量目标的必备条件之一，药品生产质量管理需要具备的人力资源要求如下：组织机构健全，岗位职责明确，人员培训到位。

更多内容，请参考本丛书《质量管理体系》分册 3.1 机构与人员。

【实施指导】

A. 组织机构健全

组织机构是质量管理体系的经脉，企业应当建立与药品生产相适应的管理机构，并有组织机构图。组织机构图上要标明各部门负责人的姓名，组织机构调整后，组织机构图要随之进行更新。质量控制要有相应的组织机构图。

机构设置的原则：结合口服固体制剂生产企业的企业性质、经营机制、品种特点、规模等进行设置，要与质量管理体系相适应。组织机构包括各级质量职能机构、机构间的隶属和工作报告关系、机构职责范围、机构间的衔接，根据质量管理体系设置的完整的组织机构构成了质量管理体系网络。质量管理负责人和生产管理负责人不得互相兼任（指公司高层），质量部门的负责人与生产部门的负责人不得互相兼任（指部门经理）。

与质量管理体系相适应的组织机构，一般由生产、设备工程、技术研发、质量、销售、人事、财务和办公室等机构组成。有的规模较小的企业由企业负责人兼任质量负责人，有的企业专门设立了 GMP 办公室负责 GMP 各类文件的建立、完善，监督检查质量活动和质量保证体系的开展和正常运行。组织机构的设立并没有一成不变的模式，企业可以在不违背 GMP 原则的前提下，根据自己的实际情况灵活设置和调整。

B. 岗位职责明确

岗位职责明确是完善的质量保证系统有效运行的前提，企业应当明确规定每个部门和每个岗位的职责，编制完成岗位说明书并审核签字下发后执行，并根据企业实际情况定期回顾岗位说明书的适用性。岗位职责不得遗漏，交叉的职责应当有明确规定。各级人员承担的职责不宜太多，职责太多会对履职造成风险。职责通常不得委托给他人。确需委托的，其职责可委托给具有相当资质的指定人员。强调了质量管理部门人员不得将职责委托给其他部门的人员。所有人员应当明确并理解自己的职责，熟悉与其职责相关的要求。

验证、变更等质量活动要明确职责，在验证方案中要明确职责，在制定与产品质量有关的变更实施计划时要明确职责，在产品、物料放行操作规程中要明确职责。

2010 版 GMP 指出，企业负责人要通过合理计划和组织协调等活动，确保质量管理部门独立履行其职责。质量受权人要承担并独立履行产品放行的职责。

C. 关键人员

2010 版 GMP 明确提出关键人员的概念，突出公司高层领导所应承担的质量职责。关键人员至少应当包括企业负责人、生产管理负责人、质量管理负责人和质量受权人。关键人员应当为企业的全职人员。药品生产企业是药品质量的第一责任人，企业负责人是药品质量的主要责任人。

表 3 -1 所示是质量负责人、生产负责人和质量受权人的资质要求和主要职责。

表 3 -1 关键人员 GMP 要求总结表

关键人员名称	资质		主要职责
生产管理负责人	应当至少具有药学或相关专业本科学历（或中级专业技术职称或执业药师资格）	具有至少三年从事药品生产和质量管理的实践经验，其中至少有一年的药品生产管理经验	接受过与所生产产品相关的专业知识培训	共计6项：确保药品按照批准的工艺规程生产、贮存，以保证药品质量；确保严格执行与生产操作相关的各种操作规程；确保批生产记录和批包装记录经过指定人员审核并送交质量管理部门；确保厂房和设备的维护保养，以保持其良好的运行状态；确保完成各种必要的验证工作；确保生产相关人员经过必要的上岗前培训和继续培训，并根据实际需要调整培训内容
质量管理负责人	应当至少具有药学或相关专业本科学历（或中级专业技术职称或执业药师资格）	具有至少五年从事药品生产和质量管理的实践经验，其中至少一年的药品质量管理经验	接受过与所生产产品相关的专业知识培训	共计15项：确保原辅料、包装材料、中间产品、待包装产品和成品符合经注册批准的要求和质量标准；确保在产品放行前完成对批记录的审核；确保完成所有必要的检验；批准质量标准、取样方法、检验方法和其他质量管理的操作规程；审核和批准所有与质量有关的变更；确保所有重大偏差和检验结果超标已经过调查并得到及时处理；批准并监督委托检验；监督厂房和设备的维护，以保持其良好的运行状态；确保完成各种必要的确认或验证工作，审核和批准确认或验证方案和报告；确保完成自检；评估和批准物料供应商；确保所有与产品质量有关的投诉已经过调查，并得到及时、正确的处理；确保完成产品的持续稳定性考察计划，提供稳定性考察的数据；确保完成产品质量回顾分析；确保质量控制和质量保证人员都已经过必要的上岗前培训和继续培训，并根据实际需要调整培训内容

续表

关键人员名称	资质			主要职责
质量受权人	应当至少具有药学或相关专业本科学历（或中级专业技术职称或执业药师资格）	具有至少五年从事药品生产和质量管理的实践经验，从事过药品生产过程控制和质量检验工作	应当具有必要的专业理论知识，并经过与产品放行有关的培训，方能独立履行其职责	共计3项：参与企业质量体系建立、内部自检、外部质量审计、验证以及药品不良反应报告、产品召回等质量管理活动；承担产品放行的职责，确保每批已放行产品的生产、检验均符合相关法规、药品注册要求和质量标准；在产品放行前，质量受权人必须按照上述第2项的要求出具产品放行审核记录，并纳入批记录

生产管理负责人和质量管理负责人还有10项共同的职责，包括：审核和批准产品的工艺规程、操作规程等文件；监督厂区卫生状况；确保关键设备经过确认；确保完成生产工艺验证；确保企业所有相关人员都已经过必要的上岗前培训和继续培训，并根据实际需要调整培训内容；批准并监督委托生产；确定和监控物料和产品的贮存条件；保存记录；监督本规范执行状况；监控影响产品质量的因素。

国外企业通常还设立了若干主题事务专家（subject matter expert，SME），即某一领域有专长的高级技术人员，是维护质量体系有效运行的关键人员。SME 并不是一个工作职务名称，而是一个技术职务名称，例如公司负责验证工作的验证工程师就是一个 SME。

2010 版 GMP 还提出了某些工作要有"专人负责"或者"指定人员"，指这些人要进行所从事工作的资质确认，要经过相应的培训，有相应的经验并考核合格。

D. 人员培训到位

参与药品生产的每一个人都应当对质量负责，管理人员和有关员工的积极参与是质量管理体系有效运行的前提和基础。

应当由有资质的人员定期进行培训，内容至少应该包括员工所从事的特定操作有关的基本知识和操作技能，岗位操作 SOP，以及与其职责有关的 GMP 要求等。培训记录应当保存，并应当定期对培训进行评估。

3.2.2 物料

原料、辅料和包装材料是口服固体制剂生产的物质基础，其质量状况会直接影响药品质量。通过严格、科学、系统的物料管理，控制原料、辅料及包装材料从采购、验收、入库、储藏、发放等环节，做到管理有章可循，使用有标准可依，记录有据可查，从而保证合格、优质的原料、辅料和包装材料用于制剂生产。

关于生产过程中物料的管理和存放条件、存放时限的管理参见 6.2 生产过程中的物料管理，关于物料系统的全生命周期管理参见和运行可参考本丛书《质量控制实验室与物料系统》分册物料系统部分。

3.2.3 厂房设施

【技术要求】

固体制剂生产必须具备与其生产相适应的厂房和设施，这包括规范化厂房以及相配套的净化空气处理系统、照明、通风、水、气体、洗涤与卫生设施、安全环保设施等。

口服固体制剂厂房的设计和平面布局受所生产的产品品种以及工艺特性的影响，在设计阶段就应该理解产品和工艺等基础因素，通过配备相应的设备设施以及划分单元操作。厂房设计和布局应能最大限度地降低发生差错的风险，有利于清洁和维护。

厂房的选址、设计、建造、改造和维护必须符合药品生产要求。厂房在进行规划时，应考虑药厂所处的地理位置、GMP 风险的要求、产品和工艺特性、EHS 等因素，布局整体环境，包括周围环境条件、不同功能区的划分、交通的安排、绿化的要求等。厂区的合理安排可以为车间的清洁生产提供良好的环境。例如，厂区空气含尘、含菌高，空调系统的负担会很重，甚至影响洁净室的洁净度。如果分区不合理，洁净厂房靠近污染源，易造成交叉污染。

厂房选址和布局方面需要考虑的因素主要包括：

- 应在大气含尘、含菌浓度低和含有害气体浓度低，自然环境好的区域选址
- 应远离铁路、码头、机场、交通要道以及散发大量粉尘和有害气体的工厂、仓储、堆场，远离严重空气污染、水质污染、振动或噪声干扰的区域；如不能远离以上区域时，则应位于其最大频率风向上风侧
- 医药工业洁净厂房应布置在厂区内环境整洁，人流、货流不穿越或少穿越的地段，并应根据药品生产特点布局
- 三废处理、锅炉房等有严重污染的区域，应位于厂区全年最大频率风向的下风侧
- 兼有原料药和制剂生产的药厂，原料药生产区域应位于制剂生产区全年最大频率风向的下风侧
- 必要时，应当设置专门的仪器室，使灵敏度高的仪器免受静电、震动、潮湿或其他外界因素的干扰
- 仪器、仪表的安装环境应符合供应商要求的安装条件要求并不能对仪器、仪表的正常操作产生任何影响
- 质量控制实验室应与生产区分开，检验室、中药标本室、留样观察室以及其他各类实验室应与药品生产区分开。用于生物、微生物或放射性同位素检测的区域，应彼此分开，并安排不同的房间进行
- 青霉素类等高致敏性药品的生产厂房，应位于其他生产厂房全年最大频率风向的下风侧。应考虑防止与其他产品的交叉污染，必要时在生产区排风口增加高效过滤器
- 实验动物房应与其他区域严格分开
- 危险品区域应单独设置，并处于安全位置
- 麻醉品及剧毒药品，应设有专门仓库
- 更衣和储衣、洗涤及厕所的设置应便于使用，并与使用的人数相适应，盥洗室不应与生产区、仓储区直接接通
- 更衣室、浴室、及厕所的设置不得对洁净室（区）产生不良影响
- 厂区应按照生产、行政、生活和辅助功能合理布局，不得互相妨碍
- 厂区主要道路的设置，应符合人流和物流分流的要求，医药工业洁净厂房周围道路面层，应采用整体性好、发尘少的材料

● 固体制剂厂房周围应绿化，尽量减少厂区内露土面积，不宜种植易散发花粉或对药品生产产生不良影响的植物

【实施指导】

A. 总体设计考虑

口服固体制剂厂房设计时，首先要考虑是单品种生产还是多品种生产，是专用厂房、多用途厂房还是多目的厂房（表 3-2）。

表 3-2　按使用目的分类厂房

类型	厂房	生产工艺和方法概述
1	专用厂房	该厂房生产的产品使用单一的原料药或者总是使用相同的原料药；设备和厂房是专用的或者在一个时间段内只进行一个生产操作步骤。
2	多用途厂房	该厂房生产的产品使用不同的原料药但是使用专用的设备，厂房内有原料药的混合操作，在多用途厂房内有专用的设备或者在一个时间段内可以同时进行多个生产操作步骤。
3	多目的厂房	该厂房生产的产品使用不同的原料药但是特定的设备不专用于某一产品的生产，在一个厂房内有不同产品的换品种生产，多目的的厂房内有多目的的设备，同时进行不同的操作步骤或者阶段性生产。

（1）GMP 风险

即设计时考虑 GMP 的符合性，根据法规要求进行设计。

GMP 风险的程度与下列因素有关：物料和产品暴露的程度，交叉污染的可能性，物料和产品的危害特性，同一生产线所生产产品的个数，产品活性的等级。

减少 GMP 风险可以通过设计合理的生产空间、合理的人员及物料流、在建筑内部采用适当的隔离措施、使用适当的建筑材料和表面材料等方式来实现。

合理的生产空间要便于生产单元操作、辅助单元操作、阶段性生产以及储存硬件等，设计阶段贯彻 QbD 的理念。由于清洁和维护操作要求有足够的空间，同时随着风险级别的增加，设计时对清洁和维护方面的考虑要相应增加。

所有物料和人员进出厂房要有合理有效的设计，提高产品的防护控制和必需的隔离，同时也可以提高员工操作的效率。隔离和控制要求随着 GMP 风险级别的增加而提高。

厂房的布局要容纳适当的衣帽柜、更衣间、走廊，必要时应设计气锁间，确保 GMP 区域和非 GMP 区域之间以及不同风险的 GMP 区域之间限制进入和必要的隔离。厂房设计的细节包括在设计时要考虑使用适当的建筑材料，满足隔离、密闭和清洁度要求。随着风险级别的提高，隔离、密闭和物料的清洁度的要求会越来越高。

（2）物流

在进行口服固体制剂厂房设计时，物料流是需要考虑的关键要素。所使用的物料传递技术的类型、传递的频率和所传递物料的数量是影响平面布局的非常重要的参数。物料传送技术包括重力传送、压缩空气/真空传送和桶/容器传送，其中桶/容器传送属于间接物料传送，重力传送、压缩空气/真空传送属于直接物料传送。厂房平面布局设计一般受所采用的主要物料传送方法的影响，但在总体设计阶段会综合考虑其他辅助的物料传送方法

（表 3 - 3）。

表 3 - 3　主要物料传送技术与厂房设计考虑对应关系表

主要物料传送技术	厂房设计考虑
重力传送	厂房设计成垂直分布，配有层高较大的分隔间或多层设计，采用栈式操作。优点在于可以避免物料在过程单元操作之间的物料输送，操作并不仅限于中间体批次或者阶段式生产
压缩空气/真空传送	可以满足降低物料运输空间，减少操作工人数和物料传送时间的要求，员工在水平分布的平面布局内工作。在使用该技术时，与清洁和物料隔离有关的工艺过程往往成为限制因素
物料桶/容器传送	在容器中传送物料，要提供可以进行特定单元操作（比如混合）的周转容器，容器运输和手工操作、分阶段运输、储存、装料、卸料、混合和清洁要求要在整体厂房设计时综合考虑

　　厂房设计时还要考虑所使用的物料追溯的方法，在物料桶/容器内的状态可以通过纸质书面程序追溯，也可以使用条形码或者贴标签系统实现电子追溯，张贴纸质标签时，应把标签贴在桶体，而不是桶盖上，以免桶盖被人拿离后造成该桶物料不能识别。

　　与物料流和厂房布局有关的关键设计考虑包括：

● 提供符合逻辑的，直接的物料流，减少物料和产品之间潜在的混淆的风险。
● 提供未清洁的和已清洁的设备、组件符合逻辑的分流，避免共用储存区域。
● 减少物料运输距离。
● 减少物料运输步骤。
● 提供足够的暂存空间和入口。
● 提供过道、气锁和更衣室以支持 GMP 控制和环境条件。
● 提供足够的空间，例如考虑走廊和门的宽度。要进行人性化设计，例如要考虑如何方便人工把物料桶举起来。

（3）产品和工艺特性

在厂房设计时要考虑的产品和工艺特性包括：

● 产品危险特性
● 是否易燃易爆
● 光照和紫外光的敏感性
● 吸湿性
● 流动性
● 可清洁性
● 化学反应活性
● 产品分类

　　上述特性可能在整个工艺步骤期间发生变化，应该在适当的单元操作进行考虑，这些要求是工艺本身固有的，会影响到整个厂房设计（表 3 - 4）。

表3-4 产品和工艺特性与厂房设计考虑的对应关系表

产品和工艺特性	厂房设计考虑
产品危险特性	产品危害特性对厂房布局的影响是通过风险评估确定的，采用的措施包括增加物料和人员气锁间，更衣间和设备空间要求以及环境取样和监测
易燃易爆性	厂房要采取防爆设计，建筑要防爆，设备要有防爆系统，法规指南和保险法对每一栋厂房有特殊要求
光照和紫外光的敏感性	在厂房布局、照明设计时要考虑自然光和厂房照明系统对光/紫外光敏感物料的影响
吸湿性	建筑施工的细节和平面布局设置要考虑物料的吸湿特性，可以设置水蒸气屏障，采用必要的气锁间来隔离高湿度区域与低湿度区域
流动性	流动性会影响物料传送要求，例如在决定是采用水平工艺布局还是垂直工艺布局、楼层和楼层之间的层高等方面起着决定作用
可清洁性	可清洁性会影响房间设计，每一个生产用房间都要有清洁程序，物料暴露到房间环境越多，房间污染的风险以及对清洁技术的要求越高，所选择的建材要支持并耐受拟使用的清洁剂和清洁方法
化学反应活性	要理解每一个房间生产用物料的化学反应活性，采用合适的底层和表面涂层来防止降解，尽可能不要使用需要定期修补和替换的表面涂层材料

（4）环境、健康与安全（EHS）考虑

厂房设计时对 EHS 进行评估的内容包括：

● 高危害物料

● 特殊药品和物质

● 危险操作

● 环境保护

当设计与高危害物料有关的工艺时，要进行风险评估确定密闭和隔离要求。厂房布局要考虑到密闭设备，安全操作以及便于人员操作，还要考虑到采取适当的防护措施，包括：

● 特殊的隔离要求（对物料、人员、设备和废水进行有效隔离）。

● 增加气锁间

● 喷雾装置

● 更衣间

这些措施可以防止有害尘埃的转移或者从生产区到非生产区的表面污染，与职业健康有关的个人防护设备/呼吸防护设备的储存间在设计时也应加以考虑。

除了 GMP 要求，特殊药品和物质还要符合国家关于特殊药品的法规要求，安全和控制措施还包括厂区监控和进入限制，特殊的储存要求，与工艺有关的废物处理以及排风系统控制和除尘的特殊要求。

危险操作可能涉及设备的每一个部件、一个房间、一栋建筑的一部分或全部，有关要求要参考当地或者国家法规，还应考虑危险区设置、防火墙、泄露控制、消防用水的收集，危害控制建筑等。更多内容参见本指南 9. 健康、安全和环境。

B. 功能区的划分

2010 版 GMP 第四章厂房与设施中分小节对生产区、仓储区、质量控制区和辅助区提出了管理要求，而 ISPE 基准工程指南第二卷对口服固体制剂厂房也有不同功能区的划分，这些功能区包括：

- 工艺过程单元操作区
- 辅助工艺过程单元操作区
- 物料输送、储存和暂存单元操作区
- 员工休息区
- 辅助设施空间区

ISPE 划分的功能区与 2010 版 GMP 对厂房的区域划分见表 3 - 5：

表 3 - 5　2010 版 GMP 与 ISPE 功能区划分比较

2010 版 GMP 分区	ISPE 对口服固体制剂厂房功能细分
生产区，指洁净区和非洁净区等生产区域	工艺过程单元操作区
仓储区，用于存放待验、合格、不合格、退货或召回的原辅料、包装材料、中间产品、待包装产品和成品等各类物料和产品的区域	物料输送、储存和暂存单元操作区
质量控制区，指质量控制实验室	中间过程检测实验室
辅助区，包括休息室、更衣室、盥洗室和维修间	员工休息区
	工艺支持过程单元操作区
	公用系统区域

下文结合 ISPE 对功能区的划分，按工艺流程的每个操作单元，讨论其相关建筑的特征，如适当的平面布局，不同单元操作之间衔接，及为了防止交叉污染对空间大小的要求，并提供了在口服固体制剂厂房内对产品采取的适当控制措施。

（1）配料区

配料区域是防止人为差错的重要场所，通常设置在靠近库房的区域或者靠近厂房的物料入口，以快速把每批成品批量生产所需要的物料从物料容器转移到生产容器中，由于大量物料在该区域周转，必要的捕尘和防止交叉污染措施是首要考虑的。通常在布置过程中尽可能采用多个独立的小空间。有利于排风和高效率的除尘。

在该区域一般设置有配料/称量间，或者配料/称量用隔离器，通过通风来防止粉尘扩散，以提供对产品的保护。

配料区存在产品暴露和人员接触产品的风险，风险级别因配料所使用设备的不同而不同，称量间或者隔离器外部的环境等级一般通过风险分析确定。如果不使用称量间或者隔离器，直接在房间进行原料药和辅料的分发，该房间是控制区域，所采用的建筑内表面涂料要符合控制区域的要求。

处理高危物料的配料区，有对操作工安全的特殊要求，在这些区域一般使用防护设备，例如固定或者可以移动的称量/配料隔离器。在房间建筑材料的选择上，要考虑使用硬的、可清洁的表面材料，在防护设备出现泄漏时可以对房间进行净化处理。另外在该区域出口可以考虑装以用于员工淋浴的淋浴器，以方便员工在紧急情况下洗澡去除污染。

（2）制粒区

制粒一般是密闭的工艺操作，在有防护要求区域进行。产品传送可以是开放的或者密闭的，开放式的要求是控制区域。因为在产品传送时会产生粉尘，要考虑建筑表面涂料的可清洁性。对可燃性粉尘或易燃液体要采取必须的适当的安全措施。

（3）挤压－滚圆成丸法工艺区

关于厂房建筑的问题与制粒区类似。

（4）干燥区

干燥经常在流化床干燥器进行，一般属于密闭操作，有时要用到开放式装料和卸料。

非防爆型流化床干燥器一般配备有防爆门，以适应环境要求。防爆型流化床干燥器显示了平面布局的灵活性。防爆门要水平向地、向外墙开启，或者垂直向地、向屋顶开启。

（5）磨粉区

磨粉经常是开放性操作，粉尘很大，因此磨粉区通常是控制区域，要仔细考虑对产品和操作人员的防护。对高危物料的磨粉，要在隔离器内进行，以降低产品暴露和员工接触的风险，并可以降低外围一般房间区域的防护级别。

在某种情况下，磨粉可产生可燃性尘粒，使房间有爆炸风险，需要进行安全分析和风险评估，确定爆炸风险是否存在，必要时要为房间安装防爆门。

（6）压片/装胶囊区

压片和灌胶囊房间有暴露的产品，通常属于控制区域或者有防护要求的区域。另外，压片间需要配备金属检测器和除尘器。

需要对药片或者胶囊进行检查或者片重检测，检测设备一般位于操作间内部，设计该区域时要考虑留出相应的区域，方便进行这些操作。

（7）包衣区域

包衣房间有暴露的产品，通常属于控制区域或者有防护要求的区域。如果使用的包衣液中含有溶剂，要考虑可燃性液体的使用要求，需要进行安全分析和风险评估，以确定配备相应的安全装置。

（8）包衣液制备区

包衣液配制区一般靠近于制粒或者包衣操作区，如果使用含溶剂的包衣液，要考虑可燃性液体的使用要求。要根据当地法规和 GEP 要求进行安全分析，设计时需要考虑适当的防护措施。

包衣液配制操作一般是密闭操作，位于有防护要求的区域。然而，投料操作可能是开放的操作，需要更高的防护级别，或通过局部的保护系统来保证。

（9）包装区域——内包装和外包装

内包装操作一般在最终操作间或者靠近最终操作间的房间进行，因为产品是暴露的，一般应是控制区域。

只要内包装完成，产品一般不再暴露。因此，外包装区域一般属于有防护要求的区域，通常考虑把内包装区和外包装区分开来防止对内包装区域的污染。在外包装区要留出存货控制设备和牛皮纸箱的区域，这些区域非常重要，在设计早期应进行考虑，外包装区一般靠近于运输仓库。

3.2.4 设备

设备是药品生产的重要资源之一，需要根据口服固体制剂产品的剂型特点要求和生产规模，选择和使用合理的生产设备，配备必要的工艺控制及设备的清洗、消毒、灭菌等功能，满足其生产工艺控制需要，降低污染和交叉污染的发生，并保证药品生产的质量、成本和生产效率的管理需要。

建立完善的设备管理系统保证设备的选型，通过完整的验证流程保证设备的性能满足预期要求，在使用中通过必要的校准、清洁和维护手段，保证设备的有效运行，并通过生产过程控制、预防维修、校验、再验证等方式保持持续验证状态。

从设备选型、采购（或设计、加工）、调试、验证、运行使用、检修、维护、保养、调拨，到鉴定、报废的全过程管理称为设备管理，即设备生命周期管理，详见本丛书《厂房设施与设备》分册。设备对口服固体制剂生产和质量控制格外重要，将在本指南 4. 口服固体常用设备中详细介绍设备的管理，并在本指南 5. 生产过程控制中结合每个操作单元讨论具体设备的应用。

3.2.5 公用系统

【技术要求】

A. 洁净空调系统

- 对洁净区域的温湿度环境，企业应根据实际工艺控制需要设置温湿度条件。
- 对不同洁净级别之间的压差，要考虑到防止低级别区向高级别区的污染影响，考虑压差计的误差范围，以保证合理、可靠的压差，维持良好的洁净生产环境。
- 洁净生产区的环境空气指标一般包括：
  - 质量（每立方米的尘埃粒子数）
  - 风速
  - 气流组织
  - 压差
  - 温度和湿度
- 口服固体制剂生产洁净空调系统，参照无菌药品附录的 D 级区域标准进行设置，其 HAVC 系统设计需要考虑以下因素的控制：
  - 渗透，防止未经处理的空气成为污染源，生产厂房应维持与外界成正压状态。生产厂房应密闭，符合防虫鼠蝇等外界动物的要求。
  - 交叉污染控制，要维持合理的梯度压差，也可以通过置换方式（低压差，高流量），压差方式（高压差，低气流）或者物理屏障方式实现防护功能。
  - 温度与相对湿度控制和调节措施
  - 粉尘控制
  - 排出气体（废气）中的粉尘处理
- 企业在监测悬浮粒子、浮游菌和沉降菌时可以分别参照 GB/T 16292 - 2010, GB/T

16293 – 2010，GB/T 16294 – 2010 进行。这三个关于医药工业洁净室参数测定的标准由国家标准化管理委员会于 2010 年 9 月 2 日公布，2011 年 2 月 1 日起实施。

B. 制药用水

- 药品生产用水应适合其用途，应至少采用饮用水作为制药用水
- 饮用水应符合国家的有关质量标准，纯化水应符合现行版《中华人民共和国药典》的质量标准
- 水处理设备及输送系统的设计、安装和维护应能确保制药用水达到设定的质量标准。水处理设备的运行不得超出其设计能力
- 纯化水的储罐和输送管道所用的材料应无毒、耐腐蚀，储罐的通气口应安装不脱落纤维的疏水性除菌滤器，管道的设计和安装应避免死角、盲管
- 纯化水系统的运行须考虑到管道分配系统的定期清洁和消毒

【实施指导】

A. 洁净空调系统

室内环境可能影响药品的质量，而室外环境可能影响室内环境的质量，本节主要讨论药品生产的洁净室内环境，即空气洁净度达到规定级别的可供人活动的空间，其功能是控制微粒的污染，但是由于在洁净环境中所进行的工作具有特殊性，所以对生产环境的品质往往还有其他要求，如温度、相对湿度、压力、悬浮粒子、浮游菌、照度、噪声等。

（1）洁净室（区）的洁净级别和检测要求

口服固体制剂洁净室（区）的空气洁净度等级，参照 2010 版 GMP 无菌药品附录 D 级进行控制（表 3 – 6）。空气净化处理一般采用初效、中效、高效过滤器三级过滤。对于 D 级空气净化处理，可采用亚高效空气过滤器代替高效过滤器。

表 3 – 6　口服固体制剂生产用洁净室尘粒和微生物限度参考标准

洁净度级别	尘粒最大允许数（个/m³）		微生物最大允许数		
	0.5 μm	5 μm	浮游菌（CFU/m³）	沉降菌（φ90mm）CFU /4 小时	表面微生物（55 mm）[CFU/ 皿]
D 级	3520000	29000	200	100	50

洁净区室（区）的规划，应考虑如下因素：

- 压差，洁净室的空气需维持一定的正压。不同空气洁净度等级的洁净室之间以及洁净室与非洁净室之间的压差应不低于 10 Pa，并应装有指示压差的装置。易产生粉尘（如口服固体制剂的配料、制粒、压片等工序）及其他有害物质的洁净区或多品种、多剂型的洁净室，室内的空气压力应与其相邻的室保持相对负压。青霉素等强致敏性药品室内要保持正压，与相邻的室应保持相对负压。考虑到运行时要求不同空气洁净度等级的洁净室之间以及洁净室与非洁净室之间的压差应不低于 10 Pa，为了运行时符合 GMP，设计时参考压差值建议定为 15 ~ 20Pa。

- 噪声，洁净室的噪声级，动态测试时不宜超过 75 dB。当超过时，应采取隔声、消声、隔震等控制措施。噪声控制设计不得影响洁净室的净化条件。
- 照明，洁净室应根据生产要求提供足够的照度。主要工作室的照度一般不低于 300 lx，辅助工作室、走廊、气锁间、人员净化和物料净化用室的照度可低于 300 lx，但不宜低于 150 lx。对照明有特殊要求的生产部位可设置局部照明。主要工作室一般照明的照度均匀度不应小于 0.7。

洁净室排风系统，建议配备下列防护措施：

- 防止室外气体倒灌措施；
- 排放含有易燃、易爆物质气体的局部排风系统，应有防火、防爆措施；
- 对直接排放会超过国家排放标准规定气体，排放时应有处理措施；
- 生产或分装青霉素等强致敏性药物操作区的排风口，建议在排放末端安装高效过滤器，并确认过滤效果，使这些药物引起的污染危险降低到最低限度。

下列情况的洁净室局部排风系统应单独设置：

- 产生粉尘和有害气体的洁净室；
- 被排放介质的毒性很大；
- 排放介质混合后会加剧腐蚀、增加毒性、产生燃烧和爆炸危险性。

（2）洁净室内表面的考虑

洁净室内表面的考虑涉及到很多具体因素，主要包括：

- 墙壁和顶棚表面应光洁、平整，不起灰、不落尘、耐腐蚀、耐冲击，易清洗，应减少凹凸面。墙、地面的相接处建议做成半径大于或等于 50 mm 的圆弧角。壁面色彩宜和谐、雅致，并便于识别污染物；
- 地面应平整、无缝隙，耐磨、耐腐蚀、耐冲击，不积聚静电，易除尘清洗；
- 技术夹层的墙面、顶棚宜抹灰。需在技术夹层内换高效过滤器的，夹层的墙面、顶棚宜刷涂料饰面；
- 送风道、回风道的表面装修应与整个送风、回风系统相适应，并易于除尘。

（3）日常监控项目及频次

监测频次应根据系统验证结果和风险评估来确定，表 3-7 中的数值仅仅是参考值，各企业可根据生产班次等具体情况来确定监测频次，并建议使用更为先进的系统，以实现洁净参数的连续监控（表 3-8，表 3-9）。在 ISO 14644 中有设置洁净参数警戒限和行动限的方法，可供参考。

表 3-7 日常监控项目及频次列表

项目（内容）	测试手段	建议频次*（要根据系统验证结果确定）
温湿度	温湿度计	2 次/班
洁净室压差	微压差计	2 次/班
悬浮粒子	悬浮粒子检测仪	1 次/3 月
微生物检测	浮游菌、沉降菌*、表面微生物	1 次/3 月
风量风速	风速仪、风量罩	更换高效后或者根据实际需要进行监测

表 3 – 8　系统停止运行一定周期重新启动后的监控项目

项目（内容）	测试手段
温湿度	温湿度计
洁净室压差	微压差计
悬浮粒子	悬浮粒子检测仪
微生物检测	浮游菌、沉降菌*、表面微生物

表 3 – 9　更换高效过滤器后的监控项目

项目（内容）	测试手段
洁净室压差	微压差计
悬浮粒子	悬浮粒子检测仪
微生物检测	浮游菌、沉降菌*、表面微生物
换气次数	风速仪
高效过滤器压差	微压差计

*：在保证采样代表性的前提下，沉降菌检测中培养皿的放置采样时间不应超出 4 小时。

B. 制药用水

药品生产企业的生产工艺中使用的水统称制药用水，如制剂生产中洗瓶、配料等工序的用水。制药用水的生产、贮存和输送系统应进行适当的设计、安装、试运行、验证和维护，以保证合格制药用水的稳定生产。水的生产应不得超出制药用水系统的设计生产能力。应按照能防止微生物、化学或物理污染（如：灰尘）的工艺进行水的生产、储存和输送分配。

制药用水系统安装、试运行和验证完毕以后，对该系统的使用以及任何计划外的维护或改装工作都需事先得到 QA 部门的批准才能进行。对于得到批准的计划内的预防性维护任务，在上述维护工作完成后就不需再次批准。

应对制药用水及原水水质进行定期检测，并有相应的记录；同时制水系统的日常管理应包括运行、维修，它对验证及正常使用关系极大，所以应建立监控、预修计划，以确保水系统的运行始终处于受控状态。要定期对水源和处理过的水进行化学、微生物、以及细菌内毒素（如果需要）污染物的质量监测。还应对水的纯化、储存和分配系统的运转情况进行监测。监测结果以及采取的任何措施都要进行记录，并保存一定的期限。

根据 WHO 第 39 次技术报告，制药用水系统是药品监管机构经常进行检查的对象。制药用水的用户应对建立的制药用水系统进行常规检查和自检。以下列出了制药用水系统检查的项目以及合理的检查顺序。

- 包括所有取样点的取样和监测计划。
- 监测中需要报警和采取措施的参数设定。
- 监测结果和趋势评估。
- 对系统最近一次年度检查结果的审查。
- 对最近一次检查后系统的所有变更进行审查，并检查是否实施了变更控制。
- 审核所记录的偏差和对偏差所进行的调查。
- 对系统运行状态和条件的全面检查。
- 审核维护、失败和维修记录。
- 检查关键仪器设备的校正和校准。

对处于受控状态的已有系统，应证明审查范围的合理性。对于新系统或不稳定和不可靠的系统，还要检查系统的安装确认、运行确认和性能确认资料。

　　水系统的验证是为了确保制药用水系统运行的稳定性和可靠性，一般包含三个阶段：第一个阶段用 2 ~ 4 周的时间对制药用水系统进行全面的监测，在这一段时间内，制药用水系统应连续运行并且无故障和性能波动。第二阶段是在顺利完成第一阶段后，在确立所有改进后的 SOP 的同时进行为期 2 ~ 4 周的进一步的全面监测。取样方案与第一阶段基本相同。第二阶段生产的水可以用于药品的生产。第三阶段是在第二阶段顺利完成后，进行持续一年的连续监测，以证明系统长期运行的可靠性。完成制药用水系统第三阶段的验证项目后要对系统进行综合评价，完成系统评价后，应根据第三阶段的结果建立一个常规监测方案。

　　当通过化学消毒控制制药用水系统生物污染时，应采用经过验证的方法，保证制药用水系统的消毒剂能被有效去除。

　　在决定所用水的级别时，应考虑药品的用途和生产步骤在整个药品生产过程中所处的阶段。表 3 – 10 所示是不同级别的制药用水在口服固体制剂生产过程中的应用。

　　更多内容可参考本丛书《厂房设施与设备》分册水系统部分。

表 3 – 10　口服固体制剂生产过程中制药用水应用范围

类别	应用范围
饮用水	药品包装材料粗洗，设备初洗，冲洗
纯化水	配料、制粒、压片等生产工艺过程，药品包装材料的最后一次淋洗，直接接触药品的设备、器具和包装材料最后一次洗涤用水

3.3　关键控制项目

　　本节仅以批次管理、清场管理和取样管理三个具有一般性和代表性的控制项为例，描述口服固体制剂生产控制的原则和方法，更多关键控制项目，将在后续章节结合相应主题讨论。

3.3.1　批次管理

【法规要求】

药品生产质量管理规范（2010 年修订）

　　第一百八十五条　应当建立划分产品生产批次的操作规程，生产批次的划分应当能够确保同一批次产品质量和特性的均一性。

　　第一百八十六条　应当建立编制药品批号和确定生产日期的操作规程。每批药品均应当编制唯一的批号。除另有法定要求外，生产日期不得迟于产品成型或灌装（封）前经最后混合的操作开始日期，不得以产品包装日期作为生产日期。

　　第一百八十七条　每批产品应当检查产量和物料平衡，确保物料平衡符合设定的限度。如有差异，必须查明原因，确认无潜在质量风险后，方可按照正常产品处理。

【背景介绍】

　　批的定义是：经一个或若干加工过程生产的、具有预期均一质量和特性的一定数量的原辅料、包装材料或成品。为完成某些生产操作步骤，可能有必要将一批产品分成若干亚批，最终合并成为一个均一的批。在连续生产情况下，批必须与生产中具有预期均一特性的确定数量的产品相对应，批量可以是固定数量或固定时间段内生产的产品量。在同一个公司内的不同车间例如：口服或外用的固体、半固体制剂在成型或分装前使用同一台混合设备一次混合所生产的均质产品为一批；

批号的定义是：用于识别一个特定批的具有唯一性的数字和（或）字母的组合。

批号编制以简单易识别为原则，确保生产批次的追溯性和唯一性。

【技术要求】

2010 版 GMP 在 1998 版"同一连续周期中生产出来的一定数量的药品为一批"的基础上进一步提炼，明确批次合理划分、确定药品生产日期的原则。

要求药品的每一次生产都有制定的唯一、永久批号，不得随意更改。口服固体制剂批次划分以在成型或分装前使用同一台混合设备，一次混合量所生产的均质产品为一批，如果使用多台压片机、填充机、包衣机等设备的，经过验证确有同一性能的，可以视为同一台设备。

根据批号，应能查明该批药品的生产日期、时间、班次、人员以及批记录，可追溯该批药品的完整生产历史。口服固体制剂生产企业一般以制粒完成后总混的生产日期作为该批产品的生产日期。

应确定批号编制规则，明显标记于批记录的每一页以及药品的标签和包装物上，生产企业要严格按照批划分生产，以确保药品的均一性。

产品和物料平衡从本义上说是从数量和成本方面加以规定，但如果"量"上发生重大偏离，本身就说明生产工艺发生了偏离，或者有混药、混料、错投料的事故发生。"量"的控制是保证"质"的有效工具。

进行物料平衡控制是避免或及时发现差错与混药的有效方法之一，在每个品种各关键生产工序的批生产记录或者批包装记录都必须明确规定物料平衡的计算方法，以及根据验证结果确定的物料平衡合格范围，超出合格范围要进行偏差调查。

3.3.2 清场管理

【法规要求】

药品生产质量管理规范（2010 年修订）

第一百九十九条 生产开始前应当进行检查，确保设备和工作场所没有上批遗留的产品、文件或与本批产品生产无关的物料，设备处于已清洁及待用状态。检查结果应当有记录。生产操作前，还应当核对物料或中间产品的名称、代码、批号和标识，确保生产所用物料或中间产品正确且符合要求。

第二百零一条 每批药品的每一生产阶段完成后必须由生产操作人员清场，并填写清场记录。清场记录内容包括：操作间编号、产品名称、批号、生产工序、清场日期、检查项目及结果、清场负责人及复核人签名。清场记录应当纳入批生产记录。

【背景介绍】

为了防止药品生产中不同批号、品种、规格之间的污染和交叉污染，各生产工序在生产结束、更换品种及规格或换批号前，应彻底清理及检查作业场所。有效的清场管理程序，可以防止混药事故的发生。

清场分为大清场和小清场，大清场是指换品种时或者连续生产一定批次后进行的清场，小清场是指同品种生产的批间清场和生产完工后的每日清场。

【技术要求】

每日生产完工后的清场要求：

- 地面无积尘、无结垢，门窗、室内照明灯、风管、墙面、开关箱外壳无积尘，室内不得存放与生产无关的物品。
- 使用的工具、容器，清洁无异物，无前次产品的残留物。
- 设备内外无前次生产遗留的药品，无油垢。
- 调换品种、规格时，必须对原料、辅料、包装材料、标签，说明书等的领用数、使用数和剩余数认真核对，核对无误后认真填写记录，对不再使用的原料、辅料、包装材料、标签、说明书要及时清场，返回库里。对印有批号的标签、包装材料不得涂改使用，应由专人负责及时销毁，并做好记录。

清场后检查：

- 清场结束后，清场记录需要双人复核。检查结束后在清场记录上签字，合格后发给"清场合格证"或者其他合适的方式例如清场批记录证明清场合格。
- "清场合格证"或者其他合适的方式例如清场批记录证明清场合格作为下一个班次、下一批产品、另一个品种或同一品种不同规格产品的生产凭证，附入批生产记录。
- 清场未合格并通过 QA 批准前不得进行另一个品种或者同一品种不同规格的生产。

【实施指导】

A. 包衣类产品

- 在同产品批间清洁时，需确保上批产品的半成品，包衣物料，及废品都移出操作间。操作间需要进行表面清洁，地面，墙面，设备/容器表面需要确保没有粉尘。所有清洁活动结束后，进行目视检查，确认没有可见粉尘/物料后，需要在房间日志中记录清洁活动和检查结果。只有目视检查合格方可开始准备下批次生产。
- 包衣机换产品清洁，需确保上批产品的半成品，包衣物料，及废品都移出操作间。生产时使用的工具，包衣液容器，管路，喷枪需要进行全清洁，更换清洁标签。设备/房间全清洁需要遵循验证过的清洁流程进行。所有清洁活动结束后，进行目视检查，确认没有清洁合格后，需要在房间日志中记录相应清洁活动和检查结果。房间和设备完成全清洁后，需要在房间和设备分别贴有"已清洁"标识。

- 同品种产品连续包衣的周期（时间/批次数）需要经过验证。如果同一台包衣机能够生产多种产品，设备/产品连续生产周期需要经过清洁验证/评估。规定于标准操作规程（SOP）中的包衣机及辅助设备待清洁时限和已清洁状态有效期的时限均需要依据清洁验证/评估的结果。
- 包衣锅通风系统的管路和过滤器应定期检查和清洁，如过滤器通风能力降低，应对其进行更换，更换过滤器后，包衣锅内空气应进行微生物和悬浮粒子的测试。

B. 胶囊类产品

在同产品批间清洁时，需确保上批产品的半成品，颗粒/小丸，及物料污染过的废品都移出操作间。该批产品生产时使用的可移动工具需要进行表面清洁，更换清洁标签（如适用）。操作间需要进行表面清洁，需要确保地面、墙面、设备/容器表面没有粉尘。所有清洁活动结束后，进行目视检查，确认没有可见粉尘/物料后，需要在房间日志中记录清洁活动和检查结果。只有目视检查合格方可开始准备下批次生产。

- 胶囊灌装机换产品清洁，需确保上批产品的半成品，颗粒/小丸，囊壳及物料污染过的废品都移出操作间，所剩余该批产品囊壳需要完成退库。生产时使用的可移动工具，设备需要拆卸，定量环等模具需要进行全清洁，更换清洁标签。设备/房间全清洁需要遵循验证过的清洁流程进行。所有清洁活动结束后，进行目视检查，确认清洁合格后，需要在房间日志中记录相应清洁活动和检查结果。房间和设备完成清洁后，需挂上"已清洁待用"标识。
- 同品种产品连续胶囊灌装周期（时间/批次数）需要经过验证。如果同一台胶囊机能够生产多种产品，设备/产品连续生产周期需要经过清洁验证/评估。需要依据清洁验证/评估的结果，在标准操作规程（SOP）中规定胶囊灌装机待清洁时限和已清洁状态有效期的时限。

【实例分析】

清场记录样张见表 3－11、表 3－12。

表 3－11　清场记录示例

清场前产品名称		规格		批号	
清场内容及要求		清场人	复核人		工艺员检查情况
1	设备及部件内外清洁，无异物				
2	无废弃物，无前批遗留物				
3	门窗玻璃、墙面、顶棚清洁，无尘				
4	地面清洁，无积水				
5	容器具清洁无异物，摆放整齐				
6	灯具、开关、管道清洁、无灰尘				
7	回风口清洁，无尘				
8	地漏清洁、消毒				
9	卫生洁具清洁，按定置放置				
10	其他				
结　论					
清场人		工艺员		质监员 QA	

表 3 - 12　清场合格证

×公司×车间清场合格证（正本）　　　文件编号
原生产品名＿＿＿＿＿＿＿＿＿＿＿　规格＿＿＿＿＿＿＿＿＿＿＿
批号＿＿＿＿＿＿＿＿＿＿＿＿＿
调换品名　＿＿＿＿＿＿＿＿＿＿　规格 ＿＿＿＿＿＿＿＿＿＿＿
批号＿＿＿＿＿＿＿＿＿＿＿＿＿
清场班组　＿＿＿＿＿＿＿＿＿＿＿＿＿
清场者签名　＿＿＿＿＿＿＿＿＿＿＿＿＿
检查者签名　＿＿＿＿＿＿＿＿＿＿＿＿＿
清场日期　　　　年　　　月　　　日

4 口服固体制剂常用设备

本章中将探讨以下问题：
　　☞ 口服固体制剂生产过程使用的常用设备和特殊设备
　　☞ 口服固体制剂产品中间过程检测用到的设备
　　☞ GMP 对模具、筛网、滤袋方面的要求

　　固体制剂工艺包括多个操作单元，每个单元操作对应不同的设备，固体制剂生产设备主要包括：粉碎设备、筛分设备、制粒设备、干燥设备、混合设备、压片设备、包衣设备、包装设备、胶囊填充设备等。不同设备适用于不同的生产工艺。设备是保证生产出符合预定质量产品的硬件。在固体制剂生产中应重点考虑设备的设计、构造、确认、使用、清洗、维护保养及校验，以此保证所用的生产设备能够持续不断地生产出符合既定质量标准的产品，本章将描述设备的管理，结合各操作单元的具体设备应用参见本指南 5. 生产过程控制，更多内容可参见本丛书《厂房设施与设备》分册。

4.1　生产设备

4.1.1　设计和选型

【法规要求】

药品生产质量管理规范（2010 年修订）

　　第七十一条　设备的设计、选型、安装、改造和维护必须符合预定用途，应当尽可能降低产生污染、交叉污染、混淆和差错的风险，便于操作、清洁、维护，以及必要时进行的消毒或灭菌。

　　第七十四条　生产设备不得对药品质量产生任何不利影响。与药品直接接触的生产设备表面应当平整、光洁、易清洗或消毒、耐腐蚀，不得与药品发生化学反应、吸附药品或向药品中释放物质。

【背景介绍】

　　固体制剂生产设备的设计、选型和安装是固体制剂生产工艺至关重要的一环，设备的设计结构应充分考虑其科学性和适用性，应该设计合理，大小适当，布置合理，便于以后

规模生产过程中的操作、维护、清洁；设备表面与各种成分、中间体或药品接触，不产生化学反应和吸附作用，保证药品的安全性、均一性、效价或含量、质量或纯度不会改变。

【技术要求】

口服固体制剂产品及中间体生产、包装和处理过程中可能会产生大量的粉尘，这样会导致交叉污染和粉尘暴露的问题。因此口服固体制剂设备的设计建议采用密闭操作形式，在粉尘控制上建议采用合理有效的方式，最大限度避免污染、交叉污染、混淆和差错。

设备能否正确设计和选购，用户应根据自身的要求提出设备 URS 来实现，在提出 URS 时，制药企业应根据所生产品种的工艺针对性地制定 URS。在制定 URS 时，一般应考虑到法规要求、技术要求、服务要求等几个方面，以便最终保证所选设备能满足所生产品种的工艺要求，生产出合格的产品。

固体制剂设备设计应考虑以下几方面：

- 设备的大小应能满足产品生产批量的要求；
- 设备的设计和结构应易于生产过程的操作；
- 设备应尽可能保持密闭生产状态，以将固体制剂生产过程中产生的粉尘降到最低；
- 设备各项控制参数的精度应能满足产品生产工艺所要求控制的精度范围；
- 直接接触物料的金属材料建议采用优质钢，应保证在工艺过程中不与物料直接发生反应、吸附；
- 直接接触物料的非金属例如塑料、橡胶等聚合物，此类物质在工艺过程中自身不会释放出物质，另外尽可能减少与有机溶剂的接触，避免被溶解引入到生产工艺中，建议使用食品级的材料；
- 设备用的润滑剂、冷却剂等不得对药品或容器造成污染，与药品直接接触的润滑部位应使用食用级润滑油，应提供相应的材质证明报告；
- 设备的设计应便于清洗和维护；尽量避免出现死角；
- 设备的设计还需要考虑是否能满足安全方面的要求。

设备安装应根据设备说明书结合厂房设计进行安装。设备能满足工艺要求，安装合理便于操作、维护和清洁。所有连接部分应进行抛光，保证连接处过渡自然圆滑无死角，易清洗；设备带有一定的安全防护措施，发生意外时能报警提示操作人员；控制按钮控制柜等应密封良好避免固体粉尘的进入。

【实施指导】

A. 对设备的基本要求

根据生产单元的不同，固体制剂生产需要使用不同的工艺设备。对于同单元的工艺设备应有不同的考虑。

- 直接接触物料部分：应采用不与其发生反应、吸附药品或向药品中释放有影响物质的材质，通常多采用不锈钢、聚四氟乙烯、聚丙烯、氟橡胶等材料。禁止使用吸附药品组分和释放异物的材料。工艺中直接与物料接触的设备表面，例如压片机转盘、制粒机内表面等应光洁，制粒设备与干燥设备之间的连接应方便拆装、清洁或者针对产品专门使用，设备内部采用简单的设计方便拆装、清洁和维护保养，使用的材料应为惰性材料不与产品发生反应。

● 不接触物料部分：这部分主要指设备外表面或者一些设备的支撑部分，此部分虽然不与物料直接接触但是都出工艺操作的房间内，在设备清洗时也应该进行清洁，避免产生交叉污染。

● 机电部分：此部分设备安装时可以统一密闭安装到洁净区外面或者工艺操作隔壁的房间，例如干燥设备的机电设施和集尘设施。

B. 单元操作设备

（1）称量设备

称量室将原辅料按照工艺处方进行分配，同一时间内只允许一种物料进行称量备料操作，称量过程中也会产生较大的粉尘，应该最大限度避免污染、交叉污染。

建议在一个配有除尘系统的区域进行操作，使得操作者对产品的暴露程度降至最低。

目前有一种较新型的除尘方式，采用局部除尘设施，该系统内设置初、中、高效过滤器，采用自循环的方式运行，垂直向下出风，该方式可以有效地控制粉尘不会飞扬；粉尘全部收集在初效过滤袋上面，同一产品定期或者根据压差指示进行更换，不同活性成分更换不同滤袋，这样不仅避免了交叉污染也避免了污染大气。对于高致敏物料可能要求配有半身或装有手套孔的独立柜子中进行操作。

（2）粉碎

粉碎过程其实是一个动能传递的过程，粉碎设备应避免动能传递不均匀，局部过热造成产品的降解。原辅料如需要应进行粉碎过筛，粉碎过筛应是一道产尘非常大的操作工序，不能够密封的地方必须更加注意抑制粉尘。当密封不可行时，粉碎、过筛应在一个配有除尘系统的区域进行，使得操作者对产品的暴露程度降至最低。

（3）制粒

① 湿法制粒

制粒岗位同样是产尘较大的工序，建议采用封闭式湿法制粒，以整线的形式生产，称量好的物料通过真空管道密闭输送到湿法制粒机中，黏合剂可采用压力罐压入、蠕动泵加入或者其他适当方式加入，制好的颗粒直接密闭出料至湿法整粒机中进行湿整粒，整好的颗粒密闭通过真空或者重力进入干燥器中进行干燥；干燥好的颗粒通过合适的密封传输方式传送至干整粒机中进行干整粒，干整粒的颗粒通过重力经管道落入混合桶内进行混合，整个制粒生产过程中采用密闭管道输送物料，生产过程中岗位上几乎没有粉尘，避免了交叉污染。

另外，设备工艺关键参数例如湿法制粒时搅拌速度、制粒终点等应采取有效措施达到参数稳定、准确控制。

② 干法制粒

辊压式干法制粒是连续地通过辊压的操作方式进行的制粒过程。干法制粒的根本目的是要生产出良好物理流动性能，组分均匀分布和良好可压性能的颗粒。它相对于水相或者基于溶液的制粒方式，不易对其活性成分的化学稳定性产生影响。对于干法制粒，活性成分通常与内相辅料（如填充剂，黏合剂，崩解剂等）混合（如缎带式混合机）均匀后通过强力进料杆匀速进料。也可加入一定量的润滑剂来增强其在进料时的与金属壁的黏附性。相向转动的双螺杆设计将物料填入辊压区，足够的压力下形成片状物，然后紧接着被打碎成大小不等的块状物，并被送入成粒区，由固定尺寸的筛网进行挤压整粒，最终形成一定尺寸的颗粒。在其期间辊压的夹角，压力强度等因素会对颗粒强度和将来压片工艺的稳定程度起重要的作用。

（4）干燥

干燥是利用热能使湿物料中的湿分（水分或其他溶剂）气化，并利用气流或真空带走气化了的湿分的过程。固体制剂中一般有厢式干燥和流化床干燥。

厢式干燥一般干燥周期较长，操作不密封，容易产生粉尘污染，一般生产不建议使用。流化床是一种高效率、密封性好的设备，建议使用此种设备。

（5）混合

混合机应能较好地使物料之间互相扩散，传送和剪切，常用的混合设备有 V 型混合机，桶型和箱型（Bin 型）混合机。建议使用 Bin 型混合机，混合后物料不经过转移，直接将混合桶移至压片机上方采用重力下料的方式进行压片。

（6）压片/胶囊机

每个压片机与胶囊机必须独立地安置在一个操作间内。机器的运转部分应被密封在安全门内使得噪音降到最低并保证安全。操作间应有足够的空间安置金属检测器和传送设备以及存放片剂或胶囊的容器。压片机建议使用强制下料器可以很好满足高速压片机冲模中物料的及时填充和有助于物料的再次混合均匀，另外生产模具要有专人负责维护保养。

（7）包衣机

应尽量采用封闭式的包衣机，传统荸荠型无孔包衣机逐渐被淘汰，新型包衣机大多采用有孔设计，包衣效率显著提高。

包衣过程中要求能精确控制喷浆的流速和雾化压力，包衣对于风量和温湿度也要求有精确地控制。建议采用合适的控制系统进行控制；建议配备在线清洗装置，在线清洗保证了设备的清洗效果，避免了交叉污染，节省了人力和动力消耗。

C. 包装设备

建议采用自动化设备，减少人为因素造成的混淆和差错，但是仍要人工定时抽检各项参数指标。保证设备的运行一直处于稳定可靠状态。

包装设备应采用合理措施保证产品的准确性和密闭性等性质，避免混淆和差错。

（1）瓶装设备

瓶装设备关键为数粒机，应采用有效措施保证数粒的准确。建议采用电子数粒机。目前电子数粒设备应用技术已经很成熟可以节省大量人力。

（2）条码扫描装置

可以自动识别小盒和说明书上的条形码，当条形码与标准条形码不一致时，自动剔除，并报警，保证产品的准确性。

（3）铝塑包装生产线

铝塑包装生产线现有技术也基本实现了全自动控制，自动泡罩包装、自动装盒、自动裹包。包含药片的泡罩热封前通过成像检测系统，检测系统时时采集图像，将采集到的图像同程序中储存的标准图像进行对比，存在异常的将自动进行剔除，该系统可以将缺粒、半粒、片面上有较大破损、刻字不一样的自动剔除，有效地保证了产品质量。封合也采用一次性封合，封合面积大，采用压力控制，效果可以恰到好处；批号打印单元，批号打印单元采用冷打的形式，该结构设计合理，既避免了打不清晰又避免了个别打漏的现象。板型通过传送带进入装盒工序，装盒机通过自动控制，将说明书折叠后连同药板一同装入药盒中，设备可以自动设置每盒装的板数，设备带有自动说明书与药盒条码扫描系统，可以将不正确的条码的说明书或药盒剔除，检重机自动控制将没有说明书或药板的小盒剔除。装好的药盒进入全自动裹包机中进行裹包，裹包机可以根据不同的裹包形式设定每层的盒数与层数。

【实例分析】

A. 流化床的用户需求标准（URS）

（1）生产工艺要求（表4-1）

表4-1　流化床URS——生产工艺要求

需求编号	需　　求	必需/期望
URS001	流化床的生产能力：确保在×××kg装料范围内能正常生产，干燥能力应能确保满足制成颗粒水分均匀度控制在目标值的±10%，在进风温度100℃的条件下，最大除湿能力不低于×××kg/h。流化床的真空出料设备的上料能力：不低于×××kg/min	必需
URS002	干法整粒机的生产能力：不低于×××kg/min	必需
URS003	流化床的真空出料设备的上料高度与干法制粒机进料口高度相匹配	必需
URS004	流化床一步制粒时制成的颗粒均匀度应得到有效控制	必需
URS005	干法整粒机转子转速可无级调整，具备显示转子转速功能	必需
URS006	流化床的真空出料设备出料阶段的物料损耗应不超过0.05%	必需
URS007	流化床进风速度控制应能满足沸腾干燥功能要求，能检测、显示并无级自动控制风速（风量），风量控制精度控制在±××%范围内。流化床进风温湿度控制应能满足沸腾干燥功能要求，能检测、显示并无级自动控制风温，温度控制精度控制在目标值±××℃；能检测、显示室外进风口空气湿度，经过除湿处理的空气绝对湿度确保在××克/公斤干空气以下	必需
URS008	流化床的排风温度控制应能检测、显示风温；温度检测精度控制在±××℃，配备终点温度控制停机功能	必需
URS009	流化床的控制系统可设置、储存并自动执行产品工艺控制参数（风量、进风温湿度、物料温度、喷浆蠕动泵流量、锅体真空度、出风终点控制温度）；可分级设置技术参数修改权限	必需
URS010	流化床的控制系统应具备检测、显示、记录和打印功能的主要控制参数：原料容器与进风之间的压差、扩散室与出风过滤器之间的压差、所有进排风过滤器的压差、雾化空气压力，物料温度、排风温度	必需
URS011	流化床的控制系统应具备检测、显示、设置、控制、记录和打印功能的主要控制参数：进风风速（空气流量）、喷浆蠕动泵流量、进风的温度和湿度、排风终点温度，抖袋时间和频率、运行时间	必需

（2）厂房设施及公用系统要求（表4-2）

表4-2 流化床 URS——厂房设施及公用系统要求

需求编号	需 求	必需/期望
URS012	提供设备详细所需动力系统和厂房设施配套要求，并协助用户完成安装施工图设计	必需

（3）设备要求（表4-3）

表4-3 流化床 URS——设备要求

需求编号	需 求	必需/期望
URS013	设备接触物料的内表面采用镜面抛光处理（$Ra \leqslant 0.2 \ \mu m$），外表面采用亚光处理（$Ra \leqslant 0.4 \ \mu m$）	必需
URS014	设备内外表面所有凹凸部件全部采用圆弧过渡（$R \geqslant 10 \ mm$），或采用不低于 135 度倒角过渡，紧固方式不采用外露螺钉，确保无死角易清洁	必需
URS015	沸腾流化床机座、原料容器、喷雾扩散室、过滤室桶体厚度不低于 ×× mm。国家设计规范另有规定的，从其要求	必需
URS016	流化床进风风筒材质选用 304 不锈钢；采用圆风筒、快开联接形式，且圆滑无锐利棱角，易清洁，进风管道上设置防倒流装置和防爆装置。进风经高效过滤器处理。	必需
URS017	流化床进风系统的主要部件设置要求：进风止回阀（气动自动开关）；进风初效过滤器 G4 型号；中效过滤器 F8；预加热（对进风空气进行预加热）；除湿器（对进风空气进行除湿）；冷热风混合栅阀（一体式冷热风并联通道）；蒸汽加热器（气动比例控制阀，可方便拆卸维修，304 材质）；蒸汽稳压阀；高效过滤器 H13 设置在加热器后；进风防爆阀（2Bar 防爆型）；所有过滤器前后带压差显示	必需
URS018	流化床的主要部件设置要求：主机分为四个部份（包括机座，顶喷原料容器，喷雾扩散室，过滤室），其中喷雾扩散室和原料容器室要求采用细长圆锥型，确保在 ××× kg 装料范围内，可实现沸腾效果的均一性。顶喷原料容器放置在一个四轮可移动的小车上；在主机塔上配备六个防高压的镜片用于观测物料。所有的垫圈都是硅橡胶，有认证证明材料；在喷雾扩散室上面有一个进料口用于吸入原料；2 Bar 顶部安全泄爆设计；双过滤室（机械升降式抖袋）；防静电过滤袋（180 目的粉损耗在 0.5% 以内）；由 PLC 控制气缸抖袋；所有过滤器前后带压差显示	必需
URS019	流化床喷雾系统的要求：一个喷枪带三个不同规格喷芯，配备防滴液和防堵塞功能。黏合剂输送蠕动泵能与主机控制面板联动控制，输液小车能与湿法制粒自动喷浆装置共用	必需
URS020	流化床的排风应采用 Y 型排风管，排风风筒材质（排风过滤器前）选用 304 不锈钢；采用圆风筒、快开联接形式，且圆滑无锐利棱角，易清洁。排风管道上设置防倒流装置和防爆装置	必需
URS021	流化床的排风系统的主要部件设置要求：排风止回开关阀（气动自动开关）；排风管（配粉尘报警仪）；排风 2 Bar 防爆阀；排风过滤器（配出风中效过滤器 F8 和高效过滤器 H13）；风机；消音器；所有过滤器前后带压差显示	必需
URS022	预留高效过滤器完整性检测试剂注入口，日常使用中注入口密封完好	必需
URS023	高效过滤器安装完毕后须作完整性测试，并出具合格报告	必需
URS024	出料口设有与相关容器或管道配套连接的快装接口和连接管道。转子与筛筒的间隙应能调整以满足对不同粒径的均化要求	必需
URS025	干法整粒机的应配备带 180 目的除尘过滤的进气口，随机配三种规格筛筒	必需
URS026	所有设备与相关厂房地面的连接结构设计，须确保不破坏厂房设施，无死角易清洁，易维护保养	必需

（4）电气自控要求（表4-4）

表4-4 流化床URS——电气自控要求

需求编号	需求	必需/期望
URS027	控制柜、操控箱、操控按钮具有良好密封，可完全阻止灰尘、水和湿气进入其中	必需
URS028	流化床控制系统的报警功能包括变频器的错误报警，温度控制的错误操作报警，压缩空气低压高压报警，安全互锁系统等。当系统出现错误时系统会给操作人员指示	必需

（5）QA要求（表4-5）

表4-5 流化床URS——QA要求

需求编号	需求	必需/期望
URS029	与物料接触部件：金属的选用316 L不锈钢材质制作，非金属的必须符合药用要求，提供有效的材质证明书。不与物料接触部件：要求选用304不锈钢材质制作，如选用其它材质的必须确保不脱落、不渗透、耐腐蚀、易清洁	必需
URS030	干法整粒机的传动轴与整粒腔间有良好可靠的密封（隔离）机构，既不使粉尘向传动轴的轴隙泄露，也不使轴隙处的油垢污染物料	必需

（6）RAM（维修服务）要求（表4-6）

表4-6 流化床URS——RAM（维修服务）要求

需求编号	需求	必需/期望
URS031	卖方保证所供货物是用上等材料制成，全新未曾使用过	必需
URS032	设备运行综合性能：设备配备良好的减振、传动、变速、冷却、润滑装置，在维修保养周期内，连续满负荷生产条件下，没有明显漏油和温升现象、没有明显的振动和噪声恶化现象，始终符合出厂验收标准	必需

（7）清洗消毒要求（表4-7）

表4-7 流化床URS——清洗消毒要求

需求编号	需求	必需/期望
URS033	设备电缆和辅助管线（洁净区内）配备洁净管外套	必需
URS034	流化床应具有在线清洗系统（CIP）：配备洗涤剂计量和高压泵，高压泵提供高压水。流化床除过滤器、过滤袋等进行人工清洗外，其他主要部件包括过滤室、扩散室、机座和原料容器等具备在线清洁功能	必需
URS035	所提供的设备、附件和连接管线的材质和结构设计，须确保易拆装、无死角、易清洁	必需

（8）EHS 要求（表 4-8）

表 4-8　流化床 URS——EHS 要求

需求编号	需 求	必需/期望
URS036	设备噪声不得大于 75 dB，配带室内洁净区和室外环境的防污染装置	必需
URS037	设备使用、操作和维修等方面的结构设计须符合人机工程学原理，设计制造满足相关设备安全设计规范	必需

（9）FAT 要求（表 4-9）

表 4-9　流化床 URS——FAT 要求

需求编号	需 求	必需/期望
URS038	流化床的排风经处理后，洁净度达到环保要求	必需
URS039	设备制造质量进度关键控制点，须通知用户到制造厂进行验收，确认后方可继续下一工序制造或组装	必需
URS040	供应商负责编写设备的 FAT 文件（设备工厂 IQ/OQ/GAMP5 部分）经用户确认后，负责实施	必需

（10）包装运输要求（表 4-10）

表 4-10　流化床 URS——包装运输要求

需求编号	需 求	必需/期望
URS041	包装满足运输和装卸要求，防潮湿、防磕碰、防振动	必需
URS042	机器到货清单必须详列每装箱内容物	必需

（11）文件资料要求（表 4-11）

表 4-11　流化床 URS——文件资料要求

需求编号	需 求	必需/期望
URS043	技术文件中应有按功能部件区分、针对每一部件所作的序号简明图册，以便于维护，迅速辨识，且能与厂家沟通无碍	必需
URS044	须提供文件清单，所有文件资料均须提供英文及中译本各三份	必需
URS045	须提供机器总装配图及部件型录	必需
URS046	须提供机器零组件分解组立图及零件编号、名称说明表	必需
URS047	须提供机器操作保养手册或说明书、故障排除说明书	必需
URS048	须提供机器附属配件清单，两年内易损坏品之建议清单	必需
URS049	须提供电路控制线路图（电路之配线以符号标明于接在线以便核查）	必需
URS050	须提供控制盘面仪表，开关配置图	必需
URS051	机器使用 PLC 编辑须随机需要附有 PLC 阶梯图及驱动程序、开机磁盘片	必需
URS052	须协助用户编写确认文件（用户工厂 DQ/IQ/OQ/PQ/GAMP5 部分），并与用户共同完成验证确认	必需
URS053	须提供设备标准操作、清洗和维护检修 SOP	必需

（12）备品零件要求（表 4 – 12）

表 4 – 12 流化床 URS——备品零件要求

需求编号	需 求	必需/期望
URS054	本机使用之两年内易损坏备品零件	必需
URS055	本机使用之安装校正器具各一组	必需
URS056	本机使用之齿轮润滑油 15 L	必需
URS057	本机拆卸保养工具一组含工具箱	必需

（13）安装调试要求（表 4 – 13）

表 4 – 13 流化床 URS——安装调试要求

需求编号	需 求	必需/期望
URS058	机器到货拆箱时供应商必须陪同现场人员进行拆箱，如供应商授权我方自行拆箱，拆箱后如发现机器及零配件有任何损坏、缺少，供应商应负全责不得推诿	必需
URS059	机器订购后供应商需负责到货运送、搬运、吊装及安装，安装期间供应商至少需有一人全程配合	必需
URS060	机器到货运送、吊装、搬运安装试车至完成及技术转移事宜之各项费用应由供应商负责，我方仅提供必要协助	必需
URS061	机器到货，我公司通知供应商来厂安装日期起，应在 15 个自然日内完成安装，试车完毕	必需
URS062	试车零件更换等寄送费用，由供应商负责	必需
URS063	供应商进厂施工需遵守我方施工规则施工	必需

（14）SAT 要求（表 4 – 14）

表 4 – 14 流化床 URS——SAT 要求

需求编号	需 求	必需/期望
URS064	依原厂提供之机器性能条件逐一验收	必需
URS065	依合约内容条件逐一验收	必需
URS066	机器安装完成后供应商应有技术人员协同我方进行产品试生产，能够连续生产三批合格产品为验收合格标准	必需
URS067	试车期限为六个月，如六个月内该机器始终无法完成连续三批合格产品时，供应商需无条件免费收回该机器，其运费、装箱费用由供应商负责、退回机器合同订立的全部款额	必需

（15）培训要求（表 4 – 15）

表 4 – 15 流化床 URS——培训要求

需求编号	需 求	必需/期望
URS068	负责对技术管理人员、操作人员、维修人员进行结构原理、性能、操作、维修、故障排除等基本知识的培训，使我方人员至一定熟练度，由双方人员认可，费用由供应商自理	必需

（16）保修要求（表4-16）

表4-16 流化床URS——保修要求

需求编号	需　求	必需/期望
URS069	本机保修期限2年，有效日为安装试车完成验收日起	必需
URS070	如因机器故障导致停止生产时，需要延长保修期限。同时故障零件供应商需无条件负责免费更换	必需
URS071	机器试车后于保修期限内其消耗品或电子零件故障需由供应商负责免费供应修缮或更换。且维修需要在2天内到现场	必需
URS072	维修期限内供应商每年至现场作免费检修1次	必需

（17）其他要求（表4-17）

表4-17 流化床URS——其他要求

需求编号	需　求	必需/期望
URS073	本规格表中基本规格内容，技术数据及参考文件等各大项中所提及各项要求供应商提供资料，若有任何问题应于契约订定前先知会我方，在合约上说明，否则各项均列入机器到货验收时之依据	必需
URS074	供应商在报价中需要将所有需要提供的辅助设施（如冷热水、电、蒸汽、压缩空气、支架等）列举清楚，若有列举不明之项目，发生费用则全部由供应商自己承担	必需
URS075	本URS作为合同的补充条款，作为到货验收的依据	必需

【要点备忘】

● 固体制剂设备生产线，整体生产线应考虑生产流程的顺畅，整体设备之间连接整体处于密封状态，避免物料损失和外界的污染，保证产品质量
● 固体制剂设备建议采用自动化设备进行生产，但要确保自动化设备的准确和可靠
● 药品生产设备是实施药品GMP的先决条件，其设计应有利于人员操作、日常维护及清洁，避免差错和交叉污染。设备验证文件应合理完整，如验证方案、实施情况总结，缺陷的处理，变更的控制，最终验证报告等

4.1.2 设备的校验

【背景介绍】

　　设备的校验是为了证明设备的仪器仪表的显示值能真实反应实际值。如果设备没有经过校验，那么所有的设备的输出结果将没有意义，这时所有的操作也就没有了意义。

　　校验是设备验证的前提，所有的生产都是通过仪器仪表的显示来反应实际的工艺的参数，不管使用何种设备，如果没有准确的检验就不能保证设备参数的真实性及准确性，生产出的产品质量就得不到保障。

【技术要求】

GMP 条件下的所有与生产，检验测试相关的设备仪器仪表必须经过校验，并保证使用时在校验有效期内，出现不合格时需要按照偏差程序经行调查处理。

校验频率要根据仪器仪表用途和每日的使用次数进行风险分析后确定。

更多内容可参考本丛书《厂房设施与设备》分册。

4.1.3 设备的清洗

【背景介绍】

设备的清洁是防止污染和交叉污染的一个重要手段，应强调清洁方法的有效性和可重现性。所有与生产相关的设备必须进行清洗，并符合预先制定的清洗限度要求，只有这样才能保证设备本身不会对产品产生交叉污染，保证产品质量。本节重点介绍的设备清洗的一些方式，具体的清洗步骤应根据不同产品性质制定，且经过验证。

【技术要求】

应定期对设备与工具进行清洁，并且根据药品的性质进行消毒和/或灭菌，防止污染和交叉污染，影响药品的安全性、均一性、效价或含量、质量或纯度。设备的清洗方法必须经过验证，验证通过后将验证的清洗方法形成书面的 SOP。所有设备的清洗均应严格按照 SOP 进行清洗。

【实施指导】

根据制药企业的设备水平及设备本身的构造，设备的清洗主要分为在线清洗和离线（手工）清洗。有些设备不具有在线清洗的功能，所以只能选择手工清洗。同时一些设备的零部件也不具备在线清洗的条件，只能拆装后清洗。无论采用在线清洗或手工清洗，不仅要目检合格，还同时要符合化学及微生物的限度要求。

虽然在线清洗越来越受到制药企业的青睐，但是由于其对设备管道性要求高，且设备本身造价高。可能对死角不能达到理想的清洗效果，有时还需要进行手工擦拭。所以手工清洗一直延续至今。

对于不可以移动的设备例如固体制剂中的制粒机、流化床和包衣机等可采用 CIP 清洗的方式进行，压片机和胶囊机因包含模具和可拆卸部件较多，可以采用不可移动部分直接清洗和可拆卸部件运到车间专门清洁间使用清洗机清洗相结合的方式进行。

产品专用部件例如物料传送管道等的清洗，因为是针对某一个产品专门使用，不存在交叉污染的风险，一般情况下清洗后，在验证清洗剂残留和微生物合格前提下，目检合格即可。

固体制剂设备常见清洗问题：

- 物料桶：开关阀门密封件等需要单独拆卸后清洗；
- 干法制粒机：一般来说在线清洗不能满足其清洗的要求，建议采用在线清洗和人工清洗结合的方式进行，例如物料传送装置或者螺杆建议单独拆卸后手工清洗；
- 流化床：相对于其他固体设备来说，流化床可能是最复杂的设备，为了避免粉尘的影响，过滤袋应提前润湿后进行清洗，如果使用在线清洗，为了保证设备的清洗效果应有足够的喷淋头；

- 干整粒机：筛网一般需要拆卸单独进行清洗；
- 压片机：压片的清洗是一个比较费时间的工作，模具的拆卸和清洗都需要人工完成，但是现在已经有部分先进的技术已经可以解决类似的问题，例如，模具本身可以清洗，可更换的转台等等大大提高了压片设备的工作效率；
- 胶囊填充机：部件应可以手工拆卸进行清洗；
- 包衣机：多数包衣机有在线清洗系统，建议使用在线清洗系统进行清洗，清洗后自动干燥。

A. 清洗间设计和清洗站管理

（1）在线清洗

在线清洗（clean in place，CIP）系统是指设备（罐体、管道、泵，过滤器等）及整个生产线在无需人工拆开或打开的前提下，在预定时间内，将一定温度的清洁液通过密闭的管道流速对设备表面进行喷淋循环而达到清洗目的。

CIP 的优点：

- 与手动清洗相比，节省劳动力，提高药品质量，减少人为清洗的人工差异；
- 清洗成本降低，清洗剂，水，蒸汽耗量少；
- 自动化和程序化高，重复性好，可控性高；
- 可分手控、PLC（可编程控制器）自动程控。

CIP 可以根据待清洗系统的实际情况，确定合适的清洗过程，包括确定清洗条件，清洗剂的选择，回收设计等，并可在清洗过程中对关键参数和条件（如时间，温度，电导，pH 和流量等）进行预设定和监测。

CIP 涉及到使用固定安装的清洗喷嘴或喷头的生产设备的清洗，因而省去拆分设备的耗时过程。CIP 系统可以是固定或移动的，通过适当的管道连接，确保生产设备的各个部件一次都进行清洁，经常使用化学清洗剂或多次冲洗，以确保 API 和清洗剂没有残留，清洗经常使用饮用水或纯化水，最终冲洗水为纯化水或注射用水，清洗用水应符合药典标准。

CIP 系统设计应考虑：

- 最高压力 10 ~ 100 bar，最低压力 < 2 bar；
- 所有设施零件完全清空的能力，尤其是泵、阀门、管件、测量仪器和排气装置等；
- 在有代表性位置设取样口；
- 设施确认的所有阀门、泵和驱动器具有可控性；
- 如发生逆流微生物污染，CIP 系统的机械隔离装置可从纯化水循环中快速分离。

对于在线清洗方式，应充分对其进行风险评估，在线清洗方式的死角和难清洁部位的残留，对于系统的污染是持续的，且不易被发现，尤其对于密封系统来说，目视检查的方式，往往不能发现目视可见的残留。因此对于在线清洗效果的定期检查是必要的。

（2）清洗间和清洗站

　　固体制剂在主生产线外配备清洗操作单元和系统，可以极大地减少对关键生产操作的干扰，便于维修、维护和保养。例如，流化床的过滤袋清洗，CIP 系统和清洗站。

　　清洗间的设置：

● 应设计有净水进入和污水排放装置；
● 清洗区应邻近某一特定工艺操作以减少运送待清洁零件的距离，或者位于工艺操作的中心以提高操作效率；
● 清洗区应有足够空间以隔离存放清洁和待清洁的物品，应邻近物流通道，有去往生产区的通道；
● 在分隔待清洁和清洁区的墙上应有可传递的清洗箱；
● 应考虑 CIP 包装、传递、清洗剂储存的空间要求。

　　清洗站可以分固定的和移动的两类，主要由储罐、管道、泵、阀门、测量仪表、连接元件及密封件等组成（图 4－1）。

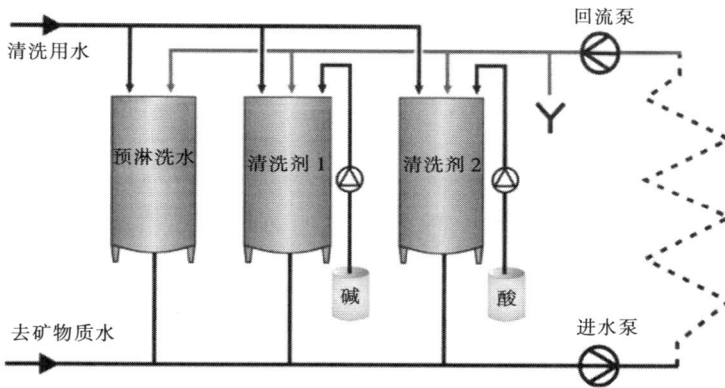

图 4－1　清洗站示意图

　　排水阀在清洗站的设计中是至关重要的，在洁净生产区域排水点的数量尽可能做到最少。要使用防止倒流的排水阀，以防止微生物的滋生和繁殖。排水阀的设计和选型应该在厂房设计阶段进行考虑，因为一旦厂房已经建成并投入使用，更换排水阀是非常困难的。

　　清洗站的优点：

● 通过重复使用溶液和清洗水、清洁剂消耗和能源消费最小化；
● 通过清洗溶液保证清洗设备的短期可利用性；只有最后的漂洗水是直接从操作系统中获得的；
● 高浓度的清洗液能够缩短清洗时间。

　　清洗站的缺点：

● 来自前部清洗过程中的残余粒子能聚集在管道中，采用 CIP 系统容易引起交叉污染的危险；
● 关于 CIP 设施的系统设计，规范的要求很高；
● 验证耗时较长，导致较高的成本。

【实例分析】

物料桶的清洗程序

1　清洁汇总

1.1　清洁工具：清洁毛巾和清洗机。

1.2　清洗剂：包括水（饮用水、热水、纯化水）和清洗剂。

1.3　清洁方式：拆卸冲洗、高压水枪清洗、手工擦拭和移动式清洗机自动清洗。

1.4　物料桶的介绍

1.4.1　物料桶按容积分为 1500L、600L。1500L、600L 物料桶平面图见图 4-2。

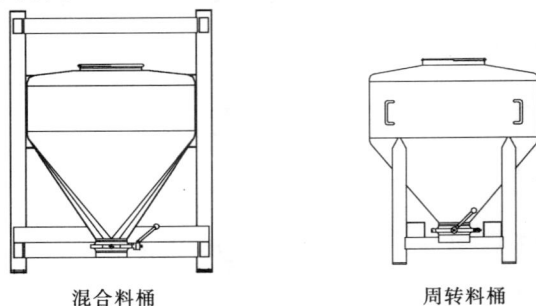

混合料桶　　　　周转料桶

图 4-2　物料桶平面图

2　物料桶清洁步骤

2.1　将料桶运到大的落地清洗池上。

2.2　拆卸操作

2.2.1　参照图 4-3 将 1500L、600L 料桶桶盖的卡箍打开，取下桶盖。

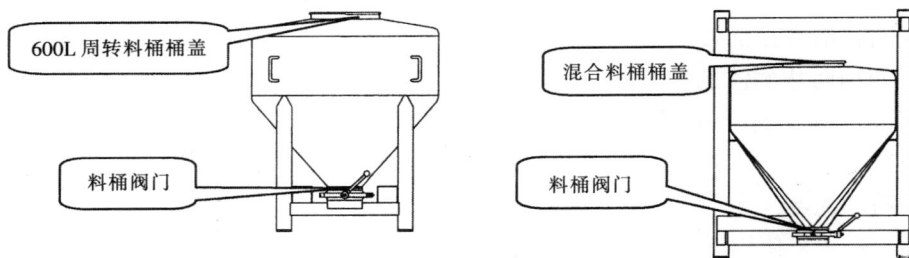

600L 周转料桶桶盖　　料桶阀门　　混合料桶桶盖　　料桶阀门

图 4-3　物料转运桶桶盖示意图

2.2.2　使用内六角扳手，旋开固定螺丝，取下料桶阀门把手，清洁操作人员一人打开卡箍紧扣，另外一人把握住出料口（防止阀门和出料口突然坠落造成人员、料桶部件的损伤），取下出料口和阀门碟片、硅胶环（图 4-4）。

2.3　料桶拆卸部件的清洗：取下桶盖的密封条，用饮用水将各部件逐件冲洗，冲洗过程中用清洁毛巾对桶盖、卡箍、密封条、出料口、碟片和硅胶环表面擦拭至洁净无粉尘（如是需要使用清洗剂，则先用清洗剂润湿的清洁毛巾进行擦拭），最后用纯化水冲洗一遍。

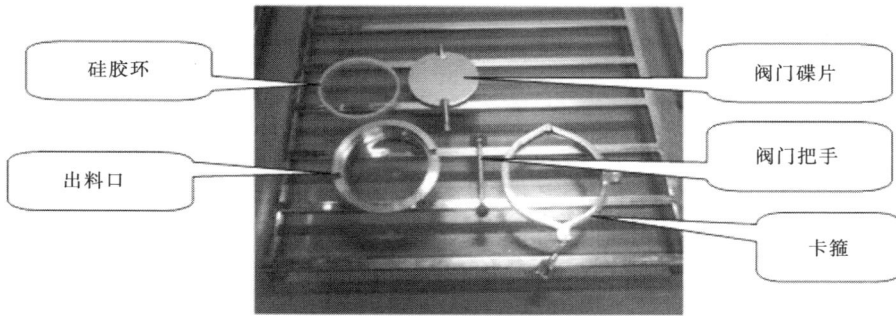

图 4 - 4　物料桶各部件示意图

2.4　物料桶桶体的清洗

2.4.1　使用清洗机进行清洗。

2.4.2　按照所生产品种选择相应的清洗剂加入到清洗机清洗剂料斗中。

2.4.3　安装连接喷淋头的清洗盖和内洗管路,连接高压水枪和外洗管路。

2.4.4　进入清洗机操作界面,根据产品预设定好的程序选择相应程序进行内部清洗。

2.4.5　进行内部清洗的同时可以使用外部清洗的高压水枪对料桶外部的粉尘进行清洗,然后用清洁毛巾按照从上到下的顺序擦拭至洁净无粉尘。擦拭一遍后再用高压水枪冲洗一遍。

2.4.6　在内外部清洗结束后用清洁毛巾擦拭外部积水,至外表面无水滴。将清洗后的料桶和阀门碟片等拆卸部件运到热风循环干燥室干燥。

2.4.7　干燥后将清洁干燥的料桶盖好桶盖运到清洁设备存放间,并摆放整齐。

2.4.8　清洁完毕后及时填写清洁记录,并填写清洁卡片并悬挂到位。

3　物料桶清洁有效期及到期后的清洁

3.1　物料桶清洁有效期应该根据验证后的周期确定。

3.2　在下一次使用前对物料桶进行清洁。用纯化水冲洗物料桶内外表面。

4　注意事项

4.1　清洗过程轻拿轻放,小心砸伤脚、挤伤手或滑倒。

4.2　清洁结束时,将水、电、气全部关闭,以避免造成资源浪费。

4.3　清洁过程严格按照相应的清洗过程进行清洗。

4.4　清洁用水管使用完毕后,悬挂在指定位置,保持水管两端向下。

【要点备忘】

● 设备有完善的保养和清洁文件及实施计划,内容合理,并按计划进行了保养、维护和清洁,清洁和维护记录真实完整。设备清洗的有效期要经过验证后确定。

4.1.4 设备维护

【法规要求】

药品生产质量管理规范（2010 年修订）

第七十九条 设备的维护和维修不得影响产品质量。

第八十条 应当制定设备的预防性维护计划和操作规程，设备的维护和维修应当有相应的记录。

第八十一条 经改造或重大维修的设备应当进行再确认，符合要求后方可用于生产。

第八十二条 主要生产和检验设备都应当有明确的操作规程。

第八十三条 生产设备应当在确认的参数范围内使用。

第八十四条 应当按照详细规定的操作规程清洁生产设备。

生产设备清洁的操作规程应当规定具体而完整的清洁方法、清洁用设备或工具、清洁剂的名称和配制方法、去除前一批次标识的方法、保护已清洁设备在使用前免受污染的方法、已清洁设备最长的保存时限、使用前检查设备清洁状况的方法，使操作者能以可重现的、有效的方式对各类设备进行清洁。

如需拆装设备，还应当规定设备拆装的顺序和方法；如需对设备消毒或灭菌，还应当规定消毒或灭菌的具体方法、消毒剂的名称和配制方法。必要时，还应当规定设备生产结束至清洁前所允许的最长间隔时限。

第八十五条 已清洁的生产设备应当在清洁、干燥的条件下存放。

第八十六条 用于药品生产或检验的设备和仪器，应当有使用日志，记录内容包括使用、清洁、维护和维修情况以及日期、时间、所生产及检验的药品名称、规格和批号等。

第八十七条 生产设备应当有明显的状态标识，标明设备编号和内容物（如名称、规格、批号）；没有内容物的应当标明清洁状态。

第八十八条 不合格的设备如有可能应当搬出生产和质量控制区，未搬出前，应当有醒目的状态标识。

第八十九条 主要固定管道应当标明内容物名称和流向。

【背景介绍】

设备维护的目的是为了降低设备故障发生的几率，并为设备可以持续的生产出高质量的产品提供保证。2010 版 GMP 把设备的维护分为设备的维护和维修两类，维护即预防性维护，维修即基于设备故障后的维修。基于风险的维修计划参见本丛书《厂房设施与设备》分册。

【技术要求】

应定期对设备与工具维护保养，防止出现故障与污染，影响药品的安全性、均一性、效价或含量、质量或纯度。应制定设备的预防性维护的书面操作规程并执行，设备的预防性维护必须按照制定的已批准的预防性维护计划周期进行实施，经改造或重大维修的设备应进行适当的评估以判定是否需要再验证，符合要求后方可用于生产。设备的维护和维修应有相应的记录。如维护与物料接触部分，维护后应及时对设备进行清洁，保证再次使用时不会对产品质量造成影响。

【实施指导】

A. 预防性维护

首先企业应该制定书面的预防性维护的 SOP。并且根据设备的关键程度和设备本身的性质制定具体的预防性维护计划和预防性维护项目。很多企业都是针对每个设备都有一个预防性维护计划的表格，在表格中分别列出维护的项目及维护的时间要求和接受标准，并按照计划定期实施做好设备的预防性维护检修能够更好的保证产品质量，避免设备故障造成的偏差，影响产品质量。例如采用设备日志的形式，在设备日志上设备是正常运行、清洁还是故障维修、预防性检修、润滑等几种状态一目了然。对应这几种状态分别有不同的原始记录，想要详细了解就可以看这些记录，这些记录是一一对应的，只有在平时严格按照程序去做才能保证原始记录的完整性，避免了过去生产记录与维修记录时间点不一致现象的发生。另外，应建立设备维修日志表格，通过表格可以一目了然地掌握该设备一年中进行了几次预防性维护检修，进行了几次故障维修。

B. 日常设备使用时发生故障后的维修

设备的定期的预防性维护是为了最大程度减少设备运行过程中出现的故障。但实际情况是在设备的日常使用中还是会出现意外故障，因此设备的故障后如何维护也需要有批准的书面流程，并参照执行。

从 GMP 角度来说，关键生产设备发生故障会对产品质量造成或大或小的影响。这时应该按照偏差的管理上报 QA，由 QA 组织相关部门进行分析后确定对产品造成的影响及对产品的处理。同时要求对设备进行维修并制定相应的纠正预防措施，维修完成后如有必要需要进行部分的确认，QA 批准后方可投入使用。有些情况下，设备出现故障需要考虑预防性维护项目和周期是否合理，如有必要需要增加设备的预防性维护内容及维护频率。

【实例分析】

A. 预防性维护

一般应考虑设备电气和机械方面的维护而制定维护计划，不同周期的检修项目不同，例如一般设备的维护和保养计划可以制定为 6 个月进行一次小维护，12 个月进行一次中维护同时检测小维护计划中项目，48 个月进行一次大维护同时包含小维护和中维护的项目，例如压片机的维护计划（表 4-18）。

表4-18　压片机预防性维护检修内容计划示例

序号	检修项目	检修完好标准	检修周期
1	检查润滑系统有无泄漏、堵塞、缺损	润滑系统无泄漏、堵塞、缺损	6月
2	检查上、下压力轮是否磨损，相应轴承是否转动灵活，无晃动	上、下压力轮无磨损，相应轴承转动灵活，无晃动	
3	检查上行、下行轨道是否磨损	上行、下行轨道无磨损	
4	检查强迫加料传动系统转动是否灵活	强迫加料传动系统转动灵活	
5	更换上、下冲密封圈	更换上、下冲密封圈	
6	调整校验传感器	传感器有效	
7	清洁电控柜、变频器	电控柜、变频器清洁	
1	检查减速机是否运转平稳，无噪音	减速机运转平稳，无噪音	12月
2	更换充填轨	更换充填轨	
3	更换压力轮、压力轮轴及压力轮轴承	更换压力轮、压力轮轴及压力轮轴承	
4	更换电机轴承	更换电机轴承	
5	更换减速机润滑油，更换蜗杆轴端油封	更换减速机润滑油、蜗杆轴端油封	
6	清理减速机积垢	减速机清洁	
1	检查转台冲模孔是否磨损，必要时进行修理	转台冲模孔无磨损	48月
2	检查蜗轮蜗杆减速器：蜗轮表面是否磨损，蜗杆轴头是否磨损	蜗轮表面无磨损，蜗杆轴头无磨损	
3	更换强迫加料器	更换强迫加料器	

　　一般情况下先制定各设备每次维护的项目和周期，综合所有维护SOP中的维护计划制定出未来一年年度维护计划（表4-19），具体到每月时再根据年度计划制定出月度检修计划（表4-20），并按照计划实施。

表4-19　×年关键设备维护计划示例

序号	设备名称	设备编号	月份											
			1	2	3	4	5	6	7	8	9	10	11	12
1	压片机	00001	小维护						小维护					
2	制粒机	00002	小维护						小维护					
3	包衣机	00003	小维护						小维护					
…		…							…					

表4-20　×年×月关键设备检修计划示例

序号	设备名称	设备编号	检修类别	检修日期	维修人员	验收人员	指导文件	完成情况
1	压片机	00001	小维护					
2	制粒机	00002	小维护					
3	包衣机	00003	小维护					
……	……	……	……					

B. 故障后维修实例

　　瓶装生产线上装瓶的数粒机数粒不准，因为数粒涉及到产品瓶装量的多少直接影响到产品的包装，属于关键部件的损坏应为重大偏差，一旦发现这样的问题后首先填写偏差报告表报质量部门，质量部门组织人员查找原因，并对设备损坏前的使用此设备分装的产品进行追踪，考察是否也存在每瓶数量不符的情况，查找到原因后及时报告进行维修，维修完成后并再次对包装机数粒的性能进行验证，合格后方可再次投入使用，并在以后的预防维护中增加该设备部位的检查。

4.1.5 设备使用和文件记录

【法规要求】

药品生产质量管理规范（2010 年修订）

第八十六条 用于药品生产或检验的设备和仪器，应当有使用日志，记录内容包括使用、清洁、维护和维修情况以及日期、时间、所生产及检验的药品名称、规格和批号等。

第八十七条 生产设备应当有明显的状态标识，标明设备编号和内容物（如名称、规格、批号）；没有内容物的应当标明清洁状态。

【技术要求】

产品的生产依靠的是设备，所有与设备有关的活动例如清洁、维护、维修、使用等都应有相对应的文件和记录，所有活动都应由经过培训合格的人员进行。每次使用后及时填写设备相关记录和设备运行日志，设备使用或停用时状态应该显著标示。

【实施指导】

A. 设备使用和文件记录分类

（1）设备操作
- 岗位操作人员必须经过相关设备操作使用的培训；
- 岗位操作人员必须严格按照相关设备标准操作程序进行设备操作；
- 岗位操作人员必须及时正确填写设备生产运行日志。

（2）维护保养
- 岗位操作人员或维修工程师必须按照设备标准操作程序相关内容进行设备的维护保养，按要求做好设备润滑并及时正确填写设备润滑记录；
- 岗位操作人员在生产过程中发现设备故障后，必须及时通知维修人员或相关人员进行维修，并进行偏差报告；
- 维修结束后，及时试机验收，验收合格后，应及时填写记录；
- 岗位操作人员若发现 SOP 有不切合实际的情况，应及时反映，进行修订。

（3）设备维修
- 维修人员必须进行相应培训并具备维修资格；
- 维修人员必须严格按照相关设备预防性维护检修程序进行维修，并及时正确填写设备维修日志；

● 维修人员针对本次故障情况，指导岗位操作人员采取必要的预防措施和今后操作中的注意事项；

● 维修结束后，须将维修现场清理干净。

B. 口服固体制剂常用设备文件和记录

常用设备文件和记录一般包括：

● 操作使用SOP；

● 预防维护SOP；

● 清洁SOP；

● 润滑记录：压片机润滑记录实例见表4-21；

● 预防性维护检修记录：实例见表4-22、表4-23、表4-24；

● 维修记录：实例见表4-25；

● 设备维修日志：实例见表4-26；

● 设备运行日志：实例见表4-27。

表4-21 ×年压片机润滑记录（部件示意图及润滑记录）

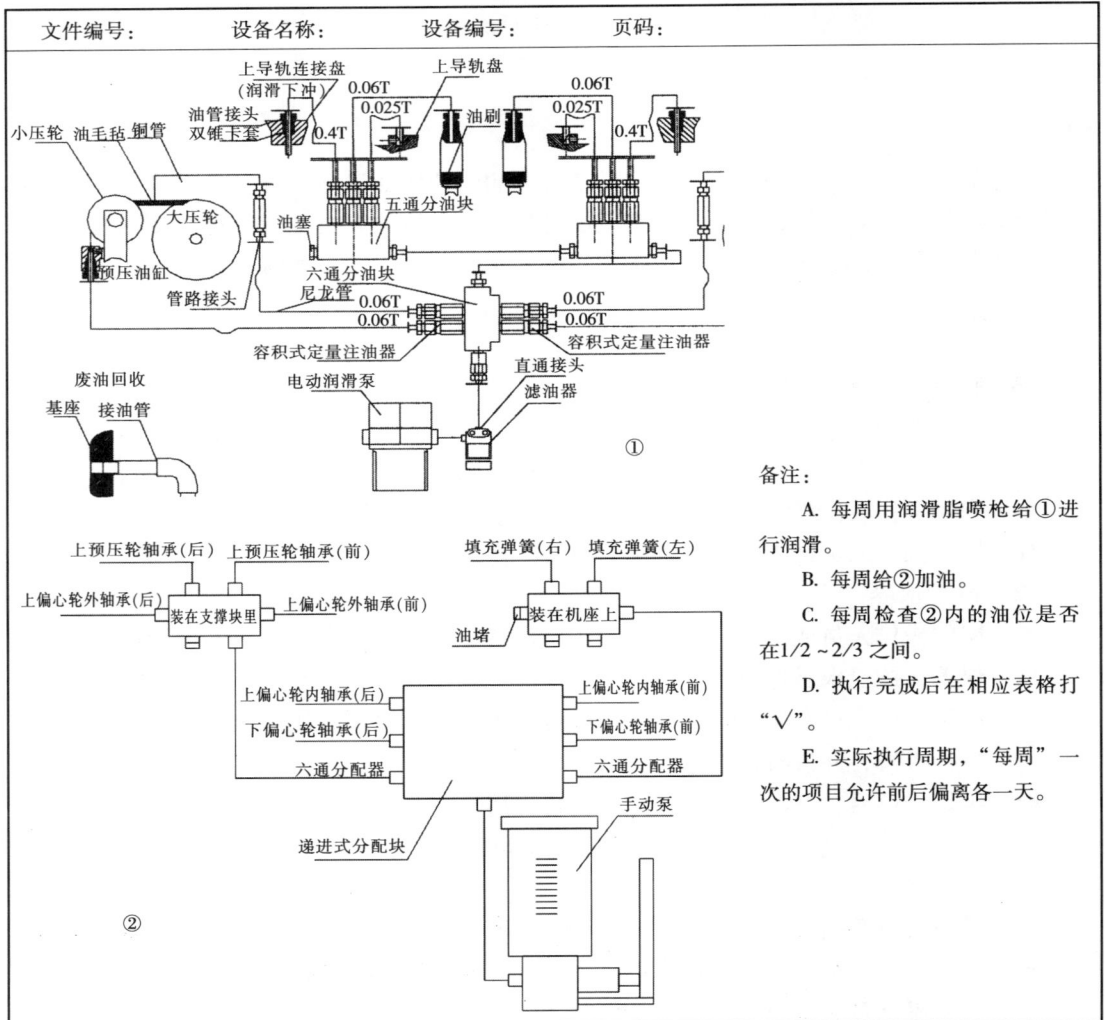

续表

部位	每周	月 日 班	月 日 班	月 日 班	月 日 班	月 日 班
1	●					
2	●					
操作人／日期						
部位	每周	月 日 班	月 日 班	月 日 班	月 日 班	月 日 班
1	●					
2	●					
操作人／日期						

表 4-22　×年×月压片机预防性维护记录（小维护）

序号	检修项目	检修完好标准	检修周期	上次检修日期	检修结果 正常	检修结果 异常 检修	检修结果 异常 更换	检修人	检修日期	备注
1	检查润滑系统有无泄漏、堵塞、缺损	润滑系统无泄漏、堵塞、缺损	6月							
2	检查上、下压力轮是否磨损，相应轴承是否转动灵活，无晃动	上、下压力轮无磨损，相应轴承转动灵活，无晃动								
3	检查上行、下行轨道是否磨损	上行、下行轨道无磨损								
4	检查强迫加料传动系统转动是否灵活	强迫加料传动系统转动灵活								
5	更换上、下冲密封圈	更换上、下冲密封圈								
6	调整校验传感器	感器有效								
7	清洁电控柜、变频器	电控柜、变频器清洁								
…	……	……								

表 4–23　×年×月压片机预防性维护记录（中维护）

序号	检修项目	检修完好标准	检修周期	上次检修日期	检修结果			检修人	检修日期	备注
					正常	异常				
						检修	更换			
1	检查减速机是否运转平稳，无噪音	减速机运转平稳，无噪音	12月							
2	更换充填轨	更换充填轨								
3	更换压力轮、压力轮轴及压力轮轴轴承	更换压力轮、压力轮轴及压力轮轴轴承								

表 4–24　×年×月压片机预防性维护检修记录（大维护）

序号	检修项目	检修完好标准	检修周期	上次检修日期	检修结果			检修人	检修日期	备注
					正常	异常				
						检修	更换			
1	检查转台冲模孔是否磨损，必要时进行修理	转台冲模孔无磨损	48月							
2	检查蜗轮蜗杆减速器：蜗轮表面是否磨损，蜗杆轴头是否磨损	蜗轮表面无磨损，蜗杆轴头无磨损								
3	更换强迫加料器	更换强迫加料器								

表 4–25　×设备（系统）维修记录

序号	维修原因	维修内容	更换部件	完成情况	维修人员/日期	验收人员/日期
1						
2						
3						
4						

表 4–26　设备维护日志（×年）

设备名称		设备型号			设备编号			生产厂家		安装日期		

月＼日	1	2	3	4	5	6	7	8	9	10	11	12	13	14	15	16	17	18	19	20	21	……
1																						
2																						
3																						
4																						
……																						

备注：在检修类型一列填写为年度检修计划，在具体的日期内填写为具体实施日期。

表4-27 生产运行日志

操作者/日期	有效运行时间																有效运行时间	设备效率	生产(清场)产品名称	产品批号	产量(万片)	备注
	0:00	0:30	1:00	1:30	2:00	2:30	3:00	3:30	4:00	4:30	5:00	5:30	6:00	6:30	7:00	7:30						
操作者/日期																	h	%				
操作者/日期	0:00	0:30	1:00	1:30	2:00	2:30	3:00	3:30	4:00	4:30	5:00	5:30	6:00	6:30	7:00	7:30	h	%				
操作者/日期	0:00	0:30	1:00	1:30	2:00	2:30	3:00	3:30	4:00	4:30	5:00	5:30	6:00	6:30	7:00	7:30	h	%				
操作者/日期	0:00	0:30	1:00	1:30	2:00	2:30	3:00	3:30	4:00	4:30	5:00	5:30	6:00	6:30	7:00	7:30	h	%				

本页记录中设备累计运行时间：_____ 小时；设备总累计运行时间：_____ 小时，计算人/日期：_____。

4.2　口服固体制剂生产中用到的特殊设备

　　口服固体制剂生产过程中用到的一些与剂型特点紧密相关的特殊设备包括筛网、滤袋、模具、天平、混合设备、粉碎设备、制粒设备、干燥设备、压片设备、清洗设备等，以下是对筛网、滤袋、模具管理的描述，其余设备将在本指南5.2过程单元中详述。

【法规要求】

药品生产质量管理规范（2010 年修订）

　　第七十八条　生产用模具的采购、验收、保管、维护、发放及报废应当制定相应操作规程，设专人专柜保管，并有相应记录。

　　第一百四十三条　清洁方法应当经过验证，证实其清洁的效果，以有效防止污染和交叉污染。清洁验证应当综合考虑设备使用情况、所使用的清洁剂和消毒剂、取样方法和位置以及相应的取样回收率、残留物的性质和限度、残留物检验方法的灵敏度等因素。

　　第一百九十七条　生产过程中应当尽可能采取措施，防止污染和交叉污染，如：（九）生产和清洁过程中应当避免使用易碎、易脱屑、易发霉器具；使用筛网时，应当有防止因筛网断裂而造成污染的措施；

4.2.1　模具

【实施指导】

　　制作或加工要求：模具制作单位应具备相应的机械加工资质、机械加工设备与设施以及相应的测量或检测仪器仪表，模具加工时应有加工图纸等。

　　模具的管理：实行专人管理、定置存放，并对模具进行编号；新进厂的模具应由专人进行验收，使用部门应建立模具台帐。使用部门应做好模具的验收、领取、发放、使用、维护保养、存放及报废管理。

　　模具的验收：模具使用单位开箱验货，对模具的材质进行确认，要求加工单位提供模具材质证明；按照模具加工合同、设计图纸等对模具的规格、尺寸、数量等进行核对。验收合格后签收、登记台帐。以压片机冲模为例验收时应注意以下几点：

- 冲模的材质应为耐冲击高合金工具钢。
- 冲模的外观品质和尺寸精度应符合相应标准。
- 工艺保证：每套冲模都有专门的工艺，异行冲模采取数控设备加工完成，保证每套冲模 100% 互换。
- 检验、标识、记录：对每支冲模进行激光打标、检验及数据记录，保证出厂产品 100% 合格并有可追溯性。
- 带字模具需确认字体大小和正确性。

模具的保管：新模具验收合格后，依据相关要求对模具进行编号或者使用模具上刻的原供应商编号，要求编号具有唯一性，可追踪性。采取防锈蚀、防磕碰措施，将模具定置存放，专人专柜保管，并记录。以压片机冲模为例，保管时应注意把冲模头部采用塑料保护套保护，或使用冲钉车，每个冲钉放在一个单独的存放槽内，以免发生冲头不必要的撞伤。

模具的发放、使用：生产人员按照产品要求领取相应的模具，认真核对模具型号、规格、数量等，无误后领取并记录。使用前核对模具的型号、规格、数量无误，外观完好，按照模具安装规程进行安装。如发现损伤应立即报相关管理人员查明原因。模具使用结束拆卸后确认模具外观完好、数量准确，如有冲头异常（残损、缺失等）立即按照偏差进行处理。模具收回须填写使用记录，记录内容包括模具名称、模具编号、数量、所安装设备编号、领用人、领用日期、交回日期、交回人。模具的安装应按相应规程进行，以压片机为例：

药片冲模在装机前要进行彻底的清洗（不要将冲杆头部保护套丢弃，以备拆卸后再次使用），以确保药片冲模没有油污，然后逐个进行安装；安装的顺序为先装中模、上冲杆，后装下冲杆；在安装异形冲模时应将上冲头与中模内型腔的配合间隙调整到最佳状态。因药片冲模片形刃口部分十分脆弱，在安装药片冲模过程中不要相互碰撞，以保证药片质量。在安装中模时，冲盘中模孔必须清理干净，可用专用中模清角器进行清理，以确保中模安装到位，可用专用的装模器；同时将中模的锁紧螺钉锁紧，以免发生中模松动上窜现象，损坏压片机。药片冲模安装完毕后要进行手盘车一周以上，起动压片机前必须卸压和减填充。

模具的维护：清洗完毕的模具应采取防锈蚀、防磕碰措施，放回指定位置。模具领用、安装及使用人员应注意保护模具。在运送、安装和使用过程中，严禁对模具进行随意敲打，注意不要磕碰、撞击，勿将工具等异物掉入模具内，以防造成模具损坏。有些模具需进行特殊型腔面处理，即：在冲模型腔表面镀上一层硬铬，镀层厚度一般在0.01mm左右，其作用是增加耐磨性、防腐蚀性和便于脱模减少黏冲。特殊型腔面处理主要适用于：中药、维他命、糖类、钙类、带有腐蚀性的物料及矿物质。拆卸后的模具要逐个进行清洗和检查，对发现有问题的要及时进行修复或更换；冲模型腔面的表面粗糙度可用专用的抛光刷和抛光膏进行修复，修复后要进行防护处理（可用F20—1薄层防锈油进行防护），有保护套的模具用保护套套好，放置在专用的药片冲模柜中，以备下次使用。

模具的清洁、保养：更换品种或同一品种使用一定周期后应对模具进行清洁，可使用软质毛刷、绢布等对模具表面进行清洁，不要使用腐蚀性清洁剂。模具晾干后再存放，如有可能，将模具放在盛有轻质油的不锈钢盒内保养。

模具的报废：模具经确认不符合使用标准的进行报废，报废时要登记编号等信息，有精密配合要求的模具一般成套报废，如：压片机上冲、中模、下冲一般成套报废。

4.2.2　筛网

【实施指导】

筛网的购置：筛网的制作单位应具备相应的加工资质或技术能力及相应的测量或检测

仪器仪表等。筛网的网丝直径、筛网孔径、筛网丝的材质应符合国家标准或行业标准。应用标准的目镜确定筛网目数是否符合要求。

筛网的管理：使用部门应做好筛网的领取、发放、清洁、使用管理；使用部门应建立筛网检查记录并制订相应的检查流程，应制定筛网使用过程中的检查周期，并有对筛网破损后产品的处理措施。

筛网的储存：筛网实行定置存放，并按不同的目数分类，由专人来负责管理；筛网领回后应确认无脱丝、断裂等情况，按不同规格分别放入干燥、密闭的容器内储存。

筛网的使用：使用前确认筛网完好、无脱丝、断裂等情况后进行安装；操作过程中，操作人员应匀速操作，防止筛网破裂，过程中应检查筛网有无脱丝、断裂、漏药现象，如发现筛网脱丝、断裂，应立即停止使用，更换筛网，并按偏差进行处理；操作结束后确认筛网的完整性，如有破损，按偏差进行处理。

筛网的清洁、消毒：筛网使用部门应制定筛网的清洁、消毒规程，根据清洁验证结果，如果在有效期内直接使用，若超出清洁效期，应使前将筛网重新清洁消毒。

4.2.3　滤袋

【实施指导】

滤袋包括：沸腾制粒机上的滤袋、压片或充填设备附属的抽尘滤袋等生产设备使用的滤袋，不包括：空调净化系统、除湿系统等使用的送风、回风过滤滤袋以及直排、局排系统安装的滤袋。

滤袋的购置：滤袋的制作单位应具备相应的加工资质或技术能力，滤袋原材料的提供单位应提供滤袋的材质说明，应提供具体的技术参数。滤袋的尺寸规格、材质应符合国家标准或行业标准。根据物料的情况选用适当的材质，原则上除考虑透气性外还应考虑漏粉率防止物料消耗过大，如涤纶长纤维材质的滤袋，分厚薄两种，应正确选用。

滤袋的管理：使用部门应做好滤袋的领取、发放、清洗、消毒、使用管理。使用部门应建立滤袋检查记录，对滤袋进行编号，专人管理。滤袋实行定置存放，并按不同的品种、规格分类；使用部门应建立滤袋检查记录并制订相应的检查流程。

滤袋的储存：滤袋接收后应确认规格尺寸、材质等符合工艺要求，按品种、数量进行编号，并定置存放。

滤袋的使用：使用部门应制定滤袋的使用管理程序。使用前按品种、规格领用，确认滤袋完好并记录；安装、操作结束后确认滤袋的完整性，如有破损，按偏差进行处理。

滤袋的清洁：使用部门应制定滤袋的清洁、消毒规程及清洁周期。滤袋初次使用前应进行清洁、消毒，清洁时按品种分开清洗并选用适当的清洗剂，滤袋清洗、晾干后按品种、规格分别整理，定置存放。

4.3　中间体检测过程中使用的设备

中间体关键指标的控制对生产出合格成品有着非常重要的作用。中间体控制过程中可能使用到的仪器设备包括：智能崩解仪、电导率仪、酸度计、片剂硬度测试仪、

4 口服固体制剂常用设备

溶出试验仪、卤素水分测定仪、紫外分光光度计和液相色谱仪等。通过对中间体关键指标如：水分、溶出度、释放度、崩解时限的控制来保证成品的高合格率。下文概述了这些中间体检测设备的原理、作用和使用注意事项，文中提到的校验周期仅作为建议供企业参考，企业也可以根据仪器供应商建议的频率进行日常校验管理，但原则是不能低于仪器供应商建议的校验频率，以免由于仪器本身问题影响检测结果的准确性。

4.3.1 紫外分光光度计

【背景介绍】

紫外分光光度计主要由光源、单色器、样品室、检测室、记录仪、显示系统和数据处理系统等部分组成。为了满足紫外－可见光区全波长范围的测定，仪器备有二种光源，即氘灯和碘钨灯，前者用于紫外区，后者用于可见光区。

紫外分光光度计在中间体控制过程中主要用于：检测片剂压片之前颗粒的含量，用于片剂试压后、胶囊剂试分装后、包衣剂生芯后的溶出度、释放度含量的测定，确保整批及包衣片在包衣后成品检验合格。

【实施指导】

紫外分光光度计箱体及样品室应保持清洁，用沾水或温和的洗涤剂的柔软布擦洗。不要用很湿的布，以防液体滴入仪器内部和操作键盘中而损坏仪器。操作时也应注意不要将溶液浅洒到仪器内部和操作键盘中。每天擦拭样品室底部以清洁溅出的液体样品，防止其蒸发和腐蚀样品室，或由于腐蚀而得到错误结果。根据供应商的建议清洁石英窗，样品室的出射和入射石英窗不应有污染。用浸湿无水酒精的棉棒轻轻擦拭窗片，至干净无痕迹。

应当根据供应商的要求和设备的性能，使用氧化钬滤波片对紫外分光光度计进行波长测试。方法如下：仪器波长置于最大波长（或700 nm），带宽1 nm（或合适带宽），调节透光率100%，样品池内插入氧化钬滤光片，在常规的扫描速度（120 nm/min）下进行全波段扫描，由仪器识别并记录各个峰（谷）值。或由手动扫描，读出并记录指定波长（241.15 nm、287.15 nm、361.5 nm、536.3 nm、637.5 nm）附近的峰（谷）值。重复测量3次。其结果应符合下表：

项目	波长准确度	波长重复性
要求	±1.0 nm	0.5 nm

紫外分光光度计的测试周期一般为3个月，测试项目包括：仪器外观和初步检查、波长准确度与重复性、仪器的稳定度、透光度100%（基）线平直度、透光率准确度与重复性、仪器的杂散光以及正在使用的比色皿的配对误差。依据国家计量检定规程 JJG 682 - 1990《双光束紫外可见分光光度计》所述方法进行测试。

73

【实施指导】

紫外分光光度计测试记录表见表 4 – 28。

表 4 – 28 紫外分光光度计测试记录表

仪器型号		仪器序列号		仪器编号	
使用岗位		仪器室温	℃	相对湿度	%
测试日期		测试周期		下次测试	
制 造 厂					

测试记录

1. 外观检查

2. 波长准确度和波长重复性的测试　　　允许值：$\Delta\lambda \leqslant \pm 1.0$ nm，$\delta_\lambda \leqslant 0.5$ nm

标准值（nm）	测量值（nm）		平均值	$\Delta\lambda$	δ_λ

3. 稳定度的测试

测试项目	允许值	实测值
0%线噪声	≤0.2%	
100%线噪声	≤1.0%	
100%线漂移	≤1.0%/30 min	

4. 100%（基）线平直度的测试。　　　应<2%

5. 透光率准确度与重复性及吸收系数的测试

测试溶液	0.06/1000 的重铬酸钾高氯酸溶液			
测定波长（nm） 测量项目及测量次数	235	257	313	350
透光率标准值 τ_s				
1				
2				
3				
平均值 $\bar{\tau}$				
重复性 δ_τ				
测量值应为标准值 ±0.7				

6. 杂散光

溶液名称	测定波长（nm）	透光率%	允许值
碘化钠溶液			≤0.8%

7. 吸收池配对误差的测试

测定波长（nm）	溶液	配对误差（允许值≤0.5%）
220	水	
350	0.06/1000 的重铬酸钾高氯酸溶液	

测试结论：

4.3.2　溶出试验仪

【背景介绍】

溶出试验仪是专门用于检测口服固体制剂（如片剂、胶囊剂等）溶出度的药物试验仪器。它能模拟人体的胃肠环境及消化运动过程，是一种控制药物制剂质量的体外试验装置，广泛应用于药物的研究、生产与检验。

溶出试验仪在中控主要用于：控制糖衣片、薄膜衣片片芯溶出度，确保包衣后成品合格；控制片剂试压后的溶出度合格，保证整批成品合格；控制胶囊剂试分装后的溶出度合格，确保分装后成品整批合格；控制肠溶衣片包衣后每锅溶出度，确保成品批检验合格。

【实施指导】

溶出试验仪日常维护保养内容包括：移动仪器时应手抬机座两侧底部，切忌抓住机头搬运；搬运前先将机头升高脱离底位，避免强烈震动损坏部件。供电电源应有保护地线且接地良好，以保证仪器及操作者人身安全。水浴箱中无水时严禁启动加热器，否则将损坏加热器。水箱内蒸馏水污染严重时可导致水浴循环与温控系统发生故障，应及时清洗并换水。水浴箱清洗换水时，把排水管接嘴插头插入水箱左侧排水口接嘴插座排出污水，解脱水箱后面两侧的快速接嘴，向前抽出水箱，洗净后卸下排水管，重新将水箱复位、连接、注水。仪器不用时要拔下电源插头，擦拭干净盖上防尘罩；转杆、杯盖及其他附件应收入附件箱妥善保管以防丢失、损坏。勿使用有机溶剂清洁仪器外壳。

溶出试验仪的测试周期一般为6个月，测试项目包括：仪器是否水平、转杆与溶出杯的同轴度、摆动量、测试球及测试钩的直径、转速测试、介质温度及水杨酸校正片测试结果。测试方法除水杨酸校正片测试外，根据溶出仪的型号不同测试方法有所不同。

【实例分析】

溶出试验仪测试记录表见表 4-29。

表 4-29　溶出试验仪测试记录表

仪器型号			出厂编号			仪器编号		
使用岗位			仪器室温		℃	相对湿度		%
测试日期	年 月 日		测试周期		年	下次测试		年 月 日
1. 仪器是否水平：□是　□否								
2. 转杆与溶出杯同轴度：（同轴度验具孔径：　　　）最大误差不得超过2 mm								
溶出杯	1	2	3	4	5	6	7	8
转杆直径								

转杆转动时水平泡是否位移								
结论								

3. 摆动量：最大误差不得超过 0.5 mm

溶出杯编号								
桨干								
栏杆								
结论								

4. 测量球及测量钩直径：

名称	第一次	第二次	第三次	第四次	平均值	标准值	结论
大测量球直径						25 mm ± 0.5 mm	
小测量球直径						15 mm ± 0.5 mm	
测量钩大圆						25 mm ± 0.5 mm	
测量钩小圆						15 mm ± 0.5 mm	

5. 转速测试：最大误差不得超过测量值的 4%

溶出杯	1	2	3	4	5	6	7	8
50 转/分								
100 转/分								
150 转/分								
结论								

6. 介质温度：37℃ ±0.5℃

溶出杯	1	2	3	4	5	6	7	8
测定值								
结论								

7. 水杨酸校正片测试结果

测定项目	溶出量%		RSD%	标准规定	结论
桨法	最小：	最大：		各片溶出量为 25% ~32% RSD <7%	
篮法	最小：	最大：		各片溶出量为 25% ~30% RSD <5%	
小杯法	最小：	最大：		各片溶出量为 18% ~26% RSD <8%	

4.3.3 液相色谱仪

【背景介绍】

液相色谱仪主要由输液泵、自动进样器、柱温箱、紫外检测器、工作站等组成，仪器各部分操作及数据处理均由工作站控制完成，液相色谱数据管理分为单机和网络管理两种，网络数据管理可在数据安全性上得到很大的提高。

液相色谱仪在中间体控制过程中起到的作用和紫外分光光度计一样，主要用于药典规定用液相色谱方法测定含量的品种的中间体含量控制：包括检测片剂压片之前颗粒的含量，控制片剂试压后、胶囊剂试分装后、包衣剂生芯后的溶出度、释放度含量的测定，确保整批及包衣片在包衣后成品检验合格。

【实施指导】

液相色谱仪日常维护保养包括以下内容：

（1）仪器使用完后要进行系统清洗，当流动相中有缓冲盐时，用10%甲醇水溶液（水相超过90%时，用流动相中与有机相同比例的甲醇水溶液）以0.5~0.8 ml/min 流速冲洗15~30min，以洗去缓冲盐，然后用甲醇或乙腈以0.5~0.8 ml/min 流速冲洗30~60min。当压力异常升高时，要马上将泵停止，检查管路是否堵塞并排除；泵出口的管线过滤器堵塞也是造成压力升高的原因之一，其处置见【实例分析】。

（2）下述维护一般每月进行一次。将色谱柱取下换上对丝，对于单泵直接将流路用不低于60℃的经脱气处理的纯化水以2~3 ml/min 的流速冲洗30min；对四元泵需将四个流路的吸滤头同置于不低于60℃的经脱气处理的纯化水中，先分别将各路以2~3 ml/min 的流速冲洗5min，再将各路同时开启，每路各占25%，以2~3 ml/min 的流速冲洗30min；然后用异丙醇对系统进行清洗。用100%异丙醇以1ml/min 流速冲洗60min，最后用甲醇或乙腈以0.5~0.8 ml/min 流速冲洗30~60min。

（3）仪器的外表面和仪器内可清洁部位应保持洁净无尘，可用干净潮湿的软布擦拭，切不可用含水过多的布擦拭，以免水进入仪器内部损坏部件。

通常每年对液相色谱仪进行定期预防维护后做一次重新的OQ/PV的验证，确保设备维护后仍能满足正常使用要求。公司内部测试的项目包括外观检查、泵流量设定值误差及流量稳定性误差测试、梯度准确度测试、柱温箱温度设定值误差及控温稳定性的测试、自动进样器性能测试（针对特定仪器）、定性定量测量重复性的检定、紫外-可见检测器波长示值误差、基线噪声和漂移、线性范围和最小检测浓度的测试。依据中华人民共和国国家计量检定规程《实验室液相色谱仪检定规程》所述方法进行测试。

【实例分析】

A. 泵出口过滤器堵塞的检查及处置

Agilent 1100：将排液阀打开，启动泵，将流速设为5 ml/min，观查泵的压力显示值，当超过10 bar 时需更换聚四氟过滤白头，断开排液阀上的管线，用板手卸下排液阀，将金垫取下，用镊子取出过滤白头，更换上新的，重新装好。

岛津LC-10ATvp：将泵出口管线卸开，启动泵，将流速设为5 ml/min，观查泵的压力显示值，当超过10 kg/cm² 时需清洗或更换过滤片，用板手卸下过滤器，放入异丙醇中在超声波清洗器中清洗5min，然后用纯化水清洗干净，装回泵上，如果压力还高，则需将旧过滤片取下，更换新的过滤片。

当流动相吸液管中出现大量气泡时，要注意流动相是否脱气干净，还应检查吸滤头是否污染堵塞。

Agilent 1100 使用的玻璃滤头，应放入盛有35%硝酸溶液的烧杯中浸泡1h，再用水冲洗干净至中性重新装好；如果达不到效果，则需更换新的吸滤头。玻璃烧结吸滤头切忌在超声波清洗器中清洗。

WATERS 使用的不锈钢过滤头，其清洗过程为：首先用30％磷酸水溶液在超声中反复清洗，然后用纯水清洗至 pH 中性，再将其放入 6mol/L 的硝酸溶液中钝化，最后用纯水清洗至 pH 中性。

岛津 LC－10ATvp 不锈钢滤头可浸泡在异丙醇中，超声清洗 5min，然后用纯化水清洗干净，装回原位；堵塞严重的可在 10％稀硝酸中超声清洗 5min，然后用纯化水清洗干净，装回原位；如果还达不到效果，则需更换新的吸滤头。

对于岛津 LC－10ATvp 泵，当泵不能正常送液时，先检查吸滤头是否污染堵塞，再检查并清洗进、出口单向阀，方法是小心用板手将单向阀取下，放入异丙醇中在超声波清洗器中清洗，清洗时注意有垫片的一面向上，以免在清洗过程中将阀中部件振散丢失，清洗后将阀重新装好。

如发现泵漏液或仪器自动报警等较严重情况，应由有经验的维修人员检查，维修。

B. 液相色谱仪测试用记录

液相色谱议测试用记录表见表4－30。

表4－30　液相色谱仪测试记录表

仪器型号			仪器编号			仪器序列号		
使用岗位			仪器室温			相对湿度		
测试日期	年　月　日		测试周期			下次测试日期	年　月　日	
测试记录								
1. 外观检查：								
2. 泵流量设定值误差及流量稳定性误差测试：（＜±2％）								
流动相		密度 ρ（g/cm^3）			耐压/MPa		Passed□	Failed□
Fs	$Fs_1=0.5$ ml/min　$t_1=10$ min			$Fs_1=1.0$ ml/min　$t_1=5$ min			$Fs_1=2.0$ ml/min　$t_1=5$ min	
容量瓶 W_1（g）								
瓶＋液 W_2（g）								
W_2-W_1（g）								
（W_2-W_1）/p（ml）								
Fm（ml/min）								
F（ml/min）								
S_S（％）								
S_R（％）								
3. 梯度准确度的测试								
B 溶液变化范围		0％	20％	40％	60％	80％	100％	
读数	1							
	2							
Lmi								
Lm								
Toi（＜±3％）								

4. 柱温箱温度设定值误差及控温稳定性的测试

	Ts₁ (℃)								

Tm₁ (℃)	NO.	1	2	3	4	5	6	7	平均
	读数								

ΔT₁ (℃) ≤ ±2℃		Tc₁ (℃) ≤1℃	

	Ts₂ (℃)								

Tm₂ (℃)	NO.	1	2	3	4	5	6	7	平均
	读数								

ΔT₂ (℃) ≤ ±2℃		Tc₂ (℃) ≤1℃	

5. 自动进样器性能测试：（完成规定动作√；失败×）

Bypass	☐	Plunger	☐	Needle Up	☐	Vial to Seat	☐	Needle into Vial	☐
Draw	☐	Needle Up	☐	Vial to Tray	☐	Needle into Seat	☐	Mainpass	☐

6. 定性定量测量重复性的检定

样品名称		浓度 （µg/ml）		进样量 （µl）	
波长 （nm）		流动相		流 速	

进样次数	1	2	3	4	5	6	平均	RSD （%）
保留时间								（≤1.5%）
峰面积								（≤3%）

7. 紫外-可见光检测器波长示值误差：（示值误差 ±2 nm）

测试波长 （nm）	656.1	486.0	360.8	418.5	536.4
实测值 （nm）					
示值误差					

8. 紫外-可见光检测器光强度测试：

Agilent 1100	光强度最高值 （＞10000 cts）	光强度平均值 （＞5000 cts）	光强度最低值 （＞200 cts）

Agilent 1100 流通池测试：通过 ☐；未通过 ☐			

9. Agilent 1100 基线噪声和基线漂移：　　　基线噪声　　　（应 $<5 \times 10^{-4}$ AU）

　　　　　　　　　　　　　　　　　　　　　基线漂移　　　（应 $<5 \times 10^{-3}$ AU/h）

最小检测浓度 （萘）					最小检测浓度 （丙酮）					
丙酮 （%）	0.1	0.2	0.3	0.4	0.5	0.6	0.7	0.8	0.9	1.0 CH
读数										
线性范围										

测试结论：

4.3.4 智能崩解仪

【背景介绍】

智能崩解仪主要是由主机、吊篮和挡板三部分组成。

智能崩解仪是用于检查固体制剂在规定条件下的崩解情况，在中间控制过程中主要用于：控制糖衣片、薄膜衣片片芯崩解时限，确保成品崩解时限合格；控制片剂试压后崩解时限合格，确保整批压完后成品合格；控制胶囊剂试分装之后，崩解时限合格，确保整批分装完成品合格；控制肠溶衣片包衣后每锅胃液破损率达到多少，以判定是否合格。

【实施指导】

智能崩解仪每日首次使用前要确认仪器置于坚固的无震动共鸣的操作台上，环境干燥通风，勿使受潮；供电电源应有地线且接地良好；水槽中无水时，严禁启动加热；主机箱后面、水槽上方引出的气导管通过尼龙单向阀连接，防止水槽中的水虹吸倒流，不可反接。每天在崩解试验完毕后，关闭电源开关。较长时间不用仪器，应拔下电源线插头。

智能崩解仪的校验周期一般为 3 个月，测试项目包括仪器的外观；吊篮的上下移动距离、吊篮下移至最低点时筛网距烧杯底部的距离、吊篮每分钟往返次数和计时精度；温控部分（包括指示温度误差、温场均匀性和温场波动量）测试周期和测试项目可根据不同型号崩解仪说明书在法规范围内进行适当调整。

【实施指导】

智能崩解仪测试记录表见表 4 – 31。

表 4 – 31 智能崩解仪测试记录表

送检单位		型号	
生产厂家		出厂编号	
检定用标准		统一编号	
室温		相对湿度	
吊篮			
测试项目	标准值	实测值	结论
吊篮上下移动距离			
筛网距烧杯底部的距离			
吊篮往返次数			
计时精度			
温控部分			
被检点温度℃	仪器显示值℃（左侧点）	仪器显示值℃（右侧点）	指示误差℃	均匀性误差℃
外观检查	指示最大误差℃		温场均匀性误差℃	
通电检查	温场波动量℃		结论	

4.3.5 片剂硬度测试仪

【背景介绍】

片剂硬度测试仪主要由机箱、控制系统、传感器部件、传动部件、探头部件等部分组成。

片剂硬度测试仪是用于测量片剂硬度，在中间控制过程中主要也是用于对片剂硬度的测量，片剂只有有了适宜的硬度，才能避免在包装、运输过程中破碎或磨损，片剂硬度也是反映片剂生产工艺水平、控制片剂质量的一项重要指标。

【实施指导】

片剂硬度测试仪的检验周期一般为 3 个月，测试项目包括：仪器的外观、使用环境和运行中电源电压。测试周期和项目可根据不同型号崩解仪说明书在法规范围内进行适当调整。

【实例分析】

硬度测试仪测试记录表参见表 4 - 32。

表 4 - 32　硬度测试仪测试记录表

标准砝码编号		检定日期		有效期至	
测试项目	标准		结果	结论	
外观	仪表外形结构应完好，无破损，调整旋钮完好可调，电压稳定			合格　　不合格	
环境	使用温度 +18℃ ~ +28℃，相对湿度 20% ~80%			温度　　℃ 湿度　　%	
1. 开机，记录空载硬度显示值（　　　 N），调整硬度值条零电位器，使硬度显示值为 000.0 N。加载 10kg 砝码，记录加载硬度显示值（　　　 N）。					
2. 若硬度显示值不对，调整硬度测试仪后面的硬度值校正电位器使硬度显示值为 098.0（±0.5 N），去掉 10kg 的标准砝码，调节硬度值调零电位器，使硬度显示值为 000.0 N，在砝码挂钩上悬挂 10kg 的标准砝码，调整校正电位器使硬度显示值为 098.0（±0.5 N），反复数次，直至卸载时为 0 N，加载时为 98 N。					
反复次数		卸载示值		加载示值	

4.3.6　酸度计

【背景介绍】

酸度计主要由三部分组成：一个参比电极；一个玻璃电极，其电位取决于周围溶液的 pH；一个电流计，该电流计能在电阻极大的电路中测量微小的电位差。

酸度计是测定溶液 pH 值的仪器，主要用来精密测量液体介质的酸碱度值，配上相应的离子选择电极也可以测量离子电极电位 mV 值。在中间控制过程中主要是用于测定配制溶解样品的试剂及溶出介质的 pH 值。

【实施指导】

酸度计的检验周期一般为 1 年，仪器的级别按仪器指示器的分度值表示，测试项目包括：仪器的外观；电计示值误差；电计输入电流；电计输入阻抗引起的示值误差；电计温度补偿器误差；电计示值重复性；仪器示值总误差；仪器示值重复性。校验方法依据中华人民共和国国家计量检定规程 JJg119 - 84《pH（酸度计）》所述方法进行校验。仪器检定时需使用经国家计量部门检定合格的酸度计检定仪。

【实例分析】

酸度计测试记录表参见表4 - 33。

表4 - 33　酸度计测试记录表

仪器型号		生产厂家			
使用单位		出厂编号		统一编号	
读数方式		分度值		量程	
电极型号		玻璃电极使用范围	pH ℃		
检定员		检定室温度 ℃		检定室湿度 %	
复核员		检定日期		有效期至	

1. 电计示值误差的检定　　　　　（等电位 pH 值7　　温度补偿器示值25℃）

$\Delta pH = pH_{标称} - pH_{等电位}$	输入电位（mV）	电计示值（pH）			标称值（pH）	示值误差（pH）
		1	2	平均		
0.000	0				7.000	
-1.000	59.157				6.000	
-2.000	118.314				5.000	
-3.000	177.471				4.000	
-4.000	236.628				3.000	
-5.000	295.785				2.000	
-6.000	354.942				1.000	
-7.000	414.099				0.000	
1.000	-59.157				8.000	
2.000	-118.314				9.000	
3.000	-177.471				10.000	
4.000	-236.628				11.000	
5.000	-295.785				12.000	
6.000	-354.942				13.000	
7.000	-414.099				14.000	

2. 电计输入电流的检定　　　　　　　　　　　（温度补偿器示值25℃）

串联电阻（MΩ）	输入电位（mV）	电计示值（pH）				输入电流（A）
		1	2	3	平均值	
0	0					
	0					

3. 电计输入阻抗引起的示值误差检定　　　　　　　　　　　　　　（温度补偿器示值25℃）

串联电阻（MΩ）	输入电位（mV）	电计示值（pH）				误差（pH）
		1	2	3	平均值	
0	354.942					
	354.942					
0	−354.942					
	−354.942					

4. 电计示值重复性检定

串联电阻（MΩ）	输入电位（mV）	电计示值（pHi）	$\Delta pH_i = pH_i - pH$	S（pH）
	177.471			
	177.471			
	177.471			
	177.471			
	177.471			
	177.471			

5. 温度补偿器误差的检定（等电位 pH 7）

温度补偿器示值（℃）	输入电位（mV）	电计示值（pH）				实际值（pH）	误差（pH）
		1	2	3	平均值		
5	−386.323					14.000	
15	−400.211					14.000	
25	−414.099					14.000	
35	−427.987					14.000	
45	−441.882					14.000	

6. 仪器示值总误差的检定

标准溶液名称	校准或测定	液温（℃）	pH_S	仪器示值（pH）	总误差
邻苯二甲酸氢钾	校准				
混合磷酸盐	测定				
邻苯二甲酸氢钾	校准				
混合磷酸盐	测定				
邻苯二甲酸氢钾	校准				
混合磷酸盐	测定				

4.3.7　电子天平

【背景介绍】

电子天平主要是由秤盘、传感器、位置检测器、PID 调节器、功率放大器、低道滤波器、模数（A/D）转换器、微计算机、显示屏、机壳和底脚组成。

电子天平在中间控制过程中主要是用于检测制剂中间体含量、溶出度、释放度时称取样品及标准品，检测制剂中间体含量、溶出度、释放度时称量试药；配置所需溶剂、溶出介质时称取试药。

【实施指导】

电子天平每日首次称量前根据所用的天平来选择不同的标准砝码进行校对并填写电子天平校对记录；校对时将砝码置于天平称量盘中心位置，并将称量值及时填写在电子天平校对记录上；电子天平内校按说明书进行，并由专业人士进行；电子天平最大差值应为天平示值与标准砝码折算实际质量值之差，若发现天平最大差值超出其最大允许误差时及时请相关人员进行校准，未校准前不允许使用。校对/校准允许误差对照表见表4-34。

表4-34 校对/校准允许误差对照表

序号	电子天平最大量程	标定范围	e 值	允许误差
1	41 g	$0 \leq m \leq 5$ g	0.1 mg	±0.1 mg
2	41 g	$5 < m \leq 20$ g	0.1 mg	±0.2 mg
3	41 g	$20 < m \leq 41$ g	0.1 mg	±0.3 mg
4	121 g	$0 \leq m \leq 50$ g	1.0 mg	±1 mg
5	121 g	$50 < m \leq 121$ g	1.0 mg	±2 mg
6	200~210 g	$0 \leq m \leq 50$ g	1 mg	1 mg
7	200~210 g	$50 < m \leq 200$ g	1 mg	2 mg
8	200~210 g	$200 < m$	1 mg	3 mg
9	1000 g	$0 \leq m \leq 5 \times 10^2$ g	10 mg	±10 mg
10	1000 g	$5 \times 10^2 < m \leq 2 \times 10^3$ g	10 mg	±20 mg
11	1000 g	2×10^3 g $< m$	10 mg	±30 mg
12	3200 g	$0 \leq m \leq 5 \times 10^3$ g	100 mg	±100 mg
13	3200 g	5×10^3 g $< m \leq 2 \times 10^4$ g	100 mg	±200 mg
14	3200 g	2×10^4 g $< m$	100 mg	±30 mg

注：标定范围中的 m 值即为标准砝码的质量，e 为电子天平的检定分度值。

名词解释：

检定分度值 e：是用于天平划分准确度级别和检定的以质量为单位表示的值，还用来确定天平的允许误差。

实际分度值 d：是天平实际最小分度值，指相邻两个示值之差，它表示电子天平的读数能力。

电子天平日常使用过程中的注意事项：

● 开启和关闭天平的动作应轻缓仔细；

● 电子分析天平不得称量有磁性或有静电的物体；

● 天平移动后一定要重新调水平及进行校准，对称量有怀疑时也要及时校准；

● 非专业人员不得擅自使用天平的校准功能；

● 按动天平的按键要轻，严禁使用锐物按动按键；

● 对于球形或柱状的被称物要采取防滚动措施，否则影响称量效果；

● 向称量盘内放置被称物时一定要轻，严禁用手按压称量盘；

- 称量值不得超过天平最大载荷。任何形式的超载或者冲击均可能造成电子分析天平永久损坏,哪怕在电子分析天平不使用或者不通电的情况下也是如此;
- 称量读数时,天平所有门应关闭严;
- 分析天平应每半年由专业人员进行检定;
- 天平在接通电源的情况下,即使天平自身电源关闭,天平的电子电路也始终保持通电状态,此状态天平不需预热,可随时开启使用。其他情况下应保证通电后天平的预热时间。

【实例分析】

A. 电子天平日常使用校验记录

电子天平日常校对记录参见表4-35。

表4-35 电子天平日常校对记录

使用岗位		规格型号		统一编号	
电子秤使用范围		检定分度值(e)		精度等级	
允许最大误差		校对用砝码编号		校对用砝码重量	

标准砝码(kg)	秤的示值(kg)					最大差值(g)	校对结果	校对人/日期	核对人/日期
	1	2	3	4	5				

B. 电子天平测试

电子天平的测试周期一般为1年,主要测试项目包括仪器的外观、检定标尺分度值(e)、最大允许误差、重复性误差、偏载检验(四角误差检验)、鉴别力等项目(表4-36)。校验方法依据中华人民共和国国家计量检定规程JJG1036-2008《电子天平》所述方法进行校验。

表4-36 电子天平周期检定/校准记录

使用岗位		规格型号		生产厂家	
出厂编号		准确度等级		检定室温度	
统一编号		标准砝码编号		相对湿度	
检定员		核验员		检定日期	
Max =		e =		d =	
外观检查:	合格□ 不合格□				

1. 电子天平四角误差检定

序号	载荷 L（g）	位置	指示值 I（g）	误差 E（g）	结论
1		中			
2		前			合格□
3		后			不合格□
4		左			
5		右			

2. 电子天平重复性检定

序号	零位指示值 I_1（g）	载荷指示值 I_2（g）	指示值之差（$I_2 - I_1$）	结论
1				合格□
2				不合格□
…	…	……	……	

3. 电子天平载荷点最大允许误差检定

序号	载荷 L（g）	指示值 I（g）		误差 E（mg）		最大允许误差 MPE（±mg）	结论
		↓	↑	↓	↑		
零位							
1							合格□
2							不合格□
……	……	……	……	……	…	……	

4.3.8　电导率仪

电导率仪主要是由电导电极和电子单元组成。

电导率仪主要是测液体介质之间传递电流能力的仪器，在中间控制中主要用于测定口服固体制剂内部各使用点纯化水、注射水的电导率值，确保水系统 pH 合格。

电导率仪的测试周期一般为 1 年，主要测试项目为固有误差；重复性；输出波动；滞后时间；上升、下降时间；稳定性；影响偏差；工作误差；安全性能等项目；需由国家相关计量部门检定合格后方可使用。

4.3.9　卤素水分测定仪

卤素水分测定仪在中间控制过程中主要用于控制片剂颗粒水分，确保片剂外观成型；控制颗粒剂分装前水分，确保成品水分合格。

卤素水分测定仪的测试周期一般为 1 年，需由国家相关计量部门检定合格后方可使用。

4.3.10　金属检测器

【背景介绍】

在制剂生产过程中，常因设备的磨损、人工的疏忽等原因，会造成产品中存在金属粉末、金属粒子等金属异物的风险，给药品安全性带来极大的危害。现代制药技术中，采取配备具有一定精度的在线金属检测器对产品中的金属异物进行检测并剔除的手段，可将此风险降低到可接受水平，以保证最终产品质量。

【技术要求】

通常金属检测器由两部分组成，即金属检测器与自动剔除装置，其中检测器为核心部分（图4-5）。以被检测物品输送方式来划分，通常将金属检测器分为：通道式、落体式和管道式。目前市场上最常见的金属检测器为通道式金属检测器，检测器的通道呈方形，一般都配以输送带机构，带有自动剔除装置，或者提供报警信号。输送带上的物品经过检测器时，一旦有金属就自动剔除或停止输送。主要针对成品和半成品的在线检测，提供出货前的最终检查。

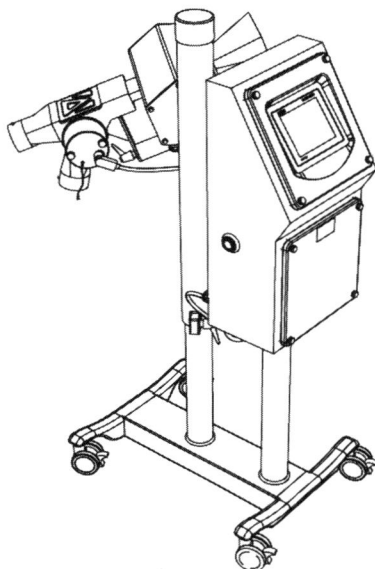

图4-5　金属检测器示意图

【实施指导】

A. 操作原理

（1）简介

检测器采用低功率、高频率、磁场线圈系统，能够感应到金属颗粒产生的微小扰动。当金属颗粒经过检测机开口时，检测器内部的磁场会发生改变。磁场变化会使线圈系统产生电流信号，并产生报警信号（检测到金属杂质），这可以用相位和振幅参数来表征。信号的振幅或大小与通过磁场的金属颗粒的大小相关。金属颗粒越大，信号的振幅越大。

（2）振动信号

振动信号与金属颗粒产生的信号的表达方式可以是相同的，即用振幅和相位来表达信号。

当比较线圈系统产生的信号的相位角时，振动信号可作为参考。例如，如果我们说不锈钢的相位角是一个特定数值，则该相位角是一个与振动相关的角位。因此，选择振动作为参考相位的理由是显而易见的。

（3）相位控制

金属检测器包含相位控制电路，能够辨别金属颗粒产生的有用信号和因振动和产品效应产生的无用信号。也就是说，它能最大限度提高检测器对金属颗粒的反应灵敏度，同时减少无用信号的影响。减少振动或产品效应信号的最简单方式可能是调节灵敏度控制。但是，灵敏度控制又可能会降低对所有信号、金属信号、类似的振动和产品信号的敏感性。因此需要一种具有更大选择性的调节方式来辨别不同信号之间的差异。相位控制通过有选择地减少振动和产品效应的信号，同时最大限度减少对金属信号的影响，以此达到这一目标。检测器线圈系统的信号如图 4 - 6 所示。

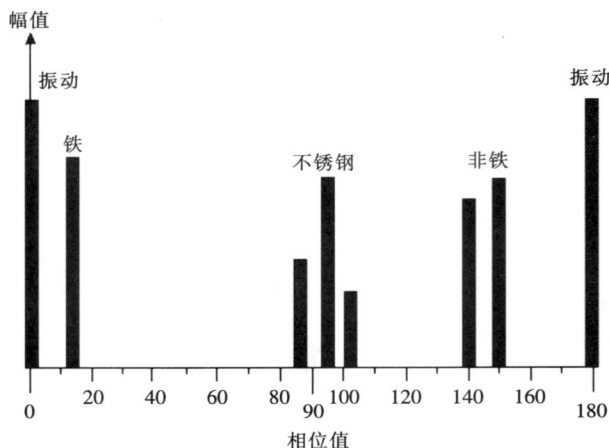

图 4 - 6　金属检测器的相位与振幅

相位控制电路的特征如图 4 - 7 所示。该图显示了所调整的相位控制的位置，以最大限度减少无用振动信号。突破相位控制特性的所有信号（阴影面积）将触发检测机。从图 4 - 7 中可看出，必须增加无用振动信号的振幅才能触发检测机。

从 图 4 - 7 还可以看出，相位控制特性屏蔽了部分铁金属的信号，并且对非铁金属/不锈钢信号的影响微乎其微。

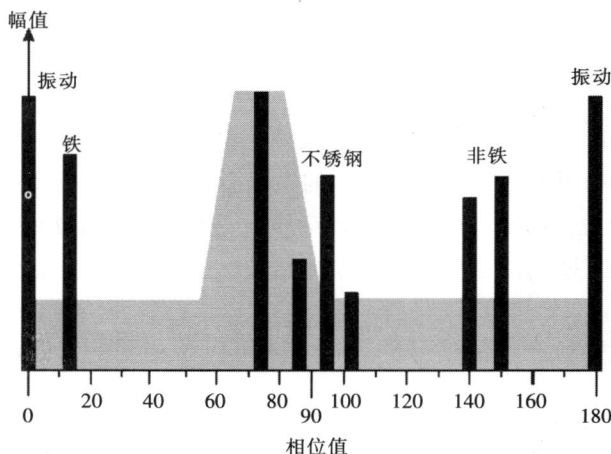

图 4 - 7　金属检测器相位控制的效应

相位控制用于尽量减少无用的产品效应信号。图 4－8 显示了一个典型的例子。可以看出，相位控制特性屏蔽了部分不锈钢信号，并且对铁金属信号的影响微乎其微。可以调节检测机的相位设置，以协调对任何无用产品效应信号的相位控制。

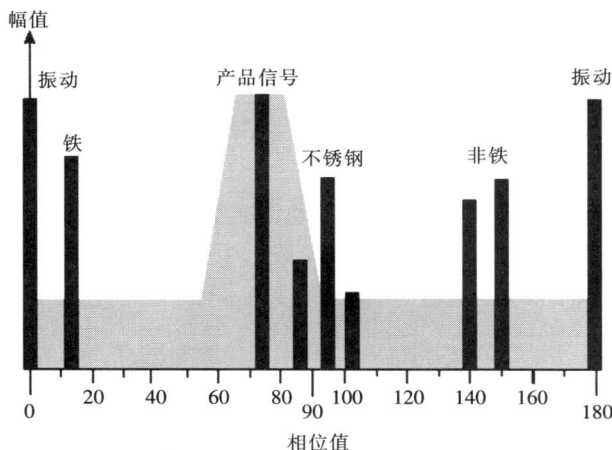

图 4－8 金属检测器无用信号的效应

一般来说，如果采用检测器来检测任何具有产品效应的产品，则非铁金属／不锈钢灵敏度将降低。

（4）使用限制

金属污染物的方位、几何形状和成分将影响检测机所能检测出的最小污染物尺寸。此外，用于抑制受检测产品的无用信号或系统振动的金属检测机设置同样也会抑制污染物信号，并且在某些情况下会妨碍检测机检测出大于可检测球体最小尺寸的污染物。

（5）注意事项
- 不要将检测器安装在任何可能发射电磁干扰的设备附近。
- 尽量避免检测器或检测器电缆与变频器、变速传动装置等的电缆距离太近。
- 金属检测机的灵敏度用所能检测到的最小尺寸球体的直径表示（即球体直径）。对相同材料的非球体（比如一段电线）的灵敏度，则因物体经过检测机开口时的方向而异。如果该物体的直径小于规定的球体检测灵敏度，就有可能无法检测出该物体。
- 定期用适当的测试样品来测试金属检测器，确保检测器和所有附属剔除装置均处于正常工作状态，定期检查和清洁检测器系统。

B. 设备确认

（1）安装确认
- 设备的安装环境：温度 －5～40℃、湿度 ＜80％。
- 金属检测器应安装在无放射性和无电磁干扰的地方，使用的电源不会受到干扰。
- 金属检测器的高度和角度通过锁紧装置固定在可调架上，确保金属检测器的进料位置与样品的出口高度一致。

（2）运行确认
- 测试产品通过金属检测器的可接受速度。

- 检查含有金属杂质的产品能否通过金属检测器。
- 检查用户权限设置，确保各级用户的权限控制。
- 操作功能检查，包括产品设置、计数设置、调节灵敏度或相位、更改产品批次或代码、快速剔除或延时剔除功能检查等。
- 设备断电重启后的恢复、数据保存等功能。

（3）性能确认

对金属检测器的灵敏性进行挑战性测试，测试的方法如下：

准备 3 个样品，一个 0.5 mm 的铁饼，一个 0.5 mm 的非铁金属（铝质）和 1 个 0.5mm 的不锈钢饼，进行连续 10 次的测试，确保能够对产品进行准确剔除。

金属检测器的灵敏度挑战性测试在生产阶段，生产的开始、中间、结束以及设备停机重启或维修后，每个样品均必须通过连续的 3 次测试后才能用于生产。进行测试并有记录。

样品	1	2	3	4	5	6	7	8	9	10	结论
铁饼											
非铁金属（铝质）											
不锈钢											

C. 质量保证

为确保操作行为遵守质量标准，企业根据各自产品特性设定 QA 人员在生产过程中进行检查的程序。

5 生产过程控制

本章中将探讨以下问题：
- ☞ 工艺设计和产品研发中原料物理性质的考虑
- ☞ 技术转移
- ☞ 口服固体制剂生产中过程单元操作的技术参数和控制要素

5.1 工艺设计

生产过程控制要建立在工艺设计的基础上，首先要掌握原辅料性质，生产过程取样，监控，物料传送，过程单元操作等。剂型不同，所涉及的生产和过程控制的要求不同。但总的生产和过程控制的原则是一致的，通常经过充分的设计和评估，应该考虑以下因素：

- ● 过程控制和设备首先要满足能够生产出符合质量标准产品
- ● 人员卫生及环境卫生
- ● 防尘，防漏，避免污染和交叉污染，防止差错和混淆
- ● 由于生产区设计为洁净走廊，任何物料/设备在离开操作间之前，需要确保物料容器/设备表面没有粉尘，以避免交叉污染
- ● 设备便于操作、清洁及维护
- ● 建立清洁卫生制度
- ● 环境监测
- ● 物料和设备状态标识控制

本章着重介绍了口服固体制剂生产及过程控制的技术要点，关键操作参数。

5.1.1 工艺设计的总体考虑

【背景介绍】

工艺设计应从开始就考虑到将来产业化生产的情况，一种方式是基于现有商业生产设备的状况进行工艺设计，另一种方式是先设计产品工艺，最终根据产品工艺进行商业设备的选购，但是无论哪种思路其本质是相同的，即设计的工艺应便于控制，具有较大的可操作空间范围，能满足持续改进提高产品的质量的需求。

【技术要求】

A. GMP 对产品开发报告的要求

对于产品开发报告的编写没有固定的格式，不同的厂家应有自己公司内部不同的格

式。但是所有的报告都应是基于科学的研究数据进行编写。建议企业内部应有书面的文件规定工艺设计的流程步骤和报告的编写方法。

B. 产品开发报告的主要内容

- API 性质的研究
- 处方的设计和优化
- 工艺的设计和优化
- 报批批生产过程的描述
- 报批批中间样品和最后产品的检测
- 报批批稳定性

【实施指导】

A. 产品开发的原则

任何产品的设计都应基于科学的基础，根据大量科学实验的数据进行持续的改进和完善，同时在设计和开发过程中建立起质量标准，并在后续控制中满足此质量标准。

B. 路线选择的影响、重要性，对后续生产的意义

产品的线路选择应该从产品开始设计时就开始考虑，选择的产品路线应该是容易从小批量向大批量转移。可能同一产品可以使用不同工艺得到同一质量标准的结果，但是不同工艺所用到的设备物料不同。所以设计一方面应尽可能设计步骤较少的工艺，且各工艺参数有较宽的操作空间以应对后续生产时可能出现的各种问题和持续的改进放大生产。另一方面还考虑成本的控制。

C. 过程设计内容的主要方面

工艺过程设计主要方面应包括关键的控制项及考虑到实际的可操作性能。具体工艺的选择、湿法制粒、直接压片、干法制粒或者其他等，工艺考虑的方面也不相同。

- 湿法制粒工艺设计主要内容：制粒速度、制粒时间、制粒终点、干燥温度、颗粒水分、混合时间、压片片重、硬度、厚度、脆碎度、崩解时间、包衣温度等等；
- 直接压片工艺设计主要内容：混合时间、压片片重、硬度、厚度、脆碎度、崩解时间、包衣温度等等；
- 干法压片工艺设计主要内容：滚筒转速、形状、间隙，筛分筛网大小、混合时间、压片片重、硬度、厚度、脆碎度、崩解时间、包衣温度等等。

D. 过程路线选择

根据 API 物料的不同性质和将要设计的目标产品进行综合考虑设计工艺过程的路线，例如 API 为难溶性药物时可以考虑使用流化床工艺提高产品的溶出速度。对湿热敏感的药物应考虑使用直接压片或者干法压片的工艺，避免工艺引起产品的降解等。

工艺设计的可操作性应考虑生产设备的使用范围。所设计工艺能在生产设备上实现便捷的操作和控制。另外工艺设计也应考虑整个工艺流程的连续，以有效避免交叉污染和节省能源。例如湿法制粒的工艺设计，可做如下考虑：

- 称量单元：应尽可能与湿法制粒单元在同一楼层，物料称量后物料可以较短距离转移到制粒操作单元，避免长距离时被污染的风险。
- 湿法制粒单元：建议湿法制粒机至干燥机采用密闭传输系统，工艺设计时应该考虑此类设备之间是否具有联动性，可以整体进行工艺参数的设计。

- 混合单元：建议工艺设计时尽量采用简单的混合工艺参数，避免多次混合和混合过程中再次过筛的操作。混合后物料避免再次分料，建议直接将混合桶转移至压片机上方与压片机连接后压片，减少分料后颗粒可能再次分层的发生。
- 压片单元：结合设备性能和市场的需求，压片工艺达到设备最大产能时仍满足质量要求，节约生产时间，提高生产效率。
- 包衣单元：应与压片操作处于同一层楼，压片后的片子也可以短距离到达包衣房间及时进行包衣。另外包衣液的配置应尽可能使用水作为溶剂，避免使用有机溶剂造成不安全事故的发生。

E. 非 GMP 风险管理

除 GMP 要求外，一些非 GMP 的风险例如粉尘污染、物理伤害、环境污染等也应注意。此处仅例举若干情况。具体的讨论可参见本指南 9. 健康、安全和环境。

- 开放式操作粉尘对操作人员的危害，应对这类的操作进行评估，并进行书面规定如何操作以避免危害的发生，并对应的增强劳动保护用具的使用。
- 物理的伤害：蒸汽烫伤，机械伤害等，对于此类伤害应增加培训提高员工安全意识并在关键部位粘贴警告标示进行提醒。
- 环境因素：有害气体对大气的排放，污水等，气体排放应经过过滤器过滤后再排放，污水要经过专门的处理系统处理后再进行排放。

F. 材料性质对过程设计的影响

不同物料厂家可能都符合同一质量标准例如药典，但是不同厂家生产的物料之间还是有一定的差异，不同的物料或者 API 可能就会对最终产品质量造成影响，例如：微晶纤维素有多种规格 PH101、PH102、PH301 等等，不同型号之间可能都能满足药典的要求但是它们之间还是有较大区别，PH101 粒径约是 PH102 的 1 倍，相对于 PH101 来说 PH102 的流动性和可压性更好。

另外，例如物料中还有光敏感或者吸湿性较强的物料时应该在过程设计时考虑，从过程设计中例如避光操作，降低操作环境的湿度避免这些性质对产品质量的影响。

工艺设计过程中，成品物理性质测定的主要方面包括：

- 成品：含量均匀度（如果需要）、有关物质、含量、硬度、脆碎度、溶出、崩解等；
- 稳定性检测项目：含量均匀度（如果需要）、有关物质、含量、硬度、溶出等。

【实例分析】

产品 A 开发报告

规格：2mg   目标片重：150mg

API 性质：结晶性粉末，难溶于水，遇水后容易黏附设备。

工艺设计需要考虑的问题：

- API 溶解度较低需要解决；
- 产品规格较小怎么保证剂量的均一性；
- 遇水黏附设备的问题。

工艺设计：
- 根据产品的性质，对于 API 溶解度差的问题，可以采用微粉增加 API 比表面积解决难溶的问题，另一方面可以增加处方中高水溶性辅料在处方中的比例，增加 API 的亲水性；
- 根据固体制剂常用的工艺，干混直接压片工艺，因为 API 在整个处方中比例太小，可能存在混合不均匀的风险；建议采用湿法制粒工艺，湿法制粒工艺中流化床制粒工艺可以很好的解决小剂量药物的含量均匀度问题，故采用流化床制粒工艺；
- API 遇水后容易黏附设备，整个湿法制粒工艺应避免使用水作为黏合剂溶液使用，而选择使用溶剂制粒。

5.1.2 原料性质

【背景介绍】

原料的正确选择有助于制剂产品设计的顺利进行，而对原料的了解越透彻对于下一步的制剂工艺和处方设计越有帮助，所以原料性质的研究对于固体制剂工艺开发具有重要意义。

【实施指导】

在固体制剂研究中原料的化学和物理性质对制剂的设计具有重要的影响，化学性质特别是杂质的控制应在固体制剂设计中充分考虑避免杂质水平的增加，另外物理性质例如吸湿性、晶型、粒径、密度等也应关注，有大量文献已经报道了这方面的知识，例如同一化合物不同的晶型所具有的药理作用是不同的甚至是相反的，粒径的不同最终制剂的生物利用不同等，因此原料的物理性质和化学性质一样重要，特别是对制剂设计和临床生物利用度有影响的性质要进行控制和检测。

原料性质的主要方面
- 化学性质：含量、有关物质、重金属、硫酸盐、残留溶剂、水分等
- 物理性质：吸湿性、溶解度、晶型、粒径分布、密度等

化学性质特别是杂质等是很重要的控制指标，但是物理性质例如溶解性、多晶型、吸湿性、粒径分布、密度等性质有时也需要进行检测。

有效成分的物理性质有时也会影响到产品质量，如不同的粒径分布可能会对最终产品的溶出造成影响，粒径小溶出快，粒径大溶出慢；不同颗粒形状在物料混合时也可能对物料的均匀度造成影响，因此研究 API 性质时也应该对其物理性质进行研究并制定标准加以控制。

（1）吸湿对原料的影响

如果产品吸湿性较强，在制粒过程如果不控制环境的水分，产品的水分含量就可能超标，最终会对产品质量产生影响，造成产品降解，因此此类产品应对操作环境进行控制避免工艺过程中原料吸湿变化。

（2）光线对原料的影响

部分原料可能光照对其质量有直接或者潜在的影响，此时生产过程或者包装上要注意光线的使用，应采取一定的措施保护原料不受到光线的影响。

（3）原料物理性质对释放、溶出、均一性影响的讨论

一些难溶性原料的不同的晶型或者粒径可能具有不同的溶解度，因此原料的物理性质

会影响到将来做成制剂后的产品的释放溶出和生物利用度；另外原料本身结晶工艺改进后可能会产生不同形状的颗粒，例如混合时圆形颗粒就容易达到混合均匀的目的，但是长条状或者针状的结晶颗粒就不易混合均匀。由于上述原料的性质都有可能影响到最终产品的，因此商业化生产时 API 的性质一定要保证与用于做临床试验批所使用的物料具有相同性质（检测方法必须相同）。

（4）颗粒大小及其分布

颗粒大小可能具有不同的溶解速度进而被机体吸收，所以有此现象的原料的粒径应进行处理保证每次粒径都在标准要求的范围内。当 API 在处方中比例较低时，粒径过大就可能造成 API 分布不均匀，但是也可以通过辅料的选择进行改善例如直接压片中选择与 API 粒径分布类似的辅料混合减少 API 混合后再分离现象的发生。

物料颗粒形状可能会影响到物料的一些物理性质例如：密度、可压性等，特别是直接压片的固体尤其要注意每次使用的物料的形状是否相似，这可能是批间差异的一个原因。

（5）颗粒表面性质

颗粒的表面特性也会影响物料的大部分性质，例如类似于颗粒的大小一样粗糙的颗粒就不如光滑的颗粒流动性好，许多物料本身会有许多内在的孔隙，内在的孔隙也会影响物料的吸收和溶解速度等，当这种性质在制剂的溶出或者吸收中起主导作用时，就必须对物料的此种性质经行控制和研究。

（6）颗粒硬度

（7）粉末及粉末流的粘连（cohesion）

部分原料具有一定的黏附性，物料本身容易聚集，对于此种物料应从制剂工艺设计时加以改进，比如采用湿法制粒工艺使 API 与其他辅料一块制备成流动性良好的颗粒。

（8）可压缩性

可压缩性是由物料很多其他性质决定的，比如密度，性质等等，虽然部分 API 本身可压缩性较差，但是可以通过处方中其他物料进行调节。

固体制剂中在压片，胶囊填充、滚压制粒等方面需要考虑，在这几个工艺过程中要保证物料始终具有较好的可压缩性，例如压片，压片机是快速旋转的，对于每个剂量来说压的时间很短，如果压缩性不好就不能很快成片子就没有办法满足生产需要。

【实例分析】

扑热息痛原料，分为直接压片级别和非直接压片级别。对于直接压片级的 API，由于其粒径分布、密度、颗粒形状等已有较高的标准，可以满足能使混合工艺达到混合均匀和压片可压性的要求，因此采用直接混合后进行压片。

5.1.3 技术转移

【背景介绍】

技术转移是将产品与工艺知识从研发转至生产，或在不同生产地点间转移以实现产品的工艺与质量得到重现为目标，为生产过程控制以及工艺验证和之后的产品生产提升提供基础。

从研发转至生产是实现产品的商业化，也就是产品设计的最终目的，此类转移通常发生在从企业内的研发中心转至企业内的生产厂，或是从外部的开发单位将产品引进企业进行商业生产。

已商业化的工艺转移通常是因产品供应链设计变化的原因,在集团不同工厂(从国外工厂转至国内;国内不同生产厂之间转移),或是将工艺转至第三方(通常也称委托生产),或是从外部第三方转至企业内。

口服剂型产品技术转移通常包含分析方法转移,半成品工艺技术转移,内包装工艺技术转移,外包装工艺技术转移。

【技术要求】

企业应组建技术转移团队,建立自己的技术转移规程,来管理和实施各种类型的技术转移,以确保各类的技术转移的有序化,可控化。

技术转移通常按项目进行管理,一般可按以下实施步骤(表 5-1,图 5-1)。

表 5-1　技术转移的一般实施步骤

阶段	转移内容	关键点
技术转移 评估与决定	由商业,技术,质量,财务,安全,健康及环保部门共同进行评估,以考虑各方面的影响,最后做出技术转移的最终启动决定。在决定做出后,正式启动技术转移。任命技术转移经理。技术转移经理的目的是协调、推动、管理及最终完成此项目,并负责组建技术转移团队	可行性评估及决定 任命技术转移经理
技术转移 计划阶段	由转出方与接收方各自任命自己方团队负责人 转出方团队的主要职责是需确定技术接受标准与转移关闭标准 完成注册评估	确定技术接受标准 与转移关闭标准 完成注册评估
技术转移 准备阶段	完成技术转移方案的确定。关键点是转出方提议接受标准,但需双方同意,而且应确定产品特性有关关键参数及关键技术参数。而且,转移中的任何变更需具有追溯性 批准技术转移方案 要转移的技术需经双方协定确定,并经双方团队负责人及项目经理批准 接受方完成技术可行性的准备。更新相关文件记录。接收方负责做出是否准备就绪的决定	完成技术转移方案的确定 确定技术转移接受标准
技术转移 实施阶段	通常是先生产中试规模或规模生产的试验批(可行性批)。转移团队决定 由接收方负责生产试验批 基于已有的技术转移包,由产品转移团队(至少有工艺及质量专家在内)经过风险评估后确定生产转移批次的程序。此前应确定技术接受限并确定其他实施项目,比如稳定性考察计划,执行清洁验证,接收参数等。需注意是在分析确认批时应完成分析方法转移 确认批生产工程中的任何变更需被确定并经转移团队的批准 先决条件是接收方人员需接受足够的技术方面培训,如双方应定下是否接收方进入关键工序是转出方人员是否在场,以及分析方法转移是否需转出方的支持	确定实施步骤 变更控制管理
技术转移 评估阶段	由双方根据确认批的结果根据预定的技术接受限度进行评估。其中的任何偏差需经过评估以确定对产品质量及转移成功性影响的评估。当接收方有能力处理技术且符合预定的限度时转移中技术部分完成。技术责任由转出方转至接收方 跟进行为及最终关闭标准应由双方确定 准备及批准技术转移报告,报告由双方负责人进行批准,由项目经理通知管理层	实施评估 工艺责任转移至工艺接收方
后技术 转移阶段	完成技术转移中的后续项目 完成注册步骤 完成技术转移	

* 在转移方是第三方研究开发单位,不能充分提供工艺转移支持的情况下,应由接收方承担相关所有活动,采取适宜方式,确保能稳定生产出既定要求产品,确保转移的成功完成。

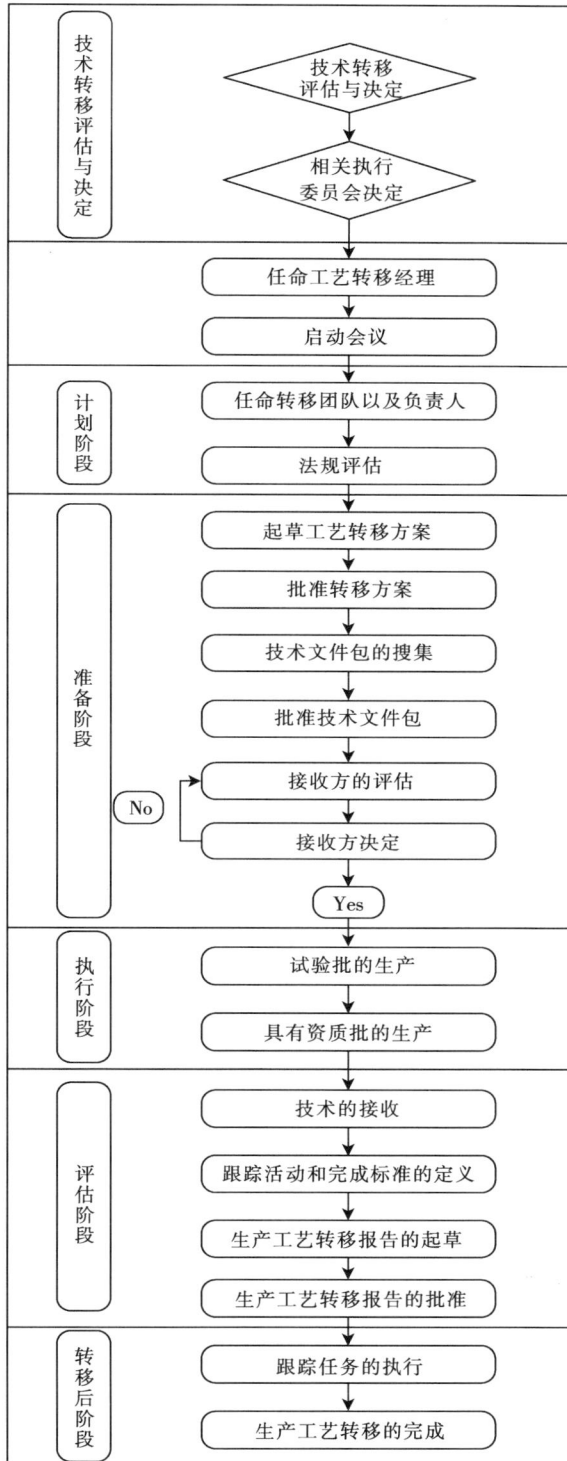

图 5 - 1　技术转移流程图

【实施指导】

A. 技术转移评估与决定阶段

在生产工艺转移开始运作之前，应首先对生产工艺转移的可行性进行评估。通常应邀请商业，技术，质量，财务，注册，EHS 等各方面的专家及技术人员作为相关执行委员会共同进行评估。

接收方和转移方需共同评估：设备相似性，接收方现有产品的处方/工艺相似性，并准备变更的详细列表，报上级具有工艺转移决定权的管理层批准。基于相关执行委员会的评估，由管理层对工艺转移申请做出正式批准决定或者不批准决定。审批时还应考虑进行生产工艺转移时能否有一定数量的产品保证连续供应的问题。

B. 技术转移的计划阶段

批准转移后，应进行转移团队的任命与组建，通常要求以书面形式确定转移团队成员及各自的电话，邮件等联系方式，成员通常包含：转移项目经理，转出方与接收方的以下相关人员：转移小组负责人，质量保证/质量控制，供应链，工程技术支持，注册，包装文本和设计，生产，健康、安全和环境，研发，分析方法转移小组成员等。

在此阶段，还需完成技术转移注册评估。需根据注册要求进行详细评估，确定必须的注册活动（例如，注册资料准备及审核，药监部门需对生产场所批准问题，注册策略，注册时间表，等等），为在技术转移方案中制定的注册行动计划提供依据。

C. 技术转移的准备阶段

如果工艺是从研发至生产，转移方案通常由转出方准备。如果工艺是从生产转至生产，转移方案通常由接收方来准备。转移方案应由双方工艺转移团队批准。转移方案应包含以下内容：生产工艺转移的目的和范围，生产工艺转移批准文件，欲转移产品描述，转移方和接收方的名称及详细情况，销量预测，现在及将来责任分工，欲转移的工艺，项目风险描述，证照需求，API 需求，QC/QA 要求，供应链要求，注册要求（注册要求批次，批量要求，稳定性气候带，包装材料，文档要求），安全环保要求，转移计划时间表与里程碑，转移活动描述（工艺转移步骤及时间限），接收方开始转移前准备工作的确认情况。计划的培训活动，关键工艺步骤。工艺接收标准的制定应结合考虑产品特性有关的质量指标与关键工艺参数。生产工艺转移方案应由转移方和接收方的双方转移小组负责人以及生产工艺转移经理签字批准。记录和其他文件资料应保存至法规规定或约定时限，或遵从注册或其他业务要求。

确定技术转移方案后，进行转出方所有技术文件的转移。技术文件的打包文件内容应经转移方和接受方双方同意，由转移方移交，并由转移方和接受方双方转移小组负责人批准。转移技术包通常含下列内容（表 5-2，表 5-3）。

表 5-2 生产工艺转移表

项　　目	是否工艺转移（Y/N）	当前机构	未来机构
原料药生产商		/	/
半成品生产商			
直接接触药品的包装材料生产商			

续表

项　　目	是否工艺转移（Y/N）	当前机构	未来机构
外包装生产商			
检验机构（理化检测）			
批放行			
生产厂质量部/质检中心			
研发/改进注册中心			
包装材料文字设计中心			
知识产权所有人			
半成品供应链计划部门			
成品供应链计划部门			
其他（请详细说明）			

表 5－3　生产工艺转移技术文件包

转移文件由转移方转移小组负责人负责	研发中心到生产厂	生产厂到生产厂	文件号	备注
类别 A（最先提供）				
原料药供应商信息	必要	必要		
原料药质量标准（包括内控标准）	必要	必要		
原料药分析方法（在分析方法转移已经开始的情形下）	必要	必要		
辅料的供应商信息	必要	必要		
辅料的质量标准（如果接收方无正式文件）	必要	必要		
辅料的分析方法（如果接收方无正式文件）	必要	必要		
原料药生产商的检验报告书（有代表性的）	可选	可选		
辅料生产商的检验报告书（有代表性的）	可选	可选		
模具图	必要	必要		
模具的材质构成	可选	可选		
药品分析方法（在分析方法转移已经开始的情形下）	必要	必要		
包装材料的供应商信息（如果接收方无正式文件）	可选	必要		
包装材料的控制程序（如果接收方无正式文件）	必要	必要		
三级包装材料的质量标准（注：即直接接触药品的包装，单位包装，大箱包装）	不需要	必要		
直接接触药品的包材的质量标准（如果接收方无正式文件）	必要	不需要		
当前包装样稿	可选	可选		
生产工艺规程，空白和已执行的	可选	必要		
主包装指令（主包装批文件）	可选	必要		
最终包装的产品样品	不需要	可选		

转移文件由转移方转移小组负责人负责	研发中心到生产厂	生产厂到生产厂	文件号	备注
原料药和总混混粉的松密度数据	可选	可选		
设备的生产能力和速度（针对产品）	可选	可选		
转移方使用的所有设备的总说明，包括模式，构造，产能，和速度	不需要	必要		
化学品安全性数据说明书	可选	必要		
任何特别的环境/工艺条件要求（即：湿度控制，氮保护等）	必要	必要		
产品研发报告	必要	不需要		
类别 B（在验证批之前提供）				
原料药方法验证报告	必要	必要		
关于工厂和人员包括安全数据的风险评估报告	如需即可提供	如需即可提供		
劳动保护用具的要求	必要	必要		
清洁验证方法	如需即可提供	必要		
清洁验证项目	不适用	如需即可提供		
清洁验证报告	不适用	如需即可提供		
清洁验证方案	不适用	如需即可提供		
产品质量标准	必要	必要		
药品检验报告书	如需即可提供	必要		
药品方法验证报告	必要	必要		
药品稳定性及方法专属性报告	必要	必要		
稳定性方案	必要	必要		
稳定性数据	必要	必要		
稳定性方法	必要	必要		
工艺验证/评估方案	如需即可提供	必要		
工艺验证/评估总结报告	必要	必要		
年度产品回顾	不适用	必要		
中间控制质量标准和方法	必要	必要		

　　根据接收到的技术转移文件，接收方评估是否现有工艺可以接收进行转移。如转出方技术资料中显示有发生过多的如超过 10% 的批次不合格、过程中偏差，再加工和返工，那么现有工艺应视为不可接受。决定其可接受性应参照该产品生产国/注册国的现行 GMP 和法规要求。如果认为工艺不可接受，有必要进行工艺改进或处方改进，应在相关改进后再考虑进行技术转移。

　　接收方确定工艺可转移后，需确定所有执行生产工艺转移的必要活动。应主要考虑：

● 工艺验证：根据 ICH 注册要求进行的文件评估结果，决定所需的工艺验证工作。

● 清洁验证：所有转移产品应按照现行清洁方针对清洁验证进行必要性评估。完成清洁验证研究需对连续三批进行清洁。如果转移产品成为一个新的最差条件，那么应计划在验证批进行首次清洁验证。接收方决定：根据产品生产国或上市国的注册要求进行的文件评估结果，决定所需的清洁验证工作。所需的验证工作部分取决于转移产品的范围，和转移产品范围是否完全包括已经在接收方生产的"最差情况"产品。

- 分析方法确认：通常地，如提供的规程已经根据现行标准进行验证，则不需要接收方对转移的控制规程和检验专论进行再验证。如提供的规程未验证，转移双方应确定由哪方进行验证。不过，药监部门有要求时必须进行再验证。

- 分析方法转移：不同生产厂间转移通常也采用分析方法转移方式，方案中必须至少写明详细规程和每项检验的接受标准；标准应由转移方根据相关检验的性质确定，且如适用，应严于产品质量标准。接收方必须使用转移方生产的明确批次的样品进行测定。样品应与转移方所测定的样品为同一批，为使双方能够正确比较，接收方检验该样品时还应进一步确定样品生产日期、储存条件和运输条件控制应评估精密度，专属性和线性并记录。并附所有方法验证的原始记录。转移方应起草正式的方法转移报告并由双方共同批准。基于风险分析评估分析方法的复杂性，可以考虑请转移方对该转移产品有经验的 QC 人员到接收方。如此，转移方即可掌握分析的诀窍。生产的第一批应由转移方审核，且另取样品由转移方同时检验。无论如何转移的模式应符合药监部门的要求。任何分析程序的变更须遵循更改控制程序。

- 稳定性试验：应进行持续的稳定性试验。前三批验证批也包括在此稳定性试验中。如适用，为保证样品和数据转移至接收方，转移方将评估 FUST 程序（例如，转移方关闭，或双方约定照此安排）。如果产品已知稳定，且工艺或物料未发生明显改变，那么，在满足注册要求的前提下，批次可以不必等稳定性结果即可放行上市（如，3~6 个月数据）。如根据注册要求，或者工艺或物料发生了明显改变，或产品确定或预见到有稳定性问题，接收方须至少选取接收方生产的最初三批中的一批、和转移方生产的最后几批中的一批进行比较性的加速试验。上市国的要求须严格遵守。可以进行稳定性正交设计筛选，但应考虑注册要求。筛选方案应考虑到各种包装形式。

- 物料供应商变更：对于起始物料，辅料和内包装材料的供应商更改均应由接收方按照更改控制程序进行评估。更换供应商不得对工艺和质量有负面影响。转移方应提供其他供应商的现有经验与负责此评估的接收方进行交流。

- 应着手编写或更新所有生产工艺相关的文件和程序，进行工艺转移准备。转移前应准备好需以下文件：生产和包装工艺规程，包括使用的特定设备和物料以及特别要求，设备清洁程序，转移设备确认，维护和校验计划，原料，中间体和成品的储存条件，包括复检时间表，有效期，存放时间和运算验证评估，原料和包装材料的检验计划，产品专有取样计划和操作规程，编写验证方案，文件审核和批准由转移方和接收方双方共同进行，选择清洁验证的最差情况产品；编写清洁验证方案，签发正式分析方法转移方案，并由转移方和接收方共同批准，编写存放/暴露时间的验证方案，产品特定的持续稳定性试验计划，所需加速试验方案，该产品的转移后跟进稳定性计划。还应建立符合当前版 ICH 标准中的检验专论或药典专论/方法的检验规程或控制程序。

技术转移所有准备工作完成，准备开始实施阶段活动前，应由接收方团队进行确认所有准备工作是否完成。如果生产工艺转移来自第三方公司，质量部门应确认生产场所准备情况以及对负责活动的目标范围的各个合同商的批准。

D. 技术转移实施阶段

在确认批的生产前，一般需进行中试规模或生产规模的试验批/可行性批。转移小组负责决定是否有必要进行试验批/可行性批。接收方应负责进行试验批/可行性批生产。

根据转出方的技术包，确认批的生产程序应予确定。由转移小组基于风险评估完成（至少由转移小组中的生产和质量专家，如果技术接受标准没有规定在生产工艺转移方案，那么至少应在开始确认批生产前与有关要求一同确定。例如，稳定性程序，清洁验证执行，接收标准。）前验证批的检验须在分析方法转移成功关闭之后进行。

确认批的生产可与工艺验证批同时进行。

接收方对所有生产工艺的必要改进均须确定并应经转移小组讨论及同意，应启用更改控制程序进行管理。如果转移产品须更改处方，或者工艺有重大改进，须逐项进行足够的研究并遵照更改控制程序。对接收人员应保证充分进行生产工艺转移的培训。转移方和接收方应共同确定，是转移方在进行工艺关键步骤期间，由接收方派人员去转移方进行现场学习，或是接收方在进行转移活动过程中，由接收方派人前来接收方给予支持。

E. 技术转移评估阶段

（1）评估接收标准

在完成确认批后，将所得的结果与预定的技术接受标准进行比较来评估生产工艺转移。转移方和接收方共同负责评估所得结果是否符合技术接受标准规定。双方应对与预定的技术接受标准间的偏差进行讨论并评估其对产品质量的影响和对生产工艺转移成功的影响。当接收方能够处理转移技术和技术接受标准完成，生产工艺转移的技术部分就确定了。工艺责任就从转移方到了接收方。此项应在文件中以适当方式记录，例如，记录在生产工艺转移报告中。转移方和接受方还应确认转移产品的稳定性等效，FUST 或加速试验报告，转移方审核接收方起草的稳定性报告（如适用，应为前三批和加速试验），接收方评估并确定存放和暴露时间，体外溶出试验（如适用）：如药监部门要求，或者任何产品特性与溶出曲线密切相关，则应至少用接收方生产的前三批中的一批进行体外溶出试验。参比批次由转移方确定。如产品生产转移中有小的更改，固体制剂需要更改后的有代表性批次的溶出数据和更改前的最后三批支持性数据。如果结果不能符合标准规定，需要提交下两个生产批的数据。选定的批次须应用下列标准顺序：首先是临床试验批次，距生产时间不可过长以免改变溶出特性，其次是试验批（调整批），是否能够代表当前的工艺，是否过于早期影响溶出特性，最后是符合药监部门目前注册文件要求（批量、工艺和处方）的商业批。

（2）确定跟进行动与完成标准

转移团队应确定需要的跟进行动及其对最终转移关闭的影响。所有对生产工艺的改进均应根据已建立的更改控制程序（如适用，包括注册评估，数据和文件准备，相关药监部门的报送和批准）作为跟进行为的一部分来进行处理与管理（表5-4）。

表5-4 通常强制要求的跟进行为和需要完成的标准

项　　　目	转移关闭标准	常规标准（转移范围之外）
工艺验证（确认批与工艺验证批不同情况）	符合接受标准	如果不作为转移的一部分进行，进行工艺验证是接收方的责任
常规生产阶段：产品的工艺和质量在第一次规模生产和既定数量的商业批（通常3~10批，应由转移上方协议）	生产/包装工艺和产品质量足够且在标准限度内。确认报告已经签署	日常监督（例如：年度质量回顾）
稳定性取样，储存和检验	加速试验和长期试验在技术转移报告中均应说明	持续的稳定性试验
因为新的生产地址和可能的工艺的改进所做的更改控制	如适用，确定与药监部门有关的活动，更改批准	
符合性检查	生产工艺符合注册要求	

　　生产工艺转移报告的准备：生产工艺转移报告应在接收方接收技术后的合理的时间内准备。如无其他规定，接收方转移小组负责人应负责协调生产工艺转移报告的准备。生产工艺转移报告中列出确认批生产过程中的所得结果并与预定技术接受标准进行比较。生产工艺转移报告列出所有的偏差和发现的缺陷，以及参考的批记录。应说明接收方能够处理转移的技术并完成所有技术接受标准，生产工艺转移报告中需进行讨论，给出具体结论。对相关技术文件包的参考和生产工艺转移方案应包括在报告中。报告还应列明需要的跟进行为与最终关闭标准。生产工艺转移报告的批准由双方转移小组负责人批准。工艺转移经理据此通知相关执行委员会。

F. 技术转移后阶段

　　实施工艺转移报告中确定的所有跟踪活动。

　　符合下述条件，可视为转移成功完成（表5-5）：

- 工艺验证已完成，如适用
- 接收方获得相关药监部门批准
- 接收方有清晰文件说明符合注册要求
- 工艺与注册资料一致
- 在常规生产批次中所实施的监控获双方同意
- 所有跟踪任务均已完成

表5-5 技术转移完成判定表

活　　　动	转移方	接收方	生产工艺转移经理	已完成的活动	参考/建议
生产工艺转移报告确定的所有跟进活动已关闭	M（必要）	M（必要）	n. a.（不适用）		
工艺验证已完成	IA（如需即可提供）	M（必要）	n. a.（不适用）		
工厂已被相关药监部门批准	IA（如需即可提供）	IA	n. a.（不适用）		

续表

活　动	转移方	接收方	生产工艺转移经理	已完成的活动	参考/建议
注册要求已达到	n. a. （不适用）	M （必要）	n. a. （不适用）		
工艺符合注册要求	IA （如需即可提供）	M （必要）	n. a. （不适用）		
已通知转移小组和相关执行委员会	IA （如需即可提供）	IA （如需即可提供）	M （必要）		

G. 难点分析

产品转移中，合理确定关键工艺参数的确定是转移中的难点。

从研发至生产厂，工艺放大应考虑的因素：

- 实验室规模得到的经验、中试、生产规模，相同工序设备是否使用同样的设计与原理，产品与设备的相容性，存放时间研究等。

- 验证：在实施工艺验证前应确定关键工艺参数清单，因此清单建立仅基于实验室数据，以及验证批，及历史经验，故在注册批生产时可能此清单通常还不够完全，注册申报资料可能不能包含所有最终确定的完整的产品质量信息，但应含当时所能获得的关于关键质量指标，关键物料影响因素，关键工艺参数讨论的信息。对开发最终确定关键工艺参数及范围的最佳时间应该是工艺验证确定接受限度时候（图5-2）。

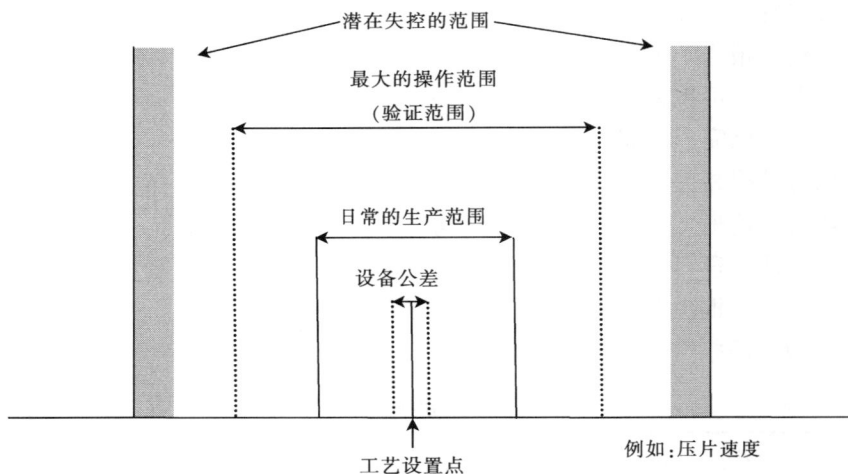

图5-2　关键工艺参数验证范围示意图

- 工艺参数制定前提是从接收方获得开发阶段或转移提供的如下信息：工艺转移产品临床应用，产品剂量、用途、包装形式、吸收途径，产品质量标准，原料药、辅料质量标准，关键工艺参数，物料与工艺与产品最终质量的关联，中控参数后，可通过ICH Q9终风险分析工具确定，最好的途径是通过跨部门合作通过鱼骨图分析工具来分析确定，图5-3是片剂生产过程关键参数分析的鱼骨图例子：

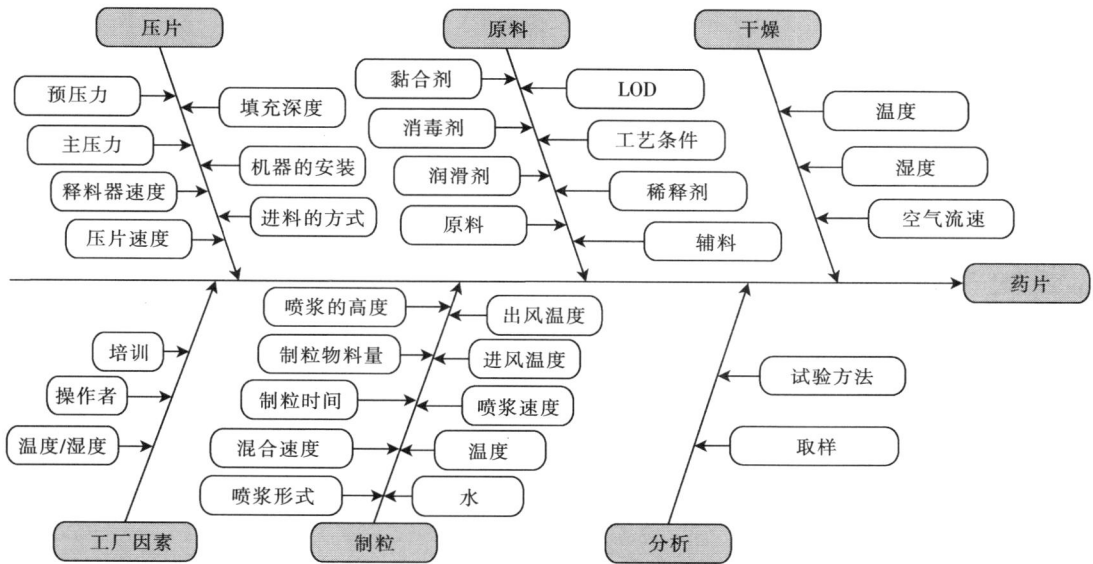

图5-3　关键工艺参数鱼骨图分析示例

【实例分析】

A. 某产品生产工艺转移方案

（1）目的和目标

内容略

（2）生产工艺转移批准

内容略

（3）所转移产品

产品描述	产品代码	本地产品代码（接收方）	目标市场

（4）销售预测

内容略

（5）当前和未来设置描述

职　　能	是否工艺转移（Y/N）	当前机构	未来机构
原料药生产商		／	／
半成品生产商			
直接接触药品的包装材料生产商			
外包装生产商			
检验机构（理化检测）			
批放行			
生产厂质量部/质检中心			

职　　能	是否工艺转移（Y/N）	当前机构	未来机构
研发/改进注册中心			
包装材料文字设计中心			
知识产权所有人			
半成品供应链计划部门			
成品供应链计划部门			
其他（请详细说明）			

（6）所转移工艺描述

生产工艺的描述

工序序号	转移方	接收方

（7）项目风险分析

详细的风险分析的参考资料。最重要的问题列于表中。

序号	问题	现在状况	未来状况
	生产设备		
	清洁验证		
	生产工艺		
	操作者		
	物料		
	检验方法		

（8）证书要求

内容略

（9）原料要求

内容略

（10）质量控制/质量保证要求

内容略

（11）供应链要求

内容略

（12）注册要求

如：批的数量，批量，稳定性温度区域，包装材料，以及需要详述的其他文件等。

内容略

（13）未来供应链

内容略

（14）EHS 要求

内容略

（15）产品转移时间表

内容略

（16）转移中的活动

下列步骤和里程碑是对生产工艺转移的完成预计

序号	活　　动	负责人/职能	完成时限

（17）接收方准备就绪

接收方准备就绪的声明/下述活动应在接收方准备就绪前确定：

序号	活　　动	负责人	完成时限

（18）附件

如有，参考资料

B. 工艺参数的制定

以直压片工艺转移为例，讨论转移中工艺参数制定：

（1）物料

应从转移方获得的信息：所有起始物料清单，供应商清单，确认状态及相关文档。物料品牌及级别。

因为一般直压片的典型生产工序如过筛，混合对物料的颗粒不会有改变，起始物料会不经改变地到达压片机进行压片，故对直压片的工艺转移强烈推荐使用同样供应商同样级别的原辅料。不推荐使用不同厂商或不同类型的原料药。如确应供货或其他因素必须改变物料供应商或物料级别，需经过全面风险评估后方可考虑。此时需首先向转出方索要到对物料的物理特性方面要求的质量标准，如粒度分布等。此外，还需补充进行外观对比，堆实密度测试，筛分测试等附加试验进行评估。对处方中即使只占约1%的比例硬脂酸镁和微粉硅胶在，也应对比其粒度分布及比表面积进行分析。如果硬脂酸镁测试结果有差异，应实施更深的研究确保不会导致压片问题。还应对比溶出度及硬度值确保不会影响产品质量。如果微粉硅胶测试结果有差异，应对比含量均匀度，硬度及溶出度是否会受影响。转出方提供所有起始物料清单，供应商清单，确认状态及相关文档。物料级别，对需改变供应商的物料，从转出方提供约1kg的以供比较用。

（2）物料储存/工艺处理条件要求

应从转移方获得的信息：物料是否是光敏或吸湿性的，是否要求特殊的储存处理要求，如特别的温湿度。配好的物料时用到的特殊包装要求？是否配好物料存放时间有限制？通过以上信息来制定接收方的要求。

① 配料工序

通过从转移方得到的信息，如 API 或其他物料是否需特殊处理？是否是麻醉药？高活性？易爆？配好的物料时用到的特殊包装要求？是否配好物料存放时间有限制？加入原辅料的顺序，配料的特殊的质量标准等制定接收方要求。

② 过筛工序

直压片过筛工序不仅是防止结块或聚团，而且对重量均匀度与含量均匀度的影响很大。如果转出方与接收方使用的是不同的筛分设备，可通过转出方的工艺参数结合接收方实际设备确定筛网孔径，过筛速度，过筛时间，并通过重量与含量均匀度测试来确认预设的工艺参数是否合适。

③ 混合工序

合适的混合体积对混合结果至关重要。可通过混合物的堆密度得出的数据计算出理论装载量。有效体积通常设备商推荐 20% ~ 85% 的体积。如无推荐值，可参考使用混合设备 1/3 ~ 2/3 的装载体积为合理体积的原则。

④ 压片工序

提供总混料的粒度分布，干燥失重数据，总混粉的存放或储存条件验证相关数据。以供接收方比较之用。根据压片机的不同，设定转盘速度，主压力，饲料器速度，填充深度片重。

测定的参数：片外观，鉴别，硬度，脆碎度，崩解时限，溶出曲线，含量，相关物质。

⑤ 半成品质量指标

溶出速率，崩解时间，溶出与崩解时间，重量均匀度，含量均匀度，干燥失重或水分，原料药产生的降解产物，相关物质含量等。

⑥ 内包装

根据具体的包装设备确定包装工艺参数测定的参数：外观，气密性，微生物限度。

5.2 过程单元

5.2.1 过程单元的操作概述

固体制剂的单元操作分为配料、粉碎、过筛、混合、造粒、干燥、压片、包衣、胶囊灌装等。剂型不同，所涉及的单元操作不同。

本节着重介绍了固体制剂单元操作所涉及技术要点，关键操作参数以及各操作单元生产过程中的中间控制点。固体制剂常见工艺中间检测项目如下：

- 制粒：控制制粒黏合剂加入速度等以控制最终颗粒粒径的分布和最终颗粒的含量均匀度。
- 干燥：检测颗粒水分，因为不同颗粒水分可能对下一步压片或者灌装有较大的影响，应取样检测进行控制。
- 整粒：通过控制整粒筛网和速度控制得到适当的颗粒粒径分布，并进行取样检测。
- 混合：主要考察颗粒要有好的混合均匀度。
- 压片：控制压片速度、压片压力、填料速度等得到目标产品，取样检测硬度，重量差异、崩解、脆碎度等，避免裂片、揭盖等现象发生。

- 胶囊填充：控制填充速度，取样检测重量差异、崩解、脆碎度等，避免胶囊壳破裂、吸收水分等现象发生。
- 包衣：规定好喷枪口径，包衣液浓度等控制包衣增重，但是对于特殊功能性包衣要特别注意控制好包衣增重等。

5. 2. 2 配料

【法规要求】

药品生产质量管理规范（2010 年修订）

第一百一十五条 应当由指定人员按照操作规程进行配料，核对物料后，精确称量或计量，并作好标识。

第一百一十六条 配制的每一物料及其重量或体积应当由他人独立进行复核，并有复核记录。

第一百一十七条 用于同一批药品生产的所有配料应当集中存放，并作好标识。

【背景介绍】

配料是固体口服制剂生产过程中的第一个步骤，配料阶段的物料产出应高于下游的生产阶段，从而不会成为影响生产瓶颈。

【技术要求】

欧盟 GMP 指南要求"起始物料的称量通常需要在一个隔离并根据用途设计的称量室中进行。"

新建厂房建议中央配料区域通常设置在靠近库房的区域，以减少装有物料的容器在 GMP 区域的转运。根据生产设施的产能，工厂可能需要一个或多个称量和配料单元。生产多种产品的工厂，可以设置不同产品专属的配料单元，如液体配料区，防爆配料区。

专属配料区应与生产区域相连接，使得被配好的物料直接通过洁净走廊，供应生产使用。

配料区域和其他后续工序的生产房间一样，也要按照 GMP 的要求建造和运行。由于在这个过程需要操作活性物质，所以密闭隔离，人员安全保护，员工暴露操作防护和可清洁性是配料设备和配料区域设计要考虑的关键因素。配料区所使用的密闭隔离装置和设备应根据物料的危险级别和配料方法设置。

虽然用于制备颗粒黏合剂和包衣物料的干粉物料可以在配料区称量，但是溶液的配制过程不推荐在备料区进行。

称量操作对环境的要求反映了该步骤的重要性。除了对于布局、表面的要求，房间也应该独立于生产领域的其他房间。在规划阶段，称量地点就应该根据既定的物流和人流来确定。因此不建议将称量固定在多功能房间进行。作为称量系统必须非常精确地按物料平衡和流程定义，以防止交叉污染，混合或混淆。

【实施指导】

A. 手动配料

在开放环境下手动配料将会导致粉尘浓度达到或超过职业暴露限值和交叉污染的限度。因而，典型的方法是在向下的层流装置中进行配料称量。同一时间内，只允许一种物料进行称量备料操作。

对于高危险性的成分，应考虑在隔离装置（手套箱）中进行物料称量。隔离装置可以是固定的，也可以是可移动的，该装置装有高效过滤器和位置合适的手套式操作口（图5-4）。容器或者物料桶可以使用称量隔离装置直接被装料，但是这需要一个提升平台使物料桶位于下方，或者隔离装置可以被安装在物料桶装料区域之上的楼层。

图 5-4　隔离装置（手套箱）

物料通过缓冲间需要被仔细的评估，在称量和配料操作过程中，高级别的密闭隔离，产品和人员防护是被考虑要达到的目标。当处理这类危险级别高的物料时，可以使用人员缓冲间使这些区域分开，而且也可以设定专门的更衣程序。

B. 自动配料

自动化的机械配料系统，通常是基于一些方法，使物料从储料容器中被卸载并以受控的方式进入接收容器，在接收容器中物料被称量。这种系统需要把物料从各自的原容器中转移到储料器中，通常使用重力卸载或者气动输送。这种受控的物料输送可能包括螺旋杆输送，旋转阀门，或脉动开关阀门的使用，物料被收集在一个可以称量的容器中。当所需重量的物料被分配到接收容器时，下料系统会停止，然后下一种物料被分配。如果配料系统是基于从储料器中减重的方式,可以所有物料平行分配。

这种配料方式需要在设计时考虑数据收集和操作方式的统一。

C. 配料设施设备的验证

配料流程需要充分的设计,应将对配料区域的要求详细记录于 URS 中,如配料隔间的空气洁净级别,洁净空气的风速,温湿度,所需要的配料重量范围,以配套适合的称量衡器。所用设施设备也要经过严格的验证测试。配料装置的设备验证需要经过设计确认,安装确认,运行确认。验证应根据供应商推荐并参照相关规定,考虑操作区域温湿度,悬浮粒子数测试,风速,换气次数,空气流型和过滤器的泄漏测试等。如空气流型的测试可用发烟笔在配料隔间的不同高度、不同位置进行测试。

【实例分析】

某工厂配料区域与操作实例

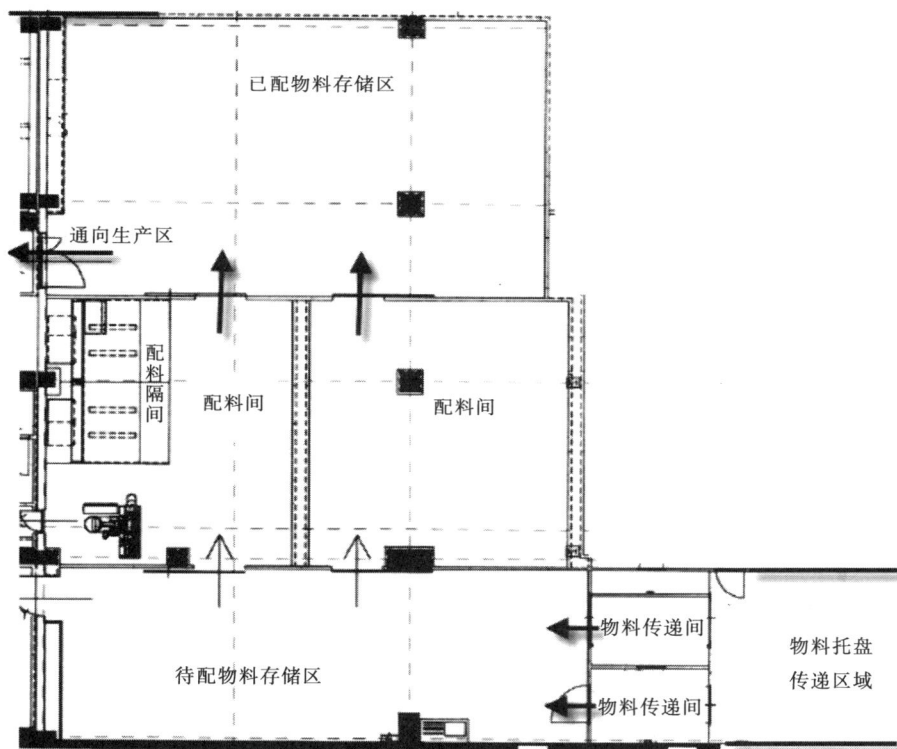

图 5-5　某工厂配料区域的房间布局图

（1）层流配料隔间下的配料操作

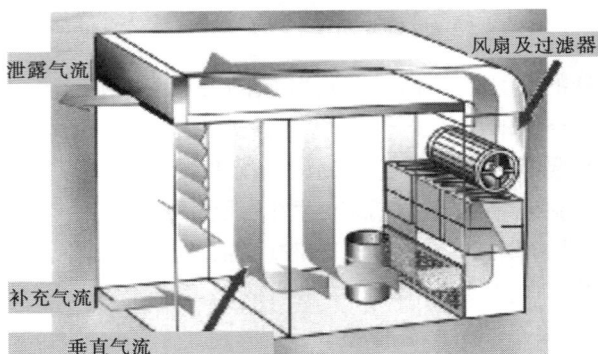

图5-6　层流配料隔间循环气流模式示意图

　　整个工作区域中，洁净空气以平均速度0.5米/秒从顶层向下流动，此垂直气流有效的避免在保护区域中粉尘的产生，保证操作者呼吸区域的粉尘处于较低水平。粉尘随后被排放入过滤系统。

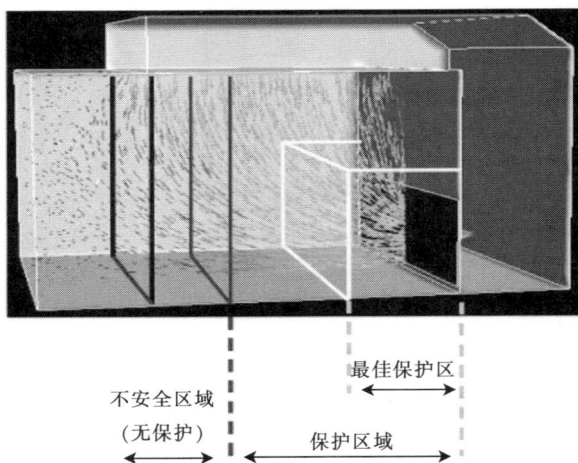

图5-7　保护区工作线、安全区、最佳保护区

为了最有效地接受保护，所有粉尘操作必须在配料隔间后部的最佳保护区内进行。

（2）操作程序

① 启动配料隔间前的检查

● 目视检查配料隔间的清洁状态。如果配料隔间处于清洁状态，进行下一步操作。

● 目视检查配料隔间内部和外部是否有损坏。特别注意顶部的滤网和过滤器的可视部分，检查是否有洞、裂痕或缺口。如果没有损坏，进行下一步操作。

② 启动配料隔间后的检查

● 检查是否有声音或灯光报警

● 所有仪表（压差表）的指针是否在要求范围内

● 是否有不正常的噪音或不正常的震动

● 是否在配料隔间内有强烈的或不正常的气味

③ 使用前，应空转配料隔间几分钟（基于设备参数和验证测试的结果在操作规程中规定），以保证气流在层流状态。

（3）依据相应配料标准程序进行配料操作

【要点备忘】

- 配料所使用的称量衡器应满足精度及准确度要求，并且要定期校验
- 配料前要检查房间的温湿度及压差，满足要求
- 配料前检查所使用的工具、容器的清洁状态，确保在清洁效期内
- 配料前应按配料指令单核对物料标签的信息，包括物料名称、物料编号，批号和有效期等
- 配料时，先配辅料，再配主料。配好的物料装在清洁的容器里，容器内包装和外包装都应贴好标签，写明物料名称，批号，重量，日期和操作者姓名等
- 配料过程中，工具一次只能用于一种活性成分，不能混用
- 物料称量及投料必须由他人复核，操作者和复核者均应在记录上签名
- 应把盛有配好物料的容器移出配料间，用于同一批药品生产的所有配料应集中存放于指定位置，并做好标识，写明产品名称，批号等
- 配料间及配料设备、工具应按规定程序清洁，应规定清洁器具的清洁时间，被清洁后的放置时间。配料间日清洁、周清洁和月清洁的内容和要求，以及同产品换批清洁和换产品清洁的要求

5.2.3 粉碎

【背景介绍】

粉碎固体物料通常也叫物料的前处理，粉碎完毕后的物料在配料用于生产。粉碎颗粒在固体制剂生产中通常叫做整粒。

粉碎过程主要依靠外加机械力的作用破坏分子间的内聚力来实现的。目的是将物料或颗粒大小减少，使尺寸最终减少到最终的产品的尺寸小几个数量级。

固体药物的粉碎对固体制剂过程有重要的意义：

- 固体药物的吸收首先需要溶解，细粉有利于提高难溶性药物的溶出度及生物利用度。
- 有利于固体制剂中各成分的混合均匀，混合度与成分的粒径有关。

但必须注意，粉碎过程可能带来的不良作用，如晶形的转变、热分解、粘附与凝聚性的增大、堆密度的减少，粉末表面上吸附的空气对湿度的影响，粉尘污染和爆炸等。

【技术要求】

有几种粉碎的方法可以选择。具体的方式可以根据产品粒度的要求，粉碎物料的性质。

冲击式粉碎通常用于减少主料的粒径。在此种粉碎过程中，产品是被安装在轴上的数个刀片打击最终被粉碎。产品是靠与刀片的冲击力和与粉碎机的器壁之间的碰撞被粉碎的。在粉碎机的器壁底部，配有筛网，比筛网尺寸小的产品经过筛网出料。粉碎粒度可由刀片的形状（有刀刃或扁平状），大小，轴转速（3000 转/分钟到 7200 转/分钟）和筛网

的孔径大小来调节。

锥形粉碎机是在口服固体制剂中常用的粉碎方式。垂直旋转的桨叶使产品形成涡流，进入锥形的筛网的腔体。由于离心力的作用，不断有产品被送到桨叶和筛网中间的空间。产品进而被粉碎和过筛。粉碎粒度可由桨叶的形状（圆形，方形，或三角形），轴转速（400转/分钟到1000转/分钟）和筛网的孔径大小来调节。叶轮和筛子之间的距离，筛网的孔径大小来调节。

传统的粉碎是将产品加入到水平的筛网上，在水平振荡的桨叶作用下，将物料粉碎。桨叶通常是三角形的。桨叶的形状和速度通常是固定的，唯一能控制粉碎的粒度的参数是筛网的孔径。

【实施指导】

A. 生产工艺和质量参数控制要点

粉碎设备的关键操作参数见前文【技术要求】。

粉碎过程中使用的筛网的材料，目数要固定，筛网不能对产品造成污染。粉碎开始前和结束后应按规定的方法检查筛网的完整性，并有记录，保证筛网的破损能直接发现，避免破损的筛网落到产品中。还可根据实际情况规定筛网更换的频次。

过筛的速度和时间，筛网的安装方式都是此工序的关键控制点。

另外，粉碎物料经常伴随温度上升，在粉碎热敏性物料时应引起注意，如可采取相应措施降低温度。

如果需要，粉碎后的粒度大小是可以通过筛分试验来测定的。而所要求的粒径的范围可以根据实际的需要来预先制定。

B. 生产管理控制要点

粉碎过程是产尘过程，应有措施避免产尘和交叉污染。另外粉碎后物料的收率也应根据实际情况制定可接受的范围。在固体制剂生产过程中颗粒经过粉碎过筛，干燥后，如果产率低于可接受的范围，应考虑相应调整外相物料的量，从而保证最终药品的含量符合要求。

5.2.4 混合

【背景介绍】

混合的目的是保证配方的均一性，这样从批中取出的任意样品可以保证其具有同样的成分。混合通常在制粒后加入相应的辅料后进行，比如在压片前加入润滑剂，助流剂，与崩解剂。典型情况下，制药行业使用的混合机在不连续的情况下按批次生产。根据混合机的不同，物料按照剪切混合、对流混合和扩散混合三种方式进行。

一般来说主流的混合设备分为两种：

● 容器旋转型混合机

旋转型混合机的种类多种多样，从方形，Y型，倒锥形。因为他们由扩散机理进行运作，他们用于混合自由流动或者颗粒状的物料。因为混合机在中轴上进行转动，物料以连续转动的方式进行流动。V型，双锥形，圆桶式混合机最为常见。

在V型混料机中，物料被分开至两臂，旋转中又回到单臂中重组合。在重组合时剪切和扩散完成物理动作，在双锥形混合机中，扰流板/挡板常连在内壁上以增加对流/扩散混合。在翻斗式混料机中既有适中的运行速度。低转速不太能为有效混合提供足够的剪切力。装载量体积比例在翻斗型混合机中特别的重要。不满的装量可导致物料在容器底部停住不运动。过量的物料更不可接受。

● 容器固定型混合机

这类的机器依赖于刀片/桨叶的在物料底床的运动。显然，制粒的第一步是干粉混合，但是在制药行业使用两种主要的类型是缎带式（搅拌槽式，ribbon blender）和锥型混合机（conical screw blender）。

缎带式混合机中，在半球状容器内有单个或者多个螺旋形叶片旋转。这类的混合机相对于行星式和西格玛式叶片混合机，有相对低的剪切力，并且在混合空间内有形成死角的可能（特别是在腔体顶端和角落）。实际应用中，在混合过程中为了铲出内壁上的物料，需要停机。锥形螺杆混合机则可以防止死角的发生。固定在锥形容器顶部的旋转螺杆轴，梯度性地在容器内部进行搅匀。物料可以被带至顶部位置并在顶部堆积，这种方式利用了所有的三种混合机理。该设计的主要的优点是无论物料在容器内有多高，都可以保持稳定的混合效果。

【技术要求】

物料粉体性质的影响，如粒度分布，表面特点，堆密度，含水量，流动性，黏附性等都会对其产生影响，一般来说粒径小于 $30\mu m$ 时，颗粒的大小不会导致产生分层。各个组分的比例也将对混合效果产生影响。

设备类型，如容器的尺寸、挡板的设计、表面的粗糙度以及旋转的角度。

操作条件，如转速、装料体积、装料方式、混合时间都会直接影响混合的效果。应当选择适当的填充体积、转速和适当的防静电措施以防结块。

【实施指导】

对于混合工艺来说最关键的一点是如何能够达到其混合均一度，无论是对与制粒前混合或者制粒后混合，不均一的混合可能会导致某些产品的剂量不能达到要求。特别是对于搅拌槽式混合机来说。

混合的取样应该具有代表性，且针对最可能发生死角的位置，运用合适的工具进行取样分析，以考察其混合效果，一般来说，应该联系最终的含量均一度指标，混合均一度应该控制在85%～115%或更严格的工艺指标，相对标准偏差不应高于7.8，而对一般固体制剂，至少应在上、中、下三个水平位置进行多点取样，每个点的取样量应该相对适中。可参考 FDA 混合均一度指南。

颗粒分布测试可以用来考察和控制粉料对于压片或其他下游工艺的影响，以防止下游工艺中的分层或和连续批生产带来的不稳定性。

改动到要点部分或者去掉，偏重设备的篇幅要重新考虑取舍。作为旋转混合机的一种，桶式混料机是将储存物料的桶直接用于旋转式混合。桶内应当保留适当的空体积使得物料可在物料桶中自由流动，通常的为2/3 的体积装料。混合时，物料桶以竖直面转动。当使用方形或者矩形桶时，应采用角对角方向旋转。桶在倒立旋转中，应保证其良好的密闭性，以保证其在倒立位置不会发生物料泄漏。物料桶的旋转可通过柱式混料机或者笼式混合机达到。物料桶尺寸误差应该在混合机的设计标准内。

5.2.5 制粒

【背景介绍】

制粒是把粉末聚结成具有一定形状与大小的颗粒的操作。此过程有改善物料流动性，可压性，提高主料的混合均匀度，防止粉尘暴露等作用。

制粒通常分为湿法制粒和干法制粒两种分布最广的方式。

湿法制粒是在混合粉末（包含药物）中加入黏合剂，将颗粒表面润湿，靠黏合剂的架桥作用或粘结作用使粉末聚结在一起而制备颗粒的方法。水是制粒过程中最常用的液体。湿法制粒流程通常为：

- 制软材：将药物与辅料粉碎并混合后，置于混合机内，加入适量的润湿剂或黏合剂，搅拌均匀，制成松、软、粘、湿的软材。
- 制湿颗粒：将软材挤压通过筛网而制粒。
- 干燥：除去湿颗粒中的水分，防止结块或受压变形。
- 整粒与混合：对干燥后的颗粒给予适当的整理，以使结块、粘连的颗粒散开，得到大小均匀的颗粒。然后向颗粒中加入润滑剂和/或外加崩解剂，置于混合机内总混。
- 湿法制粒可分为挤压制粒、高速搅拌制粒、流化床制粒、喷雾制粒、挤出滚圆制粒等。不同制粒方法所得颗粒的形状、大小、强度、崩解性、压缩成型性也不同。

干法制粒工艺是混合各个原始配料（辅料和活性药物），在无外加液体黏合剂情况下，将干燥固体形成颗粒的工艺（ISPE 定义）。在干法制粒工艺中，在预混合后不会有其他的内相分散混合，致使预混合相对于在湿法制粒中更加的关键。一般来说干法制粒分为两种：压饼式，辊压式。在辊压式工艺中，一般分为三个区域：进料区，辊压区，成粒区（图 5-8）。

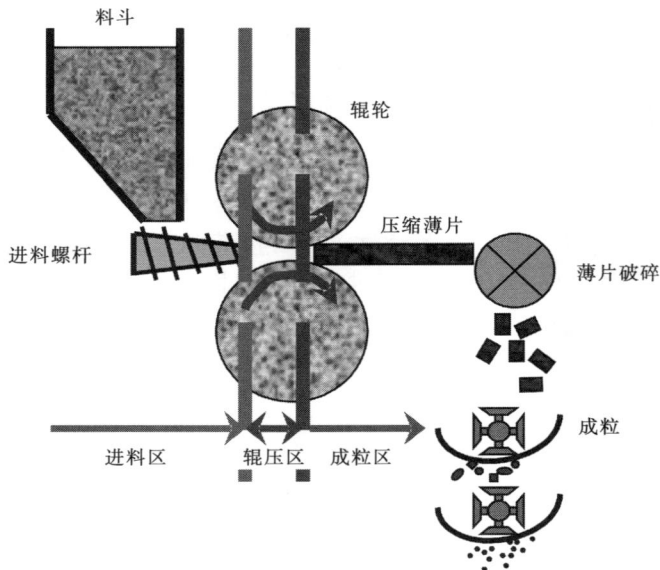

图 5-8 辊压制粒原理示意图

【技术要求】

物料的粒度大小，大小分布，形态，表面积，在黏合液中的溶解度，制粒过程中表面被黏合剂润湿的程度都可能影响制粒的工艺和颗粒的质量，进而影响产品的质量。合适的颗粒的粒径大小，粒径分布，颗粒的致密度，可压性，流动性，水分含量是制粒成功的关键参数。

而对于干法制粒来讲，鉴别和优化关键的工艺变量很重要，这基于各个重要的薄片和颗粒的属性和性质，最终形成对颗粒以及下游工艺（如压片，胶囊）的影响，进而对最终产品的崩解和溶出效果产生影响，如片剂或者胶囊剂。

其他的可能对下游工艺产生影响的控制点有起始粉料性质及成粒分布，以及颗粒的强度，以防止下游工艺产生分层或者各批之间的不稳定性。对于某些关键物料（包括主料和辅料），需监测粒径分布，晶型，水分含量等，以确保起始物料的性质变化能被及时发现。

一些过程参数控制又会直接影响颗粒的质量。如流化床制粒中黏合剂的用量，喷枪的位置，加入速率，黏合液的化雾程度，热空气的流量，温度，湿度，分别会影响颗粒的致密度，颗粒强度，粒径，干燥时间等。在高速混合制粒中，干粉的混合时间，黏合液的加入速度，加入方法（倾倒或喷入），加入黏合液后的混合时间，桨的形状，位置，各阶段的转速，终点判断（时间，做功或扭矩）等。因此，在处方和物料特性保持不变的情况下，对于关键工艺参数的定义和验证，就成为制成质量稳定的产品的前提。

制粒过程中如发生过程时间延长，卸料或产品转移困难，产率低，颗粒流动性差，干燥不均匀等问题需要进行调查。

生产管理要点

- 制粒过程是产尘过程，操作应尽量保持密闭。房间应保持相对负压。
- 投料前应检查物料的名称，编号，重量等信息，并建议由他人进行复核，保证正确投料。投料应按照验证过的顺序。如对于活性强，量又小的原料，在加料过程中会采用分次加入，分次混合，最终总混合的方法，保证混合均匀。

【实施指导】

湿法制粒通常有以下几种：

（1）挤压制粒

把药物粉末用适当的黏合剂制成软材后，用强制挤压的方式使其通过具有一定大小筛孔的孔板或筛网而制粒的方法。操作过程为：原料、辅料粉末→混合→捏合（制软材）→挤压制粒→干燥→整粒→颗粒。颗粒的形状以圆柱状、角状为主，经过继续加工可制成球状、不定形等；可制得的颗粒粒径范围在 0.3~30mm 左右。这类的制粒设备有螺旋挤压式、旋转挤压式、摇摆挤压式等。

配好的物料加入到混合机中，干混，并加入黏合液。对于制粒混合机来说，黏合液的加入不像高速混合制粒机那么重要。不像传统的颗粒成长机制，湿颗粒会在混合机的壁和混合机的桨叶之间或桨叶与桨叶之运动受力，从而产生重质面团，适合挤压制粒。

有很多挤压制粒的方式可以用来制粒，但其操作原理都是相同的，即软材在外力的作用下通过筛网或辊子。颗粒的大小取决于筛子的孔径或挤压轮上的孔的大小。孔的尺寸越小，颗粒的致密度越大。致密度太大，会使挤压产生浆状物，而不是颗粒。因此，有必要优化混合和挤压过程的力度。

制成致密的软材可以减少液体的用量，对干燥过程很有益处。但是，过度致密的颗粒，会降低颗粒的脆碎度，进而影响压片工艺和药片的溶出度。

在干颗粒的特性，黏合液的类型一定的情况下，黏合剂的加入量，加入方式，速度，混合时间，桨转速，桨叶的形状就成为影响软材质量的关键。

在挤压制粒过程中，筛网的目数，材质，挤压的粒度，挤压轮的形状，转速对颗粒的形状，致密度有非常重要的作用。制成致密的软材可以减少液体的用量，对干燥过程很有益处。但是，过度致密的颗粒，会降低颗粒的脆碎度，进而影响压片工艺和药片的溶出度。

（2）高速搅拌制粒

将药物粉末、辅料和黏合剂加入一个容器内，靠高速旋转的搅拌器的搅拌作用和切碎器的切割作用迅速完成混合并制成颗粒的方法（图5-9）。搅拌器的形状多种多样，其结构主要由容器、搅拌桨、切割刀组成（图5-10）。操作时先把药物和各种辅料倒入容器中，盖上盖，把物料搅拌混合均匀后加入黏合剂，搅拌颗粒。完成制粒后倾倒颗粒或打开安装位于底部的出料口自动放出湿颗粒，然后进行干燥。

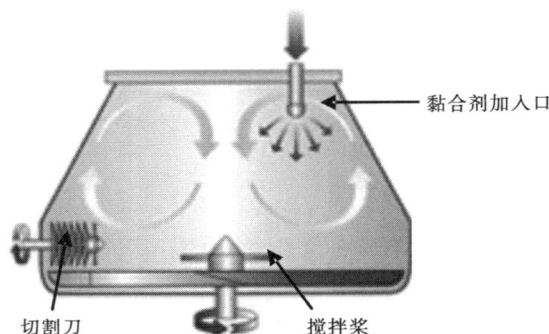

图5-9　高速搅拌制粒机示意图

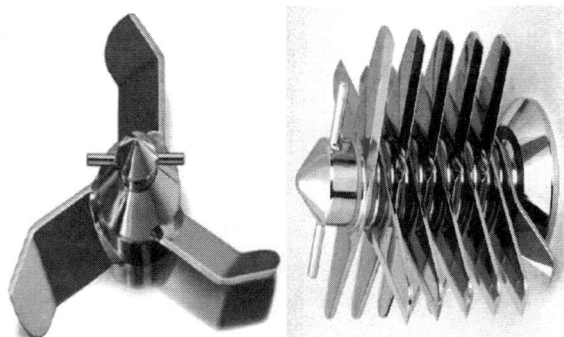

图5-10　搅拌桨（左）和切割刀（右）示意图

物料加入和转出高速混合制粒机的方式与设备的布局相关。手工上料会产生大量的粉尘。如果可能，可以用物料桶或管道连接。使用高速混合制粒机还需要考虑的是准备和加入黏合液，并且实现自动化控制这些操作。将干粉制成湿颗粒，需要将黏合剂加入到混合容器中。当前的趋势是将黏合剂直接加入到干粉混合物中，只有黏合液需要单独加入。

如果需要将黏合剂加入黏合液中，需要有准备黏合剂溶液的系统。一些传统黏合剂如淀粉和明胶，需要加热使其成为胶体。此种情况需要选择有夹套加热的黏合剂溶液的制备系统。

由于在制粒过程中，有很多复杂的难以控制的因素，如大量的操作参数，以及决定颗粒的质量的其他因素，如主料的含量，分散程度主料的颗粒大小，粒度分布，颗粒的致密程度，高速混合制粒机过程。通常的做法是固定一些操作参数：如搅拌桨转速，黏合液加入的速度，黏合液液滴的大小，干混的时间，同时允许有限的几个参数调整从而最终达到终点。例如黏合液的加入量和湿混的时间可以不固定，只要搅拌桨的负荷达到一定的值就可以停止操作。颗粒的质量对后序工序如压片工艺的成功有重要的影响，应用 PAT 技术（过程分析技术）来控制制粒工艺是很有帮助的。

（3）流化床制粒

使药物粉末在自下而上的气流作用下保持悬浮的流化状态，黏合剂液体向流化层喷入使药物粉末聚结成颗粒的方法。由于在一台设备内完成混合制粒、干燥过程，又称一步造粒。主要结构有容器、气体分布装置（如筛板）、喷组、气固分离装置、空气进口和出口做成。操作时，把药物粉末与各种辅料装入容器中，从床层底下通过筛板吹入适宜温度的气流，使物料在流化状态下混合均匀，然后开始喷入黏合剂液体，粉末开始聚结成粒，经过反复喷雾和干燥，当颗粒大小符合要求时停止喷雾，形成的颗粒继续在床层内送热风干燥，出料送至下一步工序（图 5 – 11）。

图 5 – 11　流化床制粒机示意图

在流化床制粒中，物料粉末靠黏合剂的架桥作用相互聚结成粒。制粒时影响因素较多，除了黏合剂的选择，原料粒度的影响外，操作条件的影响较大。如空气的空塔速度影响物料的流化状态、粉粒的分散性、干燥的快慢；空气的温度影响物料表面的润湿与干燥；黏合剂的喷雾量影响粒径的大小（喷雾量增加粒径变大）；喷雾速度影响粉体粒子间的结合速度及粒径的均匀性；喷嘴的高度影响喷雾的均匀性和润湿程度。

（4）喷雾制粒

喷雾制粒是将药物溶液或混悬液用雾化器喷雾于干燥室内的热气流中，使水分迅速蒸发以直接制成球状干燥细颗粒的方法。该法在数秒钟内即完成原料液的浓缩、干燥、制粒的过程，原料液含水量可达 70% ~ 80%以上。喷雾制粒过程为：原料液由储槽进入雾化器喷成液滴分散于热气流中，空气经蒸气加热器及电加热器进入干燥室与液滴接触，液滴中的水分迅速蒸发，液滴经干燥后形成固体粉末落于器底，干品可连续或间歇出料，废气由干燥室下方的出口流入旋风分离器，进一步分离成固体粉末，然后经风机和袋滤器后排出（图 5 – 12）。

在流化床制粒机中，干粉和液体黏合剂接触制粒。有两种方式加入黏合剂。一种是液体黏合剂由顶部通过

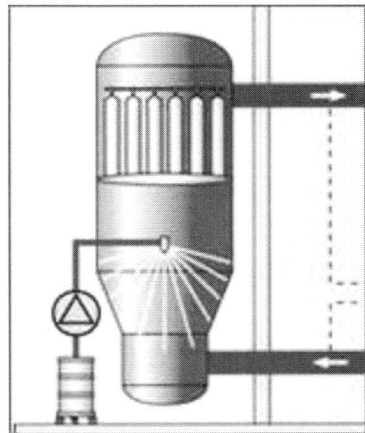

图 5 – 12　喷雾制粒设备示意图

喷枪喷入到流动的粉末的上方。一种是液体黏合剂由底部通过喷枪喷入。喷嘴位于导流管 (wurster column) 上，导流管可以保证恒定流量的粉末在喷射角内。配备导流管的底部喷射方式通常用于微丸包衣。

通过配置不同的配件，流化床制粒机可以制造一些形态的颗粒。例如，增加搅拌转动功能的流化床，制出的颗粒比传统的顶端喷雾制粒流化床密度要稍大。由于粒子做环形运动，所产生的颗粒更圆更光滑。

喷雾造粒中，原料液在干燥室内喷雾成微小颗粒液滴是靠雾化器完成，因此雾化器是喷雾干燥制粒机的关键零件。常用的雾化器有压力式雾化器、气流式雾化器、离心式雾化器。

雾滴的干燥情况与热气流及雾滴的流向安排有关。流向的选择主要由物料的热敏性、所要求的粒度、粒密度等来考虑。常用的流向安排有并流型、逆流型和混流型。并流型使热气流与喷液并流进干燥室，干燥颗粒与较低温的气流接触，适用于热敏性物料的干燥制粒。逆流型使热气流与喷液逆流进入干燥室，干燥颗粒与温度较高的热风接触，物料在干燥室内的悬浮时间较长，不适用于热敏性物料的干燥制粒。混合流型是热气流从塔顶进入，物料从塔底向上喷入与下降逆流热气接触，而后在雾滴的下降过程中再与热气流接触完成最后的干燥。这种流向在干燥器内停留的时间较长，不适用于热敏性物料的干燥制粒。

（5）挤压/滚圆成丸

对于控释产品，通常希望制成密度较大，圆形的微丸用来包肠溶衣，Wurster 包衣是最常用的。而生产此种微丸的方式就是挤压/滚圆成丸法。此工艺通常由几步制软材的过程组成，而后用挤压方式将软材通过杆状的圆柱形，接下来将圆柱挤压成球形。在高速制粒机中制粒，由于腔内湿度比较高，通过调整工艺参数，可以制成大小不均匀的圆形微丸。

（6）复合型制粒

制药行业常用的制粒方式是将高速混合制粒机和流化床干燥器结合在一起制粒。还有一种替代的方式是一步制粒工艺，即制湿颗粒和干燥是在一个设备中完成。这种工艺可以提供密闭的环境，更适用于有溶剂的操作。在一个设备中完成的制粒和在混合制粒机中的操作相似。但与其他制粒工艺不同之处在于此种工艺可以用于处方中有溶剂或泡腾片的制粒。

（7）辊压式制粒

当辊压制粒（roller compaction）用于压片工艺时，颗粒性质的优化程度就是压片能力（compressibility）。为降低辊压工艺对再压制能力的损害，尽量使用仅满足粉料密度化所需最低的压力。

对于辊压式制粒工艺，没有一个通用的指南用于如何选择合适的工艺参数。可能影响薄片形成以及颗粒特性的关键的辊压参数有：辊压压力；进料速度；进料夹角等。

粉末原料稳定地进料，不稳定的进料速度导致泄漏量超出范围，甚至影响颗粒分布与其堆密度和强度。

辊压区内，根据自动模式的不同，典型的控制方式有：

● 设定压力恒定值，固定缝宽，自动调节进料速度以维持压力/缝隙宽度。

● 设定压力恒定值，固定进料速度下，自动调节缝隙宽度以维持压力设定。

除了强制进料，因真空吸气能在进入辊压步骤前，将粉料床中锁住的空气抽出，所以真空吸气是另外一种能确保粉料均衡进料的方式。

夹角的控制，一旦粉料被带进夹角（nip angle）内，粉与辊轮表面的摩擦力产生推力将其穿过辊压区。在辊压区内，粉料被高密度化，粉粒被挤压变形或者变碎，最后辊压缝最窄处形成薄片。此时，可以通过控制压力，真空压力，物料流动的稳定性，薄片密度和强度来控制颗粒的各种特性。

碾磨和筛网控制了颗粒的粒径，其对后期的压片工艺有决定性的影响，应当选择符合压片工艺的合适的孔径。

【实例分析】

关键的功能性物料或在处方中的比例比较大的物料有变化，哪怕这种变化在检验标准的接收范围之内，都有可能影响生产过程，进而影响产品质量。例如，有个产品处方中的乳糖占的比例大于70%，从两个供应商的乳糖的粒径的大小有一些差别，但都符合检验标准。结果导致制粒时湿混过程中的浆的转动的电流值，湿颗粒的形态，以及最终产品的崩解时间都有所不同。

5.2.6　干燥

【背景介绍】

干燥是利用热能使湿物料中的湿分（水或其他溶剂）气化，并利用气流或真空带走气化的湿分，从而获得干燥固体产品的操作。物料中湿分多为水分，带走湿分的气流一般为空气。

在固体制剂生产过程中需要干燥的物料多为湿法制粒物，也有固体原辅料等。

固体制剂中常用的干燥设备为两种，厢式干燥器和流化床干燥器。

厢式干燥器产品损耗少，主要适用于少量物料的干燥，如产品研发阶段，当主料用量很少又很贵重时。但其干燥时间较长，通常需要 8 ~ 24h。而且需要发展专用设备或方法将产品从物料盘中转移出来，同时避免产生大量的粉尘。

流化床干燥在片剂颗粒的干燥中应用广泛。此种干燥是使空气自下而上通过松散的粒状或粉状物料层形成"沸腾床"而进行的干燥操作。流化床干燥器干燥物料时，将物料由加料器送入干燥器内的多孔气体分布板（筛板）上，经过加热的空气吹入流化床底部的筛板充分与物料接触，热量由空气传入到颗粒中，进而将液体转化成蒸气，在物料呈悬浮状态并上下翻动的过程中得到干燥。干燥后的产品由卸料口排出，废气由干燥器的顶部排出，经过滤袋或旋风分离器回收其中夹带的粉尘后由抽风机抽真空。流化床干燥干燥效率高，通常在 1 小时内就可完成操作，适用于干燥热敏性物料，但不适用于含水量高、易粘结成团的物料干燥。流化床干燥器的干燥效果取决于固体物料的性质和入风速度。但是，在干燥完毕后，如果是手工从干燥床的卸料口中转移物料，操作者容易接触大量粉尘。现在的流化床可采用真空卸料，保证操作过程中无粉尘暴露。还可配备在线清洗功能，保证清洁过程中操作者不会接触大量粉尘。

干燥设备应保证通风洁净，不能对干燥的物料造成污染，并能够防止交叉污染。对于箱式干燥设备应保证设备内部各点温度的均一性。

【技术要求】

A. 厢式干燥器

（1）设备设计与材料

厢式干燥器按照干燥方法分类，可分为两种。一种厢式干燥器是采用废气循环法，将90%从干燥室排出的空气与10%的新鲜空气混合重新进入干燥室。设备的热效率较高，同时还可调节空气的湿度以防止物料发生龟裂和变形。还有一种是中间加热法，即干燥室内装有加热器，使空气每通过一次物料盘再次得到加热，可保证室内上下层干燥盘内物料干燥均匀。对于大多数固体制剂物料，干燥温度最高60℃即可达到干燥效果。干燥器配温控功能，厢式干燥器有电加热和蒸气加热两种方式，这两种方式常用于不易燃溶剂的干燥。

厢式干燥器内配有钢支架和绝缘材料的双层壁板，其材料至少应为304级不锈钢。

（2）关键控制点

入风量，入风温度，湿度，干燥时间，干燥盘的摆放，物料的厚度，干燥物料的量，干燥过程中是否需要翻盘和翻盘的次数都必须经过验证，并在实际操作中严格遵守，从而尽量保证厢内的温度均匀。干燥温度有监控，最好能实时记录，并设有超限时报警功能。

B. 流化床干燥器

（1）设备设计与材料

流化床干燥器主要由容器，气体分布装置（如筛板等），气固分离装置（如袋滤器等），空气进口和出口，物料排出口组成。

流化床干燥器的底部是一个有孔的板或者气体分散的盘，使空气均匀的接触到物料层。也可以将底部板上的孔做成一定的角度以控制气流的方向。

入风经过加热，并经过两层高效过滤器过滤，通常第一级为EU7或EU8，第二级为EU12、EU13或EU14。干燥过程受环境温度和湿度的影响。所以，如果控制入风的湿度，干燥过程的重复性会得到提高。

由于经过流化床的气流非常大，所以产品中的细小颗粒有从过滤器泄露的风险。通常流化床干燥器的出风配有两级高效过滤器。高效过滤器必须符合相应的国际标准 EN 779 和 EN 1822。

干燥器中应有气固分离装置（如袋滤器），可截住所有产品颗粒，同时允许空气穿过。典型的流化床干燥器应可以截住95%直径为5μm的颗粒。传统的干燥器是靠滤袋的机械抖动来收集截住的产品。现在也有用不锈钢过滤器的趋势。此种过滤器一般用预先打好孔的不锈钢滤芯。通常用反吹的压缩空气将过滤器上的产品吹落。在过滤器的下游配有风机（此种方式可避免扇叶上有粉尘残留），在干燥厢体内创造了负压的环境，保证最少量的粉尘泄露。

有机溶剂在制粒中已经很少使用了，但还在流化床包衣工艺中使用。在这种情况下，通常需要回收溶剂。可以通过使用密闭的管路或负压操作实现。

（2）关键控制点

● 干燥过程应能保证批次之间的重复性，整批产品含水量的均匀性，控制的准确性。

- 应有工艺验证证明每个产品的干燥条件：入风速度/流量，入风的空气质量（过滤器的标准），入风温度和湿度控制，集尘滤袋的材质和致密度等。
- 同时必须有方式证明颗粒的含水量是均匀的。例如可以在验证批生产时，在颗粒收集器的上、中、下三层和每层的不同位置取样检验，证明含水量是均匀的。

干燥结束时必须确保颗粒水分符合既定标准，用近红外仪在线测量颗粒水分是目前正在研究开发的最新 PAT（过程分析技术）技术。企业也可以通过足够的数据统计分析，找出接近干燥终点的干燥时间或出风温度（取决于出风温度和产品含水量之间的关系）作为日常操作的指导。

C. 水分的测定方法

含水量的测定通常用干燥失重法。该法常采用：

- 保干干燥法，常用干燥剂为无水氯化钙、硅胶或五氧化二磷。
- 常压干燥法，在一定温度下用红外或其他合适热源干燥样品，测量一定量的样品在一定时间内失重量或单位时间的失重量。
- 减压干燥法，减压干燥时除另有规定外，压力应在 2.67kPa 以下，恒重减压干燥器中常用的干燥剂为五氧化二磷。

精确测定微量水分含量时，必须采用卡尔费休氏法或甲苯法。卡尔费休氏法是根据碘和二氧化硫在吡啶和甲醇溶液中能与水起反应的原理测定水分。详细内容可参见《中华人民共和国药典》。

【实施指导】

A. 厢式干燥器

（1）温度控制

厢式干燥器缺点是干燥时间长，若颗粒中有可溶性物料，可能会造成其迁移；而且在干燥过程中很难证明厢体内的温度是均匀的，且在干燥过程中一直接近设定温度。设计优良的干燥器通常厢体内每点的温度和设定温度之间的差值小于 2~3℃，为了使干燥均匀，达到干燥过程可控，可重复，通常需准确控制入风量、入风温度、湿度和干燥时间，从而尽量保证厢内的温度均匀。另外，干燥盘内的物料层不能过厚，必要时在干燥盘上开孔，以使空气透过物料层。

（2）验证操作

以上方面在选择厢式干燥器和验证厢式干燥器的干燥工艺时需要评估和测试。同时应该有实验证明在干燥终点时，颗粒的含水量是均匀的。

B. 流化床干燥器

（1）典型的流化床干燥过程

① 上料

湿颗粒通常是直接由制粒机转移到干燥床中的。当需要直接加入干粉或小丸用来做喷雾制粒或微丸包衣时，通常由一容器中真空吸入或靠重力进料。

② 干燥过程和过程控制

干燥通常分为三个阶段：流化床预热阶段，此阶段先是颗粒升温，物料升温至饱和蒸气的湿球温度，水分流失速度渐渐加快；然后是恒速干燥失水阶段，颗粒表面的空气接近饱和，干燥速度由气流的湿度和流速决定，在这个阶段，颗粒表面的温度停留在饱和蒸气的湿球温度，通常是 30℃ 左右；最后是干燥速率下降阶段，此阶段水分的迁移速度较慢，不能保证颗粒表面的空气为饱和蒸气。干燥速率取决于由于粉末间架桥形成的孔结构和水分的迁移机制。因此，物料的温度不再维持在饱和蒸气的湿球温度，开始接近入风温度。

物料干燥的速率与空气的性质（如相对湿度，温度）和物料内部水分（如自由水和结合水）有关。如在恒速干燥阶段，物料中的含水量较多，其表面的水分气化扩散到空气中，内部水分及时补充到表面，保持充分润湿的表面状态，所以恒速干燥阶段的干燥速率主要取决于水分在表面气化的速率，主要受外部条件的影响。此时通过提高空气温度、降低空气湿度，从而提高传热和传质效率；或改善物料与空气接触的情况，提高空气流速使物料表面气膜变薄，降低传热和传质的阻力最终提高干燥速率。

在降速干燥阶段，物料内部水分向表面移动已不能补充表面气化水分，物料表面逐渐变干，温度上升，其速率主要由物料内部的水分向表面扩散的速率决定。而内部水分扩散的速率主要取决于物料本身结构，形状和大小等。可通过提高物料温度，改善物料分散程度，以促进内部水分向表面扩散速率，从而提高干燥速率，改变空气的状态和流速对干燥影响不大。

通常，干燥终点由干燥时间和离线样品水分检查结果相结合来确定。样品水分检测通常用干燥失重法或卡尔费休水分测定法。如果可以连续监测产品水分含量确定干燥终点，则可以而不用其他间接的测量方法，如产品温度、出风温度和湿度推断干燥终点，因为这些参数在整个干燥过程中基本保持不变，只有在干燥速率下降时才开始变化，这些参数不能确定产品的含水量已经达到了要求，很可能导致干燥不充分、过度干燥或干燥时间过长。近红外技术提供了实时监测流化床中产品含水量的手段。产品含水量在干燥过程中会发生变化，干燥过程中可以用近红外仪测量产品含水量，从而准确判断干燥终点。

③ 卸料

对于小型设备通常只能用手工方式卸料。对于大型的生产设备，通常有两种卸料方式，真空转移或直接从流化床的底部卸料。

（2）流化床干燥过程的验证

流化床干燥器的验证主要包括产品的湿度，入风速度/流量，入风的空气质量（过滤器的标准），入风温度和湿度控制。例如，如果入风速度和流量控制不合理，会导致干燥过程中颗粒的流动性不好，颗粒水分的均匀性就会有问题。

产品验证主要包括批与批之间干燥的重复性，控制的准确性，整批产品含水量的均匀性。必须有方式证明颗粒的含水量是均匀的。事实上，干燥终点可以由干燥时间，或出风温度（取决于出风温度和产品含水量之间的关系）决定，或用近红外仪测量在线测量来确定。

C. 产品质量控制

干燥过程的关键参数控制对保证干燥工艺的重复性、稳定性和干燥终点控制的准确性至关重要。需要严格执行验证过的工艺参数。

颗粒的含水量可能影响压片过程，进而影响产品质量。通常在干燥结束时测定含水量。含水量的测定方法和接受限度需要有明确的定义。

D. 交叉污染

另外，交叉污染也是颗粒干燥过程中应该注意的事项。在使用厢式干燥器时，如果使用循环风干燥，由于管道和过滤器是公用的，有可能产生交叉污染。对于流化床干燥器，袋滤器有可能带来交叉污染；为了避免此类问题的发生，不同产品应使用不同的袋滤器。另外如果设计合理的清洁程序，并进行清洁验证，也可以证明是否有交叉污染的现象存在。

清洗设备应能保证零部件清洗得干净彻底，对于设备建议采用在线清洗，对于零部件及管路建议采用超声波清洗，以保证清洗效果。

5.2.7 压片

【技术要求】

装机过程中的参数要点包括：尽可能控制跳台高度，过高的跳台会导致 IPC 重量差异。冲头的位置差异和深度差异不宜过大，等等。

中间过程控制测试（IPC）的参数要点包括：

- 外观，应有明确的外观检查措施以对其可能出现的污点，黏冲，掉盖或裂片等情况；
- 片重与相对标准偏差，开始正式生产前，RSD 的检查中，最小取样量应该大于使用总冲头数；整批中应该有定期片重检查，并建立合格标准；
- 硬度，硬度通过独立的硬度仪（或全自动在线硬度仪）来进行测量，以符合建立的 IPC 标准；
- 崩解度，用特定的设备，在恒定水相中上下运动药片（药片置于金属丝网上），来进行药片崩解测试。一个设备可包含 6 个独立单元，每个单元同时运行。在规定时间内，药片应该崩解并且掉出丝网；
- 脆碎度，脆碎度是一个模拟的相对粗糙的以用来预测其在包衣，包装盒运输过程中的情况，以发现并防止可能发生的"掉盖"或"黏合"的现象；
- 厚度，通过人工或自动仪器进行厚度的检测，已达到质量要求。

正常操作中的 GMP 要求：

- 在有包衣工艺，或者特殊包装方式的情况下，在压片过程中需要有硬度的要求；
- 规程描述批次开始之前对外观进行检查，以发现黏冲或者其他典型的设备问题；
- 使有必要的监控措施（如冲头压力单值）发现非正常填料，通过剔废装置进行剔除，而且在每次设备组装后进行功能确认测试。

验证与取样要求：

- 需建立 IPC 各个质量接受标准和放行实验标准；
- 不同转速（如有）与重要参数的设定须通过更严格的过程控制取样和 QC 试验取样进行验证；
- 验证过程中须有针对压片工艺的含量均匀度验证，验证批中需要合理取样数（小批量最少有三个点）。并且覆盖批次起始点和结束点；
- 工艺过程中的关键参数（如转速或者其他）的变化须通过再验证的方式和规定的变更程序（或注册变更）进行确认。

【实施指导】

A. 参数控制

不同的情况下，压片过程中常见设备工艺参数有：

- 转台转速
- 控制模式（手动或自动回馈）
- 主压/预压压力
- 进料器转速
- 压片预压/主压的深度位置
- 填料量
- 压片厚度
- 吸真空压力
- 剔片方式
- 润滑油与冲头阻力
- 压力 T1/T2 值

B. 工艺参数调整

进行压片操作时，为保障在恒定转速，稳定的片重和压力下生产高质量药片，根据工艺设计的不同，各种应用模式应用在高速压片系统中：

- 片重控制（不带自动调节功能）：为了减少片重的波动，通过设立固定数值的精确定料控制台来达到要求片重。由人工来检测片重值。此时，可通过微调片厚来达到压力值，进一步达到硬度要求。（对于稳定的配方，在大多数经验证的工艺范围内，压片机的主压力与药片的硬度成同向关系，特殊配方例外）；
- 硬度控制方式，在固定压力的设定下，通过自动微调片厚来达到片重的质量要求；
- 片重控制（自动调节功能）：通过自动装置检测片重，回馈信号至 PLC，联系上述两种方式进行自动调节压力设定。已达到压片机所初设的片重设置；
- 药片厚度通过设定的硬度值或者直接设定填料厚度来控制。一些情况下，厚度因为包装的原因需要进行控制，如泡罩包装盒硬管包装；
- 双层片的模式：在双层压片机中通过取消或增加某些特定功能，进行任意一层或者双层同时的压力自动控制，重量控制，或者联动，以及全手动进行片厚控制。

C. 颗粒进料与药片的收置

压片机的一个可以显著影响药片质量的重要功能是颗粒或者药粉的进料系统。低速压片机通常用人工铲料加料。高速设备的加料方式则包括气动传输或者重力加料。

压片之后，进行质量检查取样，通常有片重、脆碎度和崩解度。药片硬度的随机抽样，可以在自动压力控制系统反馈之后进行。药品入桶前通常将其除尘，除尘装置可以是刷子或者震动式除尘器，通过金属探测器可以有效检测并防止金属异物进入产品中。

典型情况下，少量的药片收置于聚乙烯塑料袋中，再放置于可叠放的药桶内。高产量的设备，自动化系统可以用以进行称量和数片。包括 IBC 在内的专门收置药片的设备，其附带料口和软质的下料口阀门。

5.2.8 包衣

【背景介绍】

包衣一般是指在片剂（常称其为片芯或素片）的外表面包裹上一定厚度的衣膜，有时也用于颗粒或微丸的包衣。包衣技术在制药工业中越来越占有重要的地位，包衣设备和包衣材料的发展使得包衣应用越来越广泛。片剂包衣既有功能性的目的，也有非功能性的目的，主要包括：

- 保护药物不受光照、吸潮的影响，增加药物稳定性
- 改善片剂的外观质量（尤其是中草药片剂）
- 掩盖苦味或不良气味，增加患者的顺应性
- 隔离药物的配伍禁忌
- 改变药物的释放部位及速度，如胃溶型、肠溶型、缓控释等

包衣的种类主要有两大类，即糖衣和薄膜衣，其中薄膜衣又分为胃溶型和肠溶型两种。

【实施指导】

A. 包衣材料

薄膜包衣材料主要由高分子聚合物、增塑剂、色料/遮光剂、速度调节剂和溶剂组成。

（1）高分子聚合物

多为纤维素的衍生物，其中有酯类、聚丙烯酸酯共聚物或聚乙烯醇酞酸酯等。按衣层的作用主要分为3类：

- 普通薄膜衣材料：主要用于改善产品外观，改善吸潮和防止粉尘等的包衣材料，如羟丙基甲基纤维素，甲基纤维素，羟乙基纤维素等。
- 缓释用包衣材料：常用缓控释包衣材料是甲基丙烯酸酯共聚物和乙基纤维素。乙基纤维素通常不单独使用，而与其他聚合物，如羟丙基甲基纤维素或 PEG 混合使用。
- 肠溶包衣材料：常用的肠溶性包衣材料有醋酸纤维素酞酸酯（CAP），甲基丙烯酸共聚物，聚乙烯醇酞酸酯（PVAP），羟丙基甲基纤维素酞酸酯（HPMCP）。

（2）增塑剂

增塑剂是分子量相对低的材料，能改变高分子薄膜的物理机械性质，使其更具柔顺性，从而使其更适宜充当薄膜衣材料。常用的增塑剂主要有甘油，聚乙二醇（PEG200 ~ PEG6000），丙二醇，蓖麻油，酞酸酯，枸橼酸酯等。

（3）色料/遮光剂

色料/遮光剂是薄膜衣处方中常用的组分。主要分为有机色料及其色淀，如日落黄，柠檬黄，赤藓红；无机色料，如二氧化钛，黄色氧化铁，红色氧化铁，滑石粉等，无机色料的重要特征是对光稳定，具有遮光能力，而且被各国法规广泛接受，应用广泛；天然色素如核黄素，胭脂红等。

很明显，此类物质能够达到产品美观的要求，且在改善产品性能方面也能起到以下作用：

- 遮光性，二氧化钛等有机色料对光稳定，对于含有避光活性成分的产品是必要的。
- 抗粘性，滑石粉等固体物料能防止颗粒或片剂在包衣过程中粘连。
- 使药厂的标识形象更突出，便于鉴别，防止假冒。

（4）速度调节剂

释放速度调节剂又称溶出促进剂或致孔剂、致流剂，其中包括低分子量的的辅料，如蔗糖，PEG，吐温和表面活性剂。含这类调节剂的薄膜衣，一旦遇到水性液体的作用，水溶性调节剂迅速溶解，留下一个多孔膜作为扩散屏障。

（5）溶剂/介质

一般来说，聚合物要分散或溶解在适当的溶剂中，再包于固体剂型上。溶剂主要分为水性溶剂和有机溶剂。选择溶剂的先决条件是它必须与所选择的聚合物相互作用良好，能使薄膜的粘着性、机械强度得到改善。过去水不溶性高分子材料基本都用有机溶剂溶解后再用于包衣操作，而目前采用聚合物的水分散体系得到了广泛的应用。

B. 薄膜包衣过程

（1）包衣溶液或混悬液的配制

薄膜包衣溶液或混悬液通常在包衣操作间进行配置，根据工艺规程或批文件中的批处方量，将适量的溶剂和纯化水加入带搅拌的容器，并加入其他包衣材料，以一定的速度搅拌使液面形成漩涡带动整个容器液体，直至混合均匀。混合容器搅拌桨的高度，桨叶的大小要适宜，能够充分混匀。并且在包衣过程中，为了保证包衣溶液或混悬液的均匀性，搅拌桨应持续搅拌，直至包衣结束。

（2）装料

将待包衣的片芯装载到包衣锅，通常为手动装料，把片芯从容器中经装料口直接转移到包衣锅中。也可以用气动输送的方式将片芯装载到锅内。

（3）预热

片芯被装载到包衣锅中，在比较慢转动速度下，也可以是间歇性转动，热空气吹片床进行预热，至出风温度达到要求，就可以开始喷液过程了。

（4）喷雾

在喷液过程，包衣锅持续转动，使片子持续不断翻动，同时热空气也持续吹进锅内。滚筒的转动速度是一个关键控制参数，转速设定过快，导致片芯磨损，而减小锅转速，虽然减少了磨蚀，但同时也少了片剂通过喷射区的的几率，增加了片剂过湿，衣层不均匀的可能性。

喷雾过程包括雾滴的产生，雾滴从喷枪向片床的移动，雾滴在片芯表面上的润湿、撞击、铺展以及蒸发成膜。喷雾方式根据包衣溶液的性质所选择。对于水性薄膜包衣通常选择气压喷雾装置，喷雾系统应满足以下几个要求：

- 能够产生小粒径分布的雾滴
- 能够处理固体含量在8%～20%、有一定黏度的混悬液
- 构造简单，易于清洁
- 喷射角度能够控制和调整
- 建造材料应满足 GMP 要求，不能对产品质量造成影响

喷雾的操作条件对薄膜包衣的成败至关重要，在包衣过程中，要求雾滴在到达片芯表

面后均匀散布，并形成一定厚度的均匀薄膜。当雾滴从喷枪喷往片床表面时就开始干燥，打到片面时呈部分干燥状态，沉积到片面后液体变得更浓，同时残留液体被快速蒸发掉可避免片芯将其吸收。过程主要工艺参数如下：

- 入口空气流量
- 入口空气温度
- 喷雾流量
- 喷雾雾化压力
- 喷枪到片床的距离
- 喷射的角度和方向
- 出口空气的温度
- 出口空气的露点
- 片床的温度
- 锅的转动速度
- 包衣液的温度

在气压雾化过程中，包衣液以一定的速率被输送到喷枪，并在相对较低的雾化压力下形成雾滴，喷雾速率和雾化压力的设定要与雾滴的蒸发效率相适应。通常，使用多通道的蠕动泵输送包衣液，一个通道供应一个喷枪。雾化空气的压力是影响雾滴粒径大小和喷雾直径的关键参数。喷枪到片床的距离，喷射的角度和方向也是影响喷雾效果的重要控制参数。

在这些变量中，任何一个变量的作用都会受到其他的一个或多个变量的影响，因此，这些因素通常都不是单独起作用的。比如避免片子粘连，可以选择减小喷速，提高入口空气的温度或流量，调整喷射角度和雾化压力。这些控制参数应经过严格的工艺验证予以确认。

片剂包衣是将聚合物包裹在片芯外形成薄膜的技术。包衣过程是片剂通过喷雾区域后，所黏附的物料被干燥后，再接受下一个循环的包衣物料，这个过程需要重复多次直至包衣完成。膜厚度通常为 $20\sim100\mu m$。薄膜的结构是相对不均一的，这种不均一性是由于加入包衣液中加入不溶性组分（如颜料）所引起的，也是因为包衣过程中，薄膜不是连续地形成的。

在包衣过程中，采用一些办法将空气经片床排出是很重要的。空气排出量随所需要的蒸发速度而不同。总降压与气流流过片床的阻力、排风管道阻力以及其他附加装置如过滤器、粉尘收集系统有关。所以安装控制单元和仪器系统，监控并控制排风状态，使包衣过程在一个持续的状态下进行，确保包衣的质量不受影响。污染控制放到其他内容项下。

需要注意的是，排出的空气会含有一定量的从亚微米到 $200\sim300\mu m$ 的粉尘微粒。这些微粒来自于片剂粉尘或被干燥的包衣物料。为了防止环境污染，这些粉尘必须被除去，常用的粉尘除去装置包括旋风分离器，织物滤袋，粉尘收集器和湿洗涤器。

（5）干燥和冷却

喷雾结束后，可以在包衣锅内继续干燥一段时间，然后降温，再进行卸料操作。

（6）卸料

包衣结束后，包衣片的卸载有多种不同的操作方式，如下：

- 操作工用料铲手工卸料，料铲边缘应为弧形，不能造成包衣片损坏。
- 通过包衣锅底部阀门，利用重力卸料。
- 正向转动包衣锅，利用一个特制的卸料铲斗使包衣片提起，并通过包衣锅门安装的滑道卸到包衣锅前的容器中。
- 反向转动包衣锅的卸料方式，利用包衣锅中固定的挡板，在包衣锅反向转动时，片子被提起，并通过包衣锅前的密闭滑道卸到容器中。反向转动卸料是唯一的一种可以不用打开包衣锅门的卸料技术。

C. 包衣工艺的过程控制（IPC）

- 片芯应检查片重差异，脆碎度，硬度
- 外观检查，包括刻字，颜色，污点等
- 平均片重与片重差异
- 崩解时间
- 厚度
- 干燥失重
- 肠溶试验（适用于肠溶衣工艺）

企业需根据产品工艺和注册的生产工艺信息中的过程控制措施执行。

D. 缓、控释包衣及肠溶衣

用不同性质的包衣材料包出的片剂或小丸，可以使药物达到特定的释放曲线和时间，也可以使药物在体内特定的部位释放，如胃部或肠部，该过程称为调节药物释放缓、控释包衣。肠溶衣是缓、控释包衣的一种类型。肠溶衣膜可以阻止药物在胃部释放，防止药物刺激胃黏膜，或避免药物被胃酸或胃内酶类破坏。

缓、控释包衣和普通薄膜包衣的基本操作一样，区别是要进行不同性质衣膜层的包衣操作，以达到控制药物释放的目的，参数设置变化相对复杂。

在进行缓、控释包衣生产过程中，片芯或基丸质量的均一性对包衣的效果有很大影响。包括外观平整度，基丸的形状和大小会显著影响衣层的覆盖效果，进而影响产品的释放速度。此外，如果包衣过程的控制不好，包衣物料分散不均匀，片芯过湿，或者在粘到片床前雾滴已经被干燥也会降低药物包衣的作用。

E. 包糖衣

虽然薄膜包衣技术发展迅速，但药物包糖衣工艺仍被广泛应用。与薄膜包衣不同，包糖衣是多工序过程，且相当依赖于操作者的经验和技艺。包糖衣主要分为以下几个步骤：

（1）包隔离层

包隔离层是为了形成一层不透水的屏障，防止糖浆中的水分浸入片芯。可供选择的材料有：10% 的玉米 乙醇溶液，醋酸纤维素酞酸酯乙醇溶液等。因为包隔离层使用的是有机溶剂，所以应注意防爆防火，采用中等干燥的温度（40～50℃）。

（2）包粉衣层

糖衣片的理想形状是边缘很薄的双面凸型片，为了尽快消除片剂的棱角，多采用交替加入糖浆和滑石粉的办法，在隔离层的外面包上一层较厚的粉衣层，使片芯具有圆整的外观。片重的增加主要发生在粉衣层。为了增加糖浆的黏度，也可以加入一定量的明胶或阿拉伯胶。

（3）包糖衣层

粉衣层的片子表面比较粗糙、疏松，因而再包糖衣层使其表面光滑平整坚实，一般用较稀的糖浆，包至 10～15 层即可得到下步工艺所需的片子。

（4）包有色糖衣层

包有色糖衣层和上述包糖衣层工序相同，目的是为了片剂的美观和便于识别，区别是在糖浆中加入了色料，包有色糖衣层要注意着色的均匀性，避免产生花斑。色料包括食用色素，色淀，氧化铁粉等。并加入二氧化钛粉作遮光剂。

（5）打光

目的是为了增加片剂的光泽和疏水性。打光前片子的干燥是非常重要的。目前打光工艺主要包括，运用液状石蜡，使用蜡的有机溶液或悬浮液，或在包衣锅内衬涂一层蜡。

（6）印记

印字的目的是便于标识，提高药物的识别度。与薄膜衣片不同，包糖衣片不宜在片芯表面由压片机直接压字，只好在其表面印字。一般可用食用级的油墨。

F. 包衣过程的控制要点

- 包衣过程中，片芯或微丸在包衣锅或流化床中受到磨损及机械力的作用，片芯必须足够坚硬以承受这些作用力，才能得到外观及性能合格的产品。片芯的片重差异也会影响包衣片的片重差异，因此，片芯生产过程要对硬度，脆碎度，片重差异，外观等项目进行过程控制；
- 在包衣过程中，应制定时间间隔检查外观和片重均匀性，并记录，直至包衣片满足规定的重量和外观；
- 对于热敏性的药物，要注意控制包衣过程的温度；
- 包衣过程中，有几个易变而影响衣膜特性的因素，干燥空气的性质，喷枪的安装及与片床的距离，雾化气压和喷液速度，应在验证及实际生产中进行控制；
- 包衣片的储存，HPMC 包衣片剂容易吸潮而发生包衣缺陷，所以包衣片应选择合适的储存条件，避免吸潮；
- 许多水溶性的包衣液处方容易发霉变质，所以批量生产时，一次性配置大量包衣溶液，其储存条件和时间应该进行验证；
- 配制糖包衣用的溶液需用水浴加热，在包衣过程中应持续搅拌混合并用水浴保温；
- 薄膜衣片和糖衣片包衣结束后，可以通过选片将有缺陷的片子剔除，可以手工选片，也可以机械选片。

G. 薄膜包衣过程常见问题分析

- 短暂粘连：片剂或多颗粒在包衣过程中短暂黏附在一起，然后又分开。这种情况会形成部分表面未被包衣。但在包衣过程中很难发现。一般是由于喷雾速度过快，不易干燥引起。
- 皱皮，是衣膜外观过于粗糙，包衣液在基片表面铺展不良，可能是由于雾滴过早，过量蒸发造成。

应注意以下因素：

- 喷雾速度过低，干燥空气体积过量或温度过高，雾化气压和体积过量。

● 起泡和桥接，衣膜表面的气泡或刻字片衣膜使表示模糊，表明膜材料与片芯表面之间附着力下降，留有空间。前者称为起泡，后者称为桥接。操作中可降低喷雾速度，增加入口温度。

5.2.9　胶囊制备

【技术要求】

A.　胶囊填充机

胶囊填充机主要分为两部分，上层为胶囊填充部分，下层为电力机械驱动部分。所有与产品直接接触的部件均为不锈钢材质。

其胶囊灌装部分的组成详述如下：

● 漏斗及螺旋钻式进料器
● 填压针及转移针
● 不锈钢填料腔桶
● 灌装计量盘
● 铜制填压针垫圈
● 填压针支架

其空胶囊分送部分（图5－13）详述如下：

● 空胶囊漏斗
● 空胶囊顺序叉
● 空胶囊导槽
● 空胶囊拨叉

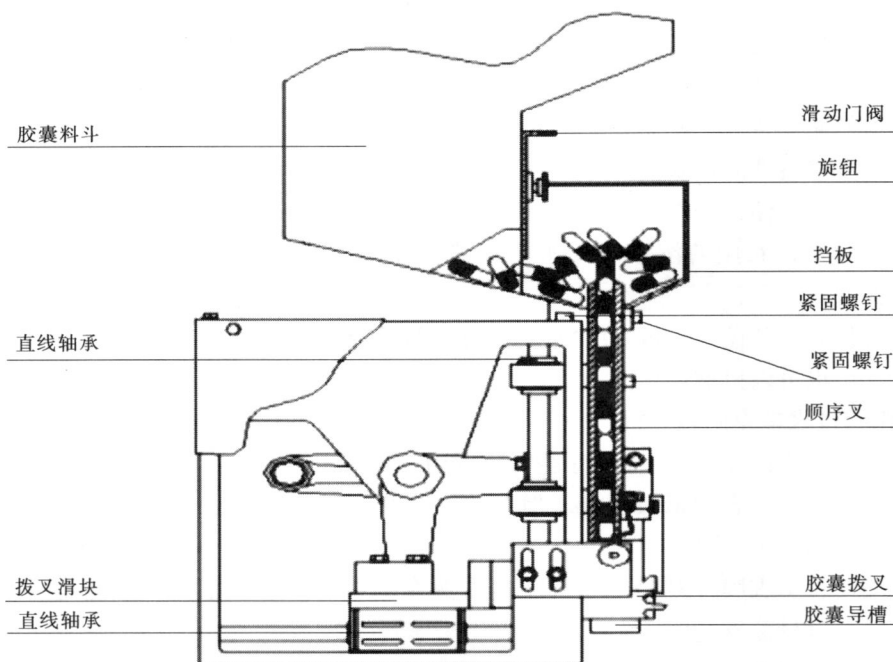

图5－13　胶囊填充机——空胶囊分送部分

药粉填充部分（图 5 - 14）

● 药粉料斗部分
● 充填/转移针夹持器
● 盛粉环
● 计量盘
● 铜盘

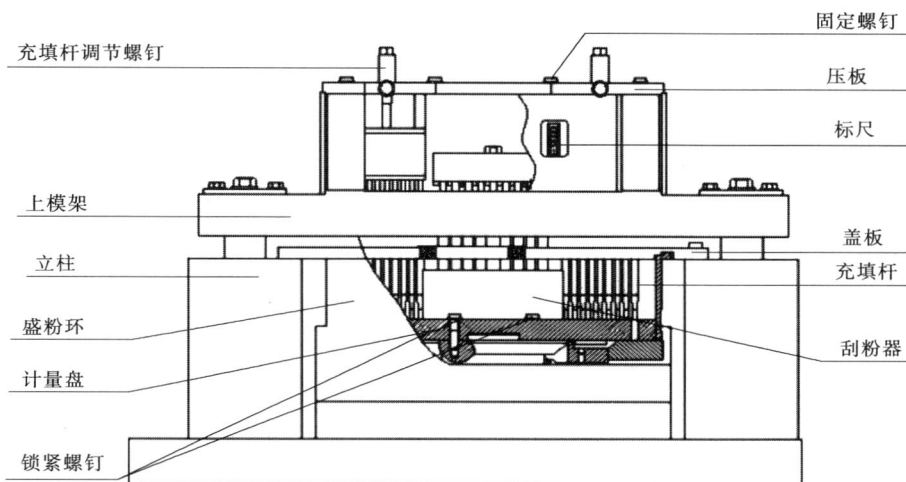

图 5 - 14　胶囊填充机——药粉填充部分

胶囊填充机可以执行以下四个操作：

● 调整胶囊，例如，将胶囊帽顶在设备最高点
● 将胶囊帽与囊体分离
● 填充胶囊
● 在排除之前将胶囊帽复位

B. 胶囊的存储

　　胶囊生产厂房设施需要符合 GMP 要求（洁净度要求至少为 D 级），对于空的和灌装好的明胶胶囊，需要额外的环境要求（建议为：温度 15 ~ 25℃，湿度：35% ~ 65%）。

　　胶囊是对于温度和湿度敏感的。在低湿状态下，胶囊会因失水而变脆，在高湿条件下，会因吸水而变软。其一般含水量为 12.5% ~ 16%。胶囊储存区域的设计控制在室温，即 10℃ ~ 30℃，湿度为 30% ~ 70%。水分的获得或流失，会引起明胶膜层的变化，同样也会影响胶囊的尺寸。有研究表明，每 1% 水分相对于基本数值的变化，会引起 0.5% 胶囊尺寸的变化。所以在仓库及生产区域需要设计有足够的空胶囊及胶囊成品符合条件的储存空间。

C. 胶囊的质量检查

　　（1）质量检查

　　除主药含量测定外，《中国药典》2010 年版规定检查装量差异，水分与崩解时限。但凡规定检查溶出度的胶囊剂可不再检查崩解时限。肠溶崩解剂的崩解时限，应先在胃液中检查 2h，然后再在人工肠液中检查。在制备新产品时，应作物理稳定性的加速试验（一般在 40℃，RH 75%）。

（2）胶囊剂中药物的溶出度检查

胶囊剂中药物的溶出度与其他固体制剂一样，也受多种因素的影响。例如乙酰水杨酸胶囊剂体外溶出速度受溶出介质 pH 的影响，pH 1.2～2 时，T_{50} 随 pH 增加而增加，但 pH 3～7 时，则随 pH 增加而减少。乙酰水杨酸的粒径在 2.5～5.5μm 对溶出度影响很小，但粒径为 45、100、300 及 330μm 等影响就大，130 和 439μm 时，T_{50} 可相差一倍。另外，如苯妥英钠的口服溶液和速溶、慢溶的胶囊剂，三者均各含 100 mg 苯妥英钠，经生物等价性试验，结果表明体外溶出数据与药动参数（AUC，C_{max}，T_{max}）均有相关性，国外有速溶、慢溶两种规格的胶囊剂。通常胶囊剂应有各种不同药物的溶出度指标。

【实施指导】

A. 胶囊灌装类型

（1）粉末灌装

粉末胶囊灌装工艺的配方需要是一个药品，填充剂，助流剂（例如，微晶纤维素），黏合剂（例如，硬脂酸镁）和表面活性剂。粉末特征与胶囊灌装过程中的产品质量有特定关联，需要符合药典规定的重量差异的限度。对于灌装速度大于每分钟 3000 粒的高速胶囊灌装机，配方需要在相对流动性的同时具有一定黏性。作为干法胶囊填充生产过程的基础，其他粉末特性包括：

- 松密度和紧密度
- 粒子大小和粒度分布
- 粒子形状和几何图形
- 内部颗粒引力
- 含水量

（2）小丸灌装

通常状况下灌装在硬囊壳中的为小丸或球状体。和粉末灌装不同的是，这样的产品是可以随意流动的，无需稠化或填塞，有潜在小丸断裂或对于肠溶包衣无破坏包衣的风险。

（3）片剂灌装成胶囊

可将普通压好的片子和小型胶囊装填到硬胶囊中。受限于胶囊的直径对于内容物的尺寸有一定的限制。其测量的允差为 ±0.1mm。对于球形的形状，其直径需要在 0.4～0.5mm，需要小于装填的胶囊内径。

（4）多组分灌装

很多装囊机可灌装一种或多种组分到胶囊中。每个组分需要有独立的灌装站。

B. 胶囊灌装过程的验证

胶囊灌装过程验证的主要包括机器灌装速度（粒数/分钟）验证。产品验证必须有方式证明胶囊灌装含量是均匀的，并且溶出度符合要求。

C. 胶囊的闭合和锁合

胶囊灌装机通常在没有任何轴向移动的情况下，将原有的囊帽推回囊体处，从而确保其上的印字是正确和一致的。通常通过金属手实现以上操作。整个胶囊被提升，直至囊帽接触到囊体为止。有些胶囊灌装机可以准确设定该距离。而有些设备，金属手是由灌装满而触发其结束灌装和运行速度的。

多数明胶胶囊生产商将胶囊制造成囊帽和囊体自锁的。为防止其被再次打开和故意破坏，生产商就开发了将胶囊永久锁合的方法。通过明胶点状焊接或镶边可用于防止胶囊的交迭。

D. 胶囊挑选和重量检查

由于胶囊灌装过程的限制，胶囊挑选和重量检查被认为是胶囊灌装过程的关键步骤。有些厂家为了加强控制，往往在胶囊灌装步骤之后进行100%重量检查和挑选。

胶囊挑选是用于剔除半囊和空囊及其由于胶囊裂口而带来粉末的过程。胶囊挑选通过给胶囊传送带通空气，重量轻的组分（残次品）就会被空气带走，好的胶囊则被保留在传送带上。剔除的可能含有主料的残次品，会被粉尘收集系统安全收集。

挑选过的胶囊会被称重。通常情况下，胶囊通过天平并被称重。空气喷嘴用于将胶囊从天平上吹掉，无论是囊重超出限度，将其吹到剔除通道，还是囊重合格，将胶囊吹到合格产品收集通道。胶囊检重过程往往慢于胶囊灌装过程，所以历史上经常是在离线进行。但是目前有市售的和胶囊灌装速度匹配的在线检重和挑选设备。

E. 质量控制关键点

胶囊剂易受温度和湿度的影响，高湿度（>65℃相对湿度，室温）易使包装不良的胶囊剂变软，发粘，膨胀，并有利于微生物的滋长。若超过室温，相对湿度大于65%时，会产生更快更明显的影响，直至发生溶化。因水分会使胶囊壳本身原有的结构变化，若长期贮藏于高湿度中，崩解时间明显延长，溶出速度也有较大的变化。

囊重差异是胶囊剂生产过程中质量的关键控制点（囊重差异，胶囊外观检查），可以进行离线检测，也可选择在线监控设备。囊重差异试验需要有批准的实验方法，并且取样时需要考虑到样本能够代表每个工位填充状况。

胶囊剂中间过程质量控制检测点包括：颗粒水分，囊重差异，崩解时限。

胶囊剂最终产品质量控制检测点包括：含量，溶出度，杂质检测。

【实例分析】

药物与附加剂的填充

一般小剂量制备时，可用手工填充药物。大量生产时，可采用自动填充机。使用药物填充机生产时，混合的药粉由于各成分的物理性质不同，可出现分层现象，以此选择填充机类型时，应结合药物的物理性质。

- 具有较好流动性的药物如氯霉素等，建议使用具有机械措施如螺丝钻的胶囊填充机，柱塞上下往复运动可以避免分层。
- 对于具有自由流动的药粉的产品，可加2%以下的润滑剂如乙二醇酯，聚硅酮，二氧化硅，硬脂酸盐，硬脂酸，滑石粉，羟乙基纤维素，甲基纤维素及淀粉等，以改善其流动性，使粉末的休止角下降到原有的40%左右，同时又可增加30%～70%的堆密度，以减少分层。
- 对于聚集性强的针状结晶或吸湿性药物，可加黏合剂如矿物油，食用油或微晶纤维素在填充管内先将药物压成单位量，然后填充于胶囊中，例如乙酰水杨酸加微晶纤维素后制成小丸，然后再填充于空胶囊中。

5.2.10　包装

【背景介绍】

包装为在流通过程中保护产品，方便储运，促进销售，按一定的技术方法所用的容器、材料和辅助物等的总体名称；也指为达到上述目的在采用容器，材料和辅助物的过程中施加一定技术方法等的操作活动。

包装的作用有以下几个方面：

- 实现商品价值和使用价值，且是增加商品价值的一种手段
- 保护商品，免受日晒、风吹、雨淋、灰尘沾染等自然因素的侵袭，防止挥发、渗漏、溶化、沾污、碰撞、挤压、散失以及盗窃等损失
- 给流通环节贮、运、调、销带来方便，如装卸、盘点、码垛、发货、收货、转运、销售计数等

【技术要求】

A. 包装材料

包装材料（主要是指内包材）本身的毒性要小，与所包装的产品不起反应，以免污染产品和影响人体健康；包装材料应无腐蚀性，并具有防虫、防蛀、防鼠、抑制微生物等性能，以保护产品安全。包装材料应对水分、水蒸气、气体、光线、芳香气、异味、热量等具有一定的阻挡。

包装材料分类：

- Ⅰ类药包材指直接接触药品且直接使用的药品包装用材料、容器
- Ⅱ类药包材指直接接触药品，但便于清洗，在实际使用过程中，经清洗后需要并可以消毒灭菌的药品包装用材料、容器
- Ⅲ类药包材指Ⅰ、Ⅱ类以外其他可能直接影响药品质量的药品包装用材料、容器

B. 瓶装包装设备

（1）理瓶机

物料由人工放入储料部分进行存放，经过正瓶装置保证所有进入输送带的瓶子保证瓶子无倒立，再由真空静电除尘部分消除静电及灰尘，然后通过错瓶剔除装置，最后清洁而整齐的物料进入下一道工序。

（2）数粒机

由 PLC 控制程序自动控制。药粒经过机器预数后通过检测轨道落入被记忆挡板挡住，当空瓶到达落粒护罩下后，被预数的药粒便会落入瓶中，如此循环下去。

（3）旋盖机

盖子进入旋盖机之轨道为可调式设计，不同尺寸之盖子皆可调整，采用 PLC 控制，无级调速。瓶子未旋盖或盖里无铝箔本机将自动剔除。

（4）贴标机

瓶子输送出来经分瓶轮调至合适贴标速度，在测物电眼处产生红外感应，此时贴标打印机同时进行打印动作，标签贴到瓶子上，在滚贴板的转动下完成贴标动作。

（5）封口机

在高频电磁场作用下，使铝箔产生巨大涡流而迅速发热，熔化铝箔下层的粘合膜并与瓶口粘合，从而达到快速非接触式气密封口的目的。

（6）装盒机

采用 PLC 自动控制系统，变频调速；自动显示装盒速度，并且累计产量；可手动和自动选择功能；可同步完成说明书折叠；在规格范围内可实现快速多规格装盒调整且不需更换零部件；设有自动检测系统，对于缺说明书、缺料、物料不到位、纸盒打不开等故障能自动检测并定位停机。

（7）裹包机

热收缩包装机能完成物品的中包装，包装好的物品随输送带打转动移至收缩烘道，薄膜经过烘道加热收缩包装物品，自动完成整个裹包和收缩过程。

（8）铝塑包装机

由包材供给单元供应包材，下料单元提供待包装物料经过成型单元将其密封成型，人工或者自动设备检查缺损或者少粒等，建议使用摄像系统对充填的药板进行检测，可以将缺粒、半粒、颜色不一致的药板全部剔除，保证了产品质量。

（9）装盒机

由下料单元、说明书折纸单元、包装盒供给单元、推舌单元等组成，全部由机械动作进行装盒，并能够将缺说明书、空盒全部剔除。

（10）成箱裹包机

由进料单元、升降单元、折叠单元、封合单元等组成，裹包膜在热力作用下将待裹包物裹紧封合。

【实施指导】

A. 包装过程

（1）包材的领用、退回及处理

① 包装材料的领用

车间技术员根据待包装产品的数量计算出本批需用各种包材的数量，由 QA 或者生产主管开批包装生产指令。包装岗位人员根据批包装指令到包材管理室领用包材，包材管理员与岗位操作人员共同核对品名、规格、批号、数量，并填写包材台账。发放包材数量不是整箱、整卷、整包或整袋时，以包材的最小包装规格发放。

② 包装材料的退回

整批包装生产结束时，岗位操作人员退回的剩余包材，剩余包材应装在带有合格证的袋子中。包材管理员和岗位操作人员一起称重或点数、核对品种后，指定托盘摆放并核对包装材料卡片。再使用前经 QA 人员检查确认后方可发放。称重包材包括：塑料瓶、盖、铝箔、PVC、PE 膜、复合膜、烟膜。点数包材包括：盒、说明书、签、箱皮、纸托、合格证。

③ 废包材的处理

所有废弃包材由岗位操作人员统计数量后退回包材管理员处，由包材管理员放于不合格品室统一保管，包材的销毁应在质量管理部门、EHS 部门或者财务部门的监督下进行销毁。

（2）瓶装包装过程

① 理瓶

操作工根据包装记录上的理瓶机生产参数进行设定，连续生产的产品批次在开批时应对参数进行核对。操作工将瓶子倒入理瓶机内，通过理瓶机将瓶子理到传送带上，传送至数粒装置处进行灌装。

② 数粒装瓶

操作工在数粒机上设定好对应产品的生产参数后，将待包装的产品倒入数粒机的料斗内，开启数粒机。在包装过程中应周期性检查装量的准确性。

③ 旋盖

操作工在旋盖机上设定好对应产品的生产参数后，将瓶盖倒入旋盖机的料斗内，开启旋盖机。在包装过程中应周期性检查所旋瓶盖的松紧度。

④ 贴标

操作工将标签安装好后，双人核对打批号的钢字字头无误后，开启贴标机。

⑤ 封口

操作工在封口机上设定好对应产品的生产参数后，开启封口机。在包装过程中应周期性检查所封口的严密度。

（3）铝塑包装过程

① 铝塑

根据铝塑包装的不同形式例如双硬铝、双软铝或者是 PVC 铝塑泡罩等，使用空白板提前调整好设备参数然后进行包装，在包装过程中应人工或者自动化设备检测残损或者缺漏，并且周期性检查铝塑板的密封性。

② 装盒

人工装盒，一定要确保产品批号准确，说明书和小盒使用数量一致，避免无说明书或者少说明书情况的发生。

建议采用自动化设备，操作工在装盒机上设定好对应产品的生产参数后，开启装盒机。在包装过程中应周期性检查盒上的批号是否正确即可。

（4）裹包、装箱

操作工在裹包机上设定好对应产品的生产参数后，开启裹包机。在包装过程中应周期性检查每裹包的外观是否整齐，裹包后用电子秤进行称量，以减少装量不准等情况的发生。

B. 质量控制关键点

● 理瓶机上的反吹功能非常重要，可能保证不会有异物带入所包装的产品中。

● 数粒机数粒的准确度和准确的剔除功能是保证装量准确性的重要条件，操作工应该定期检查装量。

● 标签上打印的批号必须正确，保证产品信息的准确性。

● 说明书与小盒必须与样张一致，小盒上的批号必须正确，保证产品信息的准确性。

C. 包装过程常见问题及对策

● 瓶内有异物：由于包材供应商的原因，可能导致包材内有异物，比如头发或黑点，如果理瓶机没有反吹功能异物就会进入所包装的产品中，从而影响产品质量，导致客户投诉。

● 空瓶或少粒：如果数粒机出现异常情况，同时操作工未能及时发现的话，会出现空瓶或少粒的装量不准确的情况。

● 铝塑包装

○ 建议采用自动摄像剔除系统进行药板检测，防止缺粒、残粒、空板产品进入成品中，对于无摄像系统设备应定期进行人工检测。在生产过程中应定期进行气密性及批号打印的检查。定期抽检装盒、裹包产品的外观、说明书、药板有无缺失情况。对于生产过程中的每一项检查均应进行记录。

● 瓶装

○ 建议采用电子数粒系统进行数粒，对于非电子数粒系统应定期进行人工检测数粒准确性。在生产过程中应定期进行气密性及标签、批号打印的检查。定期抽检装盒、裹包产品的外观、说明书、药瓶有无缺失情况。对于生产过程中的每一项检查均应进行记录。

○ 建议对标签、说明书进行条码扫描，以防止产品混淆情况。

○ 建议增加电子称重系统，对产品质量进行检查，确保产品质量均一性。

6 物料管理

本章中将探讨以下问题：

☟ 中间过程物料、中间产品的储存、转运等管理要求

☟ 中间过程物料、中间产品标识方法管理要求

☟ 产品储存的基本要求

☟ 产品的入库程序和销售程序

☟ 产品的检测和放行程序

6.1 概述

6.1.1 质量标准和标识

【法规要求】

药品生产质量管理规范（2010 年修订）

第一百零二条 药品生产所用的原辅料、与药品直接接触的包装材料应当符合相应的质量标准。药品上直接印字所用油墨应当符合食用标准要求。

第一百零七条 物料接收和成品生产后应当及时按照待验管理，直至放行。

第一百零九条 使用计算机化仓储管理的，应当有相应的操作规程，防止因系统故障、停机等特殊情况而造成物料和产品的混淆和差错。

使用完全计算机化仓储管理系统进行识别的，物料、产品等相关信息可不必以书面可读的方式标出。

第一百一十二条 仓储区内的原辅料应当有适当的标识，并至少标明下述内容：

（一）指定的物料名称和企业内部的物料代码；

（二）企业接收时设定的批号；

（三）物料质量状态（如待验、合格、不合格、已取样）；

（四）有效期或复验期。

第一百一十九条 中间产品和待包装产品应当有明确的标识，并至少标明下述内容：

（一）产品名称和企业内部的产品代码；

（二）产品批号；

（三）数量或重量（如毛重、净重等）；

（四）生产工序（必要时）；

（五）产品质量状态（必要时，如待验、合格、不合格、已取样）。

第一百六十四条 物料和成品应当有经批准的现行质量标准；必要时，中间产品或待包装产品也应当有质量标准。

【技术要求】

制订原辅料、包装材料及产品的质量标准，产品质量标准应符合药典及其他法定标准，并能反映产品质量特性，满足工艺要求。

进厂原辅料、包装材料检测合格后方可用于药品生产，药品检测合格后方可上市销售。更多内容可参见本丛书《质量控制实验室与物料系统》分册质量控制实验室部分9. 质量标准的建立。

原辅料、包装材料、中间产品及成品应有标识标明：名称、代码、批号、数量、质量状态、有效期或复检期。

物料标识包括物料信息标识和物料质量状态标识两类。

● 每一件原辅料、包装材料应贴有完整的物料标识。

● 采用计算机化仓储管理，需有一个安全的管理系统来确保物料使用时能正确识别物料的信息和质量状态。

具体操作可参见本丛书《质量控制实验室与物料系统》分册物料系统部分5.2.1 物料标识、存放和待检。

6.1.2 供应商管理

【法规要求】

药品生产质量管理规范（2010 年修订）

第一百零四条 物料供应商的确定及变更应当进行质量评估，并经质量管理部门批准后方可采购。

第二百五十五条 质量管理部门应当对所有生产用物料的供应商进行质量评估，会同有关部门对主要物料供应商（尤其是生产商）的质量体系进行现场质量审计，并对质量评估不符合要求的供应商行使否决权。

主要物料的确定应当综合考虑企业所生产的药品质量风险、物料用量以及物料对药品质量的影响程度等因素。

企业法定代表人、企业负责人及其他部门的人员不得干扰或妨碍质量管理部门对物料供应商独立作出质量评估。

第二百五十六条 应当建立物料供应商评估和批准的操作规程，明确供应商的资质、选择的原则、质量评估方式、评估标准、物料供应商批准的程序。

如质量评估需采用现场质量审计方式的，还应当明确审计内容、周期、审计人员的组成及资质。需采用样品小批量试生产的，还应当明确生产批量、生产工艺、产品质量标准、稳定性考察方案。

第二百五十九条 必要时，应当对主要物料供应商提供的样品进行小批量试生产，并对试生产的药品进行稳定性考察。

第二百六十条 质量管理部门对物料供应商的评估至少应当包括：供应商的资质证明文件、质量标准、检验报告、企业对物料样品的检验数据和报告。如进行现场质量审计和样品小批量试生产的，还应当包括现场质量审计报告，以及小试产品的质量检验报告和稳定性考察报告。

第二百六十一条 改变物料供应商，应当对新的供应商进行质量评估；改变主要物料供应商的，还需要对产品进行相关的验证及稳定性考察。

第二百六十三条 质量管理部门应当与主要物料供应商签订质量协议，在协议中应当明确双方所承担的质量责任。

【实施指导】

A. 建立物料供应商评估和批准的操作程序

（1）供应商评估

● 质量管理部门对物料供应商的评估至少应包括：供应商的资质证明文件（营业执照，药品生产许可证，药品注册证或药品包装材料注册证，GMP 证书等）、质量标准、检验报告、企业对物料样品的检验数据和报告。

● 主要物料质量评估。评估应包括物料样品的质量、小批量试产产品的质量，必要时进行稳定性考察。

● 质量审计。质量管理部门会同各职能部门专业技术人员对物料供应商（尤其是生产商）的质量体系进行审计，全面评估其人员机构、厂房设施和设备、物料管理、生产工艺流程和生产管理、质量控制实验室的设备、仪器、文件管理等。

（2）供应商的批准

● 建立供应商档案，内容应包括供应商的资质证明文件、质量协议、质量标准、样品检验数据和报告、供应商的检验报告、现场质量审计报告等。

● 建立批准的合格供应商名单，内容至少包括物料名称、规格、质量标准、生产商名称和地址、经销商（如有）名称等，并及时更新。

（3）物料供应商的管理

● 按协议质量标准，从经过质量管理部门批准的合格供应商处采购原辅料、包装材料。

● 定期回顾分析原辅料、包装材料在使用过程中质量检验的结果、发生的质量投诉、不合格处理记录确定供应商是否需要再审计。如物料出现了质量问题或生产条件、工艺、质量标准和检测方法等可能影响质量的关键因素发生重大改变时，需进行现场质量审计。

- 经常了解供应商所供原辅料、包装材料的产品成本质量，发现问题应及时采取措施。

B. 物料供应商的变更

- 物料供应商变更时，应按供应商评估及批准程序进行，与原供应商的物料质量进行对比研究。并对原物料质量标准重新评估，如粒度、密度、黏度、杂质等。
- 物料供应商生产条件、工艺、质量标准和检测方法等可能影响质量的关键因素发生变更时，应根据评估结果，确定是否进行相关的验证及稳定性考察，并要求供应商提前通知（一般提前 3 个月）。

C. 物料供应商的其他要求

- 进口物料应遵守《进口药品管理办法》，进口原料药应有口岸药品检验所的药品检验报告。
- 麻醉药品、精神药品、易制毒品应遵守《麻醉药品和精神药品管理条例》（国务院令第 442 号）、《易制毒化学品管理条例》（国务院令第 445 号）。

【要点备忘】

- 企业应建立物料供应商的评价系统
- 物料供应商的变更，应按照变更的有关要求进行
- 应建立批准的供应商清单
- 物料应从经质量管理部门批准的供应商处采购
- 主要物料供应商应安排现场审计

6.1.3 物料和产品的接收

【法规要求】

药品生产质量管理规范（2010 年修订）

第一百零六条 原辅料、与药品直接接触的包装材料和印刷包装材料的接收应当有操作规程，所有到货物料均应当检查，以确保与订单一致，并确认供应商已经质量管理部门批准。

物料的外包装应当有标签，并注明规定的信息。必要时，还应当进行清洁，发现外包装损坏或其他可能影响物料质量的问题，应当向质量管理部门报告并进行调查和记录。

每次接收均应当有记录，内容包括：

（一）交货单和包装容器上所注物料的名称；

（二）企业内部所用物料名称和（或）代码；

（三）接收日期；

（四）供应商和生产商（如不同）的名称；

（五）供应商和生产商（如不同）标识的批号；

（六）接收总量和包装容器数量；

（七）接收后企业指定的批号或流水号；

（八）有关说明（如包装状况）。

第一百零七条 物料接收和成品生产后应当及时按照待验管理，直至放行。

【技术要求】

接收应完成外观检查和重量验收，外观检查包括核对供应商，外包装清洁，标签完整性。

进厂物料到库后编号，编号是唯一的。不同的物料、不同的批号以及不同时段的物料其编号应不同。

印刷品应符合国家药品监督管理局发布的《药品包装、标签和说明书管理规定》（暂行）（局令第24号）中有关规定，应与药品监督管理部门批准的内容、式样、文字相一致。

物料接收和产品入库后，都要及时登记台帐。

麻醉药品、精神药品、药品类易制毒化学品等特殊管理的物料和产品验收应执行国家有关规定。

【实施指导】

物料及成品的每种规格应有唯一的代码。进厂物料的编号，应根据供应商批号及到货顺序分批（次）编制。

仓库凭送货凭证（单）、物料检验报告单和订货合同接收物料，需票、物相符，并确认来自批准的供应商。检查每一个（组）物料的包装和标签，对于包装破损或不清洁、标签不清等可疑的物料，应进一步进行确认和调查，凡不符合要求应予拒收，并做好记录。

对于印刷品的接收，仓库应指定专人按企业标准样本检查材质、尺寸、文字内容、折叠、切割、印刷质量等，应无污损、数量正确。凡不符合要求的点数封存，按规定处理。

产品接收分为待检品接收和合格品接收。待检产品接收入库时，需设待验标识，检验后按检验结果将待验标识更换成合格标识或不合格标识。释放产品入库时，仓库应凭产品检验报告单、产品放行证和产品入库单验收产品，并填写好记录。产品入库要及时登记台帐。

6.1.4 储存

【法规要求】

药品生产质量管理规范（2010年修订）

第五十七条 仓储区应当有足够的空间，确保有序存放待验、合格、不合格、退货或召回的原辅料、包装材料、中间产品、待包装产品和成品等各类物料和产品。

第五十八条 仓储区的设计和建造应当确保良好的仓储条件，并有通风和照明设施。仓储区应当能够满足物料或产品的贮存条件（如温湿度、避光）和安全贮存的要求，并进行检查和监控。

　　第五十九条　高活性的物料或产品以及印刷包装材料应当贮存于安全的区域。

　　第六十条　接收、发放和发运区域应当能够保护物料、产品免受外界天气（如雨、雪）的影响。接收区的布局和设施应当能够确保到货物料在进入仓储区前可对外包装进行必要的清洁。

　　第六十一条　如采用单独的隔离区域贮存待验物料，待验区应当有醒目的标识，且只限于经批准的人员出入。

　　不合格、退货或召回的物料或产品应当隔离存放。

　　如果采用其他方法替代物理隔离，则该方法应当具有同等的安全性。

【技术要求】

　　仓储区应有足够的空间，以有序地存放各类物料和产品：原辅料、包装材料、中间产品、待包装产品和成品，以及待验、合格、不合格、退回或召回的产品等。

　　仓储区的设计或建造应确保良好的仓储条件，应特别注意清洁和干燥，应有防虫防鼠措施，温度应保持在控制限度之内。需要特殊的贮存条件（如温、湿度）时，应予满足，并进行检查和监测。

　　不合格、退回或召回的物料或产品应隔离存放。

　　高活性物料或产品应存放在安全的区域内。

　　印刷包装材料是确保药品标识正确的关键，应特别注意安全贮存。

【实施指导】

　　根据物料的种类及特性，物料（或产品）应尽可能的选择分类分库存放。还应根据风险评估的原则建立仓库的物料库存清单，仓库保管员视清单上的物料名称接收储存货物。具体操作可参见本丛书《质量控制实验室与物料系统》分册物料系统部分7.2.1分类分区存放。

　　仓库管理员合理安排仓库货位，按物料（或产品）的品种、规格、批号分区码放。一个货位上，只能存放同一品种、同一规格、同一批号、同一状态的物料。码放要安全、整齐、牢固。平面库的物料储存与高架库的物料储存，具体码放原则可参见本丛书《质量控制实验室与物料系统》分册物料系统部分7.2.2物料码放。

　　高活性、青霉素类、麻醉药品、毒性的、易反应等特殊物料的存储应执行国家有关规定。

　　物料（或产品）要整齐、稳固地码放在托盘上，托盘须保持清洁，底部要通风、防潮。货物的堆放离墙，离地，货行间都应留有一定距离，以能执行"近效期先出"或"先进先出"的发料次序为原则。

　　物料（或产品）都应建立台账和货位卡，确保账、卡、物一致。物料货位卡应详细记录物料代码，物料编号，品名，收料日期，供应商，来料批号，数量，本厂检验单号，领用部门、发货量，库存量等信息。产品货位卡应详细记录产品代号，品名，批号，有效期，检查单号，入库总量，发货日期，客户名称，贮存温度，送货人，发货指令号，发货量，库存量等信息。

　　物料（或产品）需有状态标识管理。到货物料和待检产品应设置待检标识。根据检验结果，解除待验标志，将货物标上合格或不合格标识。特殊情况下，也可采取其他能防止混用和人为差错的管理措施。

不合格的原辅料、包装材料、产品要隔离存放，按不合格品处理程序妥善管理，并建立不合格台帐。

存放区应无鼠，无虫，无霉，保持整洁。仓储区要有防虫、防鼠措施，如设置挡鼠板，粘鼠贴、灭蚊灯等，需定期检查清理，有相应记录，并对监测结果进行分析评估。

对温度、湿度有特殊要求的物料，中间产品和产品，应储存在相应条件的储存区。储存区应装备适当的温、湿度传感器及温、湿度偏差报警系统，进行 24 小时持续监控，有消除温湿度偏差的措施。温度、湿度传感器安装于库房的关键区域，关键区域的确定需通过温湿度分布确认得到，同时需对这些储存区进行周期性的再确认。

计算机化仓储管理系统应进行验证，确保系统处于正常运行状态，并根据系统的复杂程度和使用情况进行周期性再验证。

关于物料储存的更多内容，可参见本指南 6.2.1 物料的储存管理。

【要点备忘】

- 物料或产品的搬运和贮存应当防止降解、污染和交叉污染
- 纤维板桶、袋装或箱装物料或产品应离地贮存。应根据情况留出适当空间，方便清洁和检查
- 应保证贮存期内物料或产品的贮存条件不影响其质量
- 要使识别标签保持清晰，容器在开启和使用前能适当清洁
- 不合格物料或产品应有不合格标识，并有隔离措施，防止未经许可使用

6.2　生产过程中的物料管理

在生产过程中应对物料严格管理，并建立中间物料管理规程，规定中间过程物料包装形式、标识方法、贮存和转运要求、贮存时限、验收要求等，确保中间过程的物料不被污染和交叉污染，不发生差错。

【法规要求】

药品生产质量管理规范（2010 年修订）

第一百一十七条　用于同一批药品生产的所有配料应当集中存放，并作好标识。

第一百一十八条　中间产品和待包装产品应当在适当的条件下贮存。

第一百一十九条　中间产品和待包装产品应当有明确的标识，并至少标明下述内容：

（一）产品名称和企业内部的产品代码；

（二）产品批号；

（三）数量或重量（如毛重、净重等）；

（四）生产工序（必要时）；

（五）产品质量状态（必要时，如待验、合格、不合格、已取样）。

第一百八十九条 在生产的每一阶段，应当保护产品和物料免受微生物和其他污染。

第一百九十一条 生产期间使用的所有物料、中间产品或待包装产品的容器及主要设备、必要的操作室应当贴签标识或以其他方式标明生产中的产品或物料名称、规格和批号，如有必要，还应当标明生产工序。

6.2.1 物料的储存管理

【技术要求】

储存管理包括贮存方式、贮存条件及贮存期限。

A. 储存要求

生产过程中的物料和中间产品应按性质、类别、分区管理，按批集中存放，不同批次之间应分开。如物料/产品属于特殊药品的，其中间过程的物料、中间产品也应贮存于符合特殊药品管理法规要求的贮存室内，并严格执行。

生产过程中出现的不合格品应贮存于单独并有有效隔离措施的不合格区内，防止混用和人为误差出现。

生产过程中的物料、中间产品在储存过程中出现任何偏差都应及时上报，采取基于风险控制的有效纠正和预防措施。

货物摆放要求整齐、牢固，供暖管道、梁、柱与货位留有间距，堆放高度距照明灯不应太近，主要通道留有适宜宽度方便货物的进出。

B. 储存条件

生产过程中使用的物料和半成品应根据贮存条件（如阴凉、冷处、避光或对湿度特别敏感需要等），如阴凉没有特殊要求的按照相应的生产区要求储存条件控制，如对温度、湿度及其他条件有特殊要求的半成品，按生产工艺规定的条件储存。

C. 储存期限

生产过程每一种中间产品都应制定储存期限，储存期限同包装形式、贮存条件等密切相关，储存期限应根据验证结果确定。

【实施指导】

标识管理

企业应根据产品特点和生产工艺要求制订中间产品批次划分原则和批号标识方法。确保批号标识的唯一性和可追溯性。一个批次的中间产品应按批集中存放。

中间产品的标识方法应体现产品名称、批号、数量、目前所处的质量状态、生产班次、生产时间、操作人（交料人）、复核人（收料人）等。

标识形式以不发生差错为前提，建议采用固定标识，不接受可移动的标识。鼓励企业采用计算机控制系统对物料进行限制使用或者冻结操作，防止不合格物料或者中间产品的领用，此种情况下物料的状态标识并不是必须的。

表6-1　中间产品状态标识卡示例

<table>
<tr><td colspan="2" align="center">中 间 产 品 标 识 卡</td></tr>
<tr><td colspan="2">编号：＊＊＊＊＊＊＊＊＊</td></tr>
<tr><td>交寄人/日期：</td><td>接受人/日期：</td></tr>
<tr><td>交寄岗位：</td><td>接受岗位：</td></tr>
<tr><td>品名：</td><td>规格：</td></tr>
<tr><td>批号：</td><td>数量：</td></tr>
<tr><td>备注</td><td></td></tr>
<tr><td>整批数量：</td><td>桶/货盘序号：
一部分：　□</td></tr>
<tr><td>整批件数：</td><td>全　部：　□</td></tr>
<tr><td colspan="2" align="center">待验/合格/不合格</td></tr>
<tr><td colspan="2">源文件号：＊＊＊＊＊＊＊＊＊＊＊＊＊＊＊＊</td></tr>
</table>

中间产品要求在每个最小包装单元上粘贴标签基础上，以货盘为单位悬挂《产品标识卡》，交寄人要填写标识卡上除接收人信息的部分，标明货盘序号，未完成生产则在一部分处打"√"，如为最后一货盘，则在一部分处填"N/A"，在全部处打"√"，此时为刚请验的"黄色待检"状态，检验合格后在"黄色待检"上粘贴"绿色合格"标识，检验不合格的在"黄色待检"上粘贴"红色不合格"标识。并移入不合格专区存放（表6-1）。

车间上下工序流转的中间产品以检验结果进行标识，由下工序在"接受人"、"接受岗位"处签字确认，未粘贴"绿色合格"标识拒绝流入进一道生产工序。

通过计算机系统管理中间产品状态的可不按此规定执行。

6.2.2　物料的分发与退库

【法规要求】

药品生产质量管理规范（2010 年修订）

第一百零八条　物料和产品应当根据其性质有序分批贮存和周转，发放及发运应当符合先进先出和近效期先出的原则。

【技术要求】

● 每个批次物料的发放和使用应当确保其可追溯性和物料的平衡。

● 遵循"先进先出"和"近效期先出"的原则制定物料的使用计划。

● 确定物料处于合格状态方可分发。

● 应当有可追溯的清晰的发放记录，包括相应的物料名称，代码，批号，以及其他信息，如包装号，并经双方核实在相应的记录上签字确认。

● 物料应制定复检期，在复检期到期前应复验，合格后方可发放。复验合格的物料，应执行复验后有效期规定。储存期内如有特殊情况应及时复验。

【实施指导】

（1）分发前的准备
● 生产部门根据生产指令或包装指令填写需料送料单，向仓库提出发货申请。
● 确认物料的状态（如合格标志、数量等）后进行分发。
（2）分发
● 分发物料时应遵循"近效期先出"和"先进先出"原则。
● 分发物料应按规定要求称重计数，双人核对实物。物料送到生产部门指定地点后，由生产部门领料员点收。发料，送料，收料人均应在需料送料单上签名。
● 装在容器内的物料如分数次领用时，容器上应有标识表明物料信息及领发料数量，发料时应由发料人复核存量，如有差错，应查明原因。
● 每次发送料后，应在库存货位卡上和台帐上填写货物去向，包括所生产的制剂品种、批号等以便追溯。库存物料应定期盘存，填写原辅材料盘存记录。
（3）退库
● 剩余物料的退库应保证包装完好。对已打开使用过的物料，应进行评估，确认无质量风险后重新包装并在封口处加贴封签。
● 不合格标签、使用说明书不得退回印刷厂，应妥善管理，及时销毁。标签不得改作他用或涂改后再用。
● 生产剩余的印有批号及残损的标签，不得退回仓库，应指定双人负责销毁，并做好销毁记录。
● 由印刷厂印有批号的标签，发剩或该批号取消时，仓库应指定专人及时销毁，做好记录，并由监销人审查签名。

【要点备忘】

● 物料的发放要遵循"先进先出"和"近效期先出"的原则
● 物料需化验合格后仓库才能发放，发放时要保证物料包装要完好，并有合格标志
● 所有物料领用和发放都需要有相应记录，并有领料、发料、送料、收料等人的签名
● 不合格、使用发剩或版本更换剩余的标签和说明书应及时做销毁处理，并做好记录
● 印刷药品标签、使用说明书的模板在未终止使用前，企业应采取严格措施防止标签、使用说明书外流；如模板要淘汰，企业应收回后保管或监销

6.2.3 物料输送

【背景介绍】

物流是指在指定的区域内，所有操作的互相连结，涉及物料来源、加工、处理，也包括物料的分发等。具体包括：加工、处理、运输、检测、中间储存和储存。

物料输送是其中的一个重要环节，将物料从一个岗位传送到下一个岗位。一般来说，

物料传送可分为两类：间接传送及直接传送。

（1）间接传送

传统的方法是使用敞开或者有盖子的容器进行配料及物料传送。当选择物料桶（intermediary bulk containers，IBCs）时，主要考虑物料桶的大小/容量、输送（确保传送中没有泄露）、装料/卸料以及对容器中物料的影响。

优点：灵活、清洁程序简单；

缺点：由于会有灰尘落入，会有污染风险；泄漏风险。

（2）直接物料输送

通过固定的连接，如管道、软管、旋管等将设备连接起来，产品通过这些连接从一个设备传送到另一个设备，而不需要中间容器的运输。

优点：

● 密闭系统，防止污染；

● 能够实现自动化；

● 生产顺序清晰。

缺点：

● 卫生区域较大；

● 技术复杂；

● 清洁程序复杂；

● 不能进行目视检查；

● 需验证工作较多；

● 需要特殊的结构设计。

【实施指导】

A. 间接物料输送

物料桶的容量取决于几个因素，包括散物料粉末、制粒、片子的密度以及物料是否在容器中进行混合。制药应用中，物料桶通常用于多个产品，因此，物料桶容积的选择应该依据最差情况（最低密度）进行设计（图 6-1）。

对于纯传送应用的物料桶，装料系数通常为 0.8。常规来说，粉末及制粒的密度为 400 ~ 600kg/m³；片子的密度为 700 ~ 900kg/m³。

● 当使用蝶阀时，卸料应为最差物料设计，开口直径为 200 ~ 250mm。

● 通常物料桶设计为顶端为装料口，底部为卸料口。

● 如果输送片剂，为了防止在卸料过程中对片子造成损害，卸料阀要求特殊设计。传统上，对于片剂物料桶，使用隔膜阀，软硅胶蝶阀，或者使用圆锥式闪动阀。

● 当物料黏性较大并且流动性较差时，将影响卸料效果。可以内设搅拌或者外部用力摇动进行卸料。

图 6-1 物料桶示意图

- 物料桶可以设计为带有轮子的移动容器，也可设计为带有沟槽容器以便使用叉车运输。
- 卸料过程中，物料桶要有空气进出。
- 容器上部及下部表面应避免设计为平面，以便清洁、干燥。

在生产中，物料周转是其中一个重要环节，通过对物料桶的合理设计及使用，把交叉污染和混淆的风险降到最低。

关于物料桶的清洗，可参见4.1.4 设备维护【实例分析】。

B. 直接输送

直接输送物料仅有有限的几种方式：重力输送、气力输送及柔性螺旋输送机。

重力输送、气力输送及柔性螺旋输送机是三种直接输送物料方式，重力输送是口服固体制剂生产中较为普遍的输送方式。无论采取哪种物料输送方式，在进行布局设计时，要注意考虑质量保证方面的因素。

（1）重力输送

重力输送是最简单的直接物料传送方法，在几个相连层面上对生产设备进行操作。也可在不同层面上进行传输和生产。这种工艺主要应用于固体制剂的生产中，最常见的实例为制粒中从混合制粒器传送到流化床（图6-2）。

- 设备间要接近垂直。
- 在设备下端设置出口阀，在上端设置进口阀。这样会使物料全部倒出，没有污染。

（2）气流输送

气流输送是通过气流作用进行固体混悬物输送。此种工艺用于传送细粉到颗粒及散的物料，物料密度范围为 $16 \sim 3200 kg/m^3$。使用的气动传送吸尘捕集器要满足防爆要求。有两种基本的气流输送技术：稀相输送及密相输送。

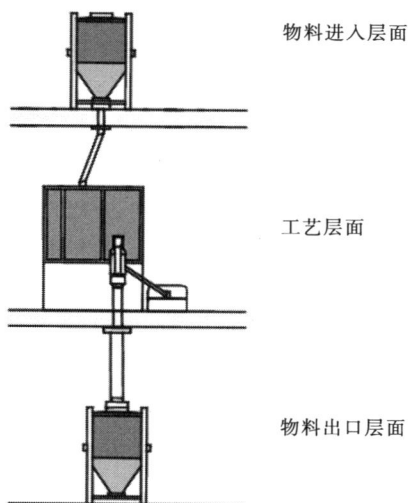

物料进入层面

工艺层面

物料出口层面

图6-2　重力输送示意图

①稀相气流输送

使用较低的固气比（小于 1 bar）或者较高的气流速度推动物料在密闭管道中输送（图6-3）：

- 气流速度：$15 \sim 45 m/s$。
- 适用范围：稀相输送成本低，适于输送无腐蚀性、非易碎或者较轻的物料。
- 影响因素：稀相气流输送条件下，单个的固体颗粒，在气流作用下完全成为混悬状态。由于颗粒性质，如粒径大小、形状、密度及粒径分布等对气流输送有很大影响。

②密相气流输送

少量气体在高压下（大于 1 bar）推动物料在密闭管道中输送：

- 气流输送速度：$1 \sim 15 m/s$。
- 适用范围：物料能够安全输送，不易燃。因此，密相更适于输送混合或者有腐蚀性、易碎、较重或者易吸湿的物料。

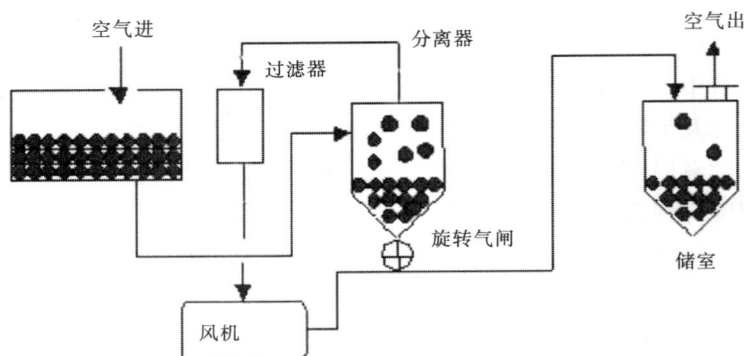

图6-3 真空/压力稀相传输示意图

C. 柔性螺旋输送机

柔性螺旋输送机关键运动部件是一个电机驱动的螺旋杆，通过在密闭的输送管内作螺旋运动，推动物料在管内运动（图6-4），它具有以下优点：

- 操作、结构简洁：唯一的运动部件是电机驱动的螺旋杆，安装及维修成本低。
- 无尘输送：完全密闭输送系统，因无空气作为输送的辅助介质，无粉尘污染或物料受湿。
- 持续再混合：柔性螺旋输送机的运动确保物料被不断的再混合，适用于包装和压片工艺。

图6-4 柔性螺旋输送机示意图

6.2.4 物料量的控制

【法规要求】

药品生产质量管理规范（2010年修订）

第一百七十条 制剂的工艺规程的内容至少应当包括：

（二）生产操作要求：

5. 预期的最终产量限度，必要时，还应当说明中间产品的产量限度，以及物料平衡的计算方法和限度；

（三）包装操作要求：

7. 待包装产品、印刷包装材料的物料平衡计算方法和限度。

第一百七十五条 批生产记录的内容应当包括：

（八）不同生产工序所得产量及必要时的物料平衡计算；

第一百八十七条　每批产品应当检查产量和物料平衡，确保物料平衡符合设定的限度。如有差异，必须查明原因，确认无潜在质量风险后，方可按照正常产品处理。

第二百一十五条　在物料平衡检查中，发现待包装产品、印刷包装材料以及成品数量有显著差异时，应当进行调查，未得出结论前，成品不得放行。

【背景介绍】

物料平衡是指产品或物料实际产量或实际用量及收集到的损耗之和与理论产量或理论用量之间的比较，并考虑可允许的偏差范围。对于每一个工序产出数量（实际产出、样品、废品）与投入量的比值应该在规定的范围内，这是实施良好的生产质量管理规范的基本要求。保证物料平衡可以有效防止和发现制药过程中可能的污染，交叉污染，混淆。

【实施指导】

所有工序都应有物料平衡的计算公式，并制定接收的限度。公式如下：

$$物料平衡\% = \frac{实际产出 + 样品 + 废品}{投入量} \times 100\%$$

备注：

● 实际产出：用于下一步工序或商业销售的产出数量

● 样品：在线检查样品、QC 样品、文件留样、其他样品

● 废品：含活性成分或药品的废品

如果实际结果和限度有差异，应查明原因，未得出结论前，不得进行下一步。

物料平衡的限度需考虑实际设备、工艺的状况，以及历史数据来制定。调整必须有依据，并经过批准。

对于印有批号和生产日期和有效期的印字包材，在本批结束后必须做废品处理，并以撕毁或相当的方式保证不能被误用。离线打印批号和生产日期和有效期的印字包材需计数发放，数量平衡的限度应是 100%。

【实例分析】

固体制剂各生产阶段物料平衡的定义及批文件中代表性的物料平衡计算

（1）配料

由于供应商供应的物料单位包装的重量会有一定的差异，配料阶段需对物料的单位包装或一批的物料损益应计算并有记录。合理的限度制定应考虑供应商单位包装的重量差异的历史数据，物料的特性，以及操作的方式等。

（2）制粒

所有投入制粒的物料总和为理论投入量，终混后所得颗粒净重为实际产出量。

制粒阶段物料平衡的计算见表 6-2。

表 6－2　制粒阶段物料平衡的计算

投入量	
名称	重量（kg）
理论投入物料总和（A）	
产出量	
名称	重量（kg）
1）　　产出颗粒净重	
2）　样品　过程控制	
3）　　　　其他	
4）　　　废品	
产出总计［B＝1）＋2）＋3）＋4）]	
物料平衡%　（B/A×100%）	

（3）压片

以投入的颗粒重量或计算相应的片数为投入量，以得到药片净重或相应的药片数为实际产出，物料平衡以重量和药片数分别计算，可参考表6－3。

表 6－3　压片阶段物料平衡的计算

投入量		
名称	重量（kg）	相当的片数（片）
投入颗粒总量（A）		
产出量		
名称	重量（kg）	相当的片数（片）
1）　　产出药片净重		
2）　　　过程控制		
3）　样品　QC		
4）　　　其他		
5）　废品　药片		
6）　　　药粉		
产出总计［B＝1）＋2）＋3）＋4）＋5）＋6）]		
物料平衡%　（B/A×100%）	以重量计算	以片数计算

（4）包衣

以投入的药片重量或相应的片数为投入量，以得到包衣片净重或相应的包衣片数为实际产出，物料平衡以重量和包衣片数分别计算。

（5）胶囊灌装

以投入的颗粒重量或计算相应的胶囊数为投入量，以得到胶囊净重或相应的胶囊数为实际产出，物料平衡以胶囊内容物总重量和胶囊数分别计算。

（6）初级包装

以投入的药片/胶囊数量计算出相应铝塑板数量为投入量，以得到的铝塑板净重计算出的铝塑板数为实际产出，物料平衡以铝塑板数量计算，可参考表6-4。

表6-4　初级包装阶段物料平衡的计算

投入量		
名称	药片/胶囊数量（kg）	相当的铝塑板数（A）
投入药片/胶囊总量		
产出量		
名称	铝塑板重量（kg）	铝塑板数
1) 产出铝塑板		*
2) 过程控制药片数		＊＊
3) 过程控制铝塑板		
4) 样品 QC		
5) 文件留样		
6) 其他		
7) 废品 含药铝塑板		＊＊＊
产出总计［B＝1)＋2)＋3)＋4)＋5)＋6)＋7)］		
物料平衡%（B/A×100%）	以铝塑板数计算	

＊铝塑板数＝产出铝塑板重量/单个铝塑板平均重量

＊＊由过程控制取样的药片数推算

＊＊＊由废品铝塑板数计算得来

（7）次级包装

以投入的铝塑板/铝管数量计算出小盒数量为投入量，以包装后得到的小盒数为实际产出，物料平衡以小盒数计算。

（8）初级包装和次级包装联机包装

以投入的药片/胶囊数量计算出小盒数量为投入量，以包装后得到的小盒数为实际产出，物料平衡以小盒数计算。

（9）印字包装材料的物料平衡要求

对于离线打印的中盒和大箱标签，投入量和产出量必须一致，不得存在差异。小盒和说明书可以考虑供应商提供的数量的准确性制定接收限度，但必须保证印有批号和生产日期和有效期的剩余包材必须销毁。

表6-5　印字包装材料物料平衡的计算

	小盒	说明书	中盒标签	大箱标签
投入量				
1）库房发出量				
2）上批结存量				
投入总计［A＝1)＋2)］				

总用料量					
实际使用量	3）入库量				
	4）样品量				
	5）文件留样量				
6）因印刷缺陷被挑出的量					
7）损坏量					
8）销毁的剩余量					
总用料量［B＝3）＋4）＋5）＋6）＋7）＋8）］					
结转下批的剩余量 C					
物料平衡计算					
误差（B＋C－A）					
误差百分率［（B＋C－A）／A×100％］					

6.3 检验与放行

【法规要求】

药品生产质量管理规范（2010 年修订）

第十一条 质量控制包括相应的组织机构、文件系统以及取样、检验等，确保物料或产品在放行前完成必要的检验，确认其质量符合要求。

第十二条 质量控制的基本要求：

（一）应当配备适当的设施、设备、仪器和经过培训的人员，有效、可靠地完成所有质量控制的相关活动；

（二）应当有批准的操作规程，用于原辅料、包装材料、中间产品、待包装产品和成品的取样、检查、检验以及产品的稳定性考察，必要时进行环境监测，以确保符合本规范的要求；

（三）由经授权的人员按照规定的方法对原辅料、包装材料、中间产品、待包装产品和成品取样；

（四）检验方法应当经过验证或确认；

（五）取样、检查、检验应当有记录，偏差应当经过调查并记录；

（六）物料、中间产品、待包装产品和成品必须按照质量标准进行检查和检验，并有记录；

（七）物料和最终包装的成品应当有足够的留样，以备必要的检查或检验；除最终包装容器过大的成品外，成品的留样包装应当与最终包装相同。

第二百二十八条 应当分别建立物料和产品批准放行的操作规程，明确批准放行的标准、职责，并有相应的记录。

第二百二十九条　物料的放行应当至少符合以下要求：

（一）物料的质量评价内容应当至少包括生产商的检验报告、物料包装完整性和密封性的检查情况和检验结果；

（二）物料的质量评价应当有明确的结论，如批准放行、不合格或其他决定；

（三）物料应当由指定人员签名批准放行。

第二百三十条　产品的放行应当至少符合以下要求：

（一）在批准放行前，应当对每批药品进行质量评价，保证药品及其生产应当符合注册和本规范要求，并确认以下各项内容：

1. 主要生产工艺和检验方法经过验证；

2. 已完成所有必需的检查、检验，并综合考虑实际生产条件和生产记录；

3. 所有必需的生产和质量控制均已完成并经相关主管人员签名；

4. 变更已按照相关规程处理完毕，需要经药品监督管理部门批准的变更已得到批准；

5. 对变更或偏差已完成所有必要的取样、检查、检验和审核；

6. 所有与该批产品有关的偏差均已有明确的解释或说明，或者已经过彻底调查和适当处理；如偏差还涉及其他批次产品，应当一并处理。

（二）药品的质量评价应当有明确的结论，如批准放行、不合格或其他决定；

（三）每批药品均应当由质量受权人签名批准放行；

（四）疫苗类制品、血液制品、用于血源筛查的体外诊断试剂以及国家食品药品监督管理局规定的其他生物制品放行前还应当取得批签发合格证明。

质量控制涉及取样、质量标准、检验、组织机构、文件以及物料或产品的放行，它确保完成必要及相关的检验，确保质量判定为不合格的物料或产品不能放行使用或销售。

实验室管理中的人员职责，设备设施，文件系统，试剂及试液的管理，标准品/对照品，分析仪器验证，分析仪器校验与维护，分析方法验证，留样，稳定性实验，超出标准的实验室结果调查，原始数据的管理，检验及检验报告，微生物检验的详细指导请参见本丛书《质量控制实验室与物料系统》分册。

新版 GMP 明确规定了产品放行责任人的资质、职责及独立性，大大强化了产品放行的要求，增强了质量管理人员的法律地位，使质量管理人员独立履行职责有了法律保证。

物料放行是基于所取样品的检测指标合格，中间过程产品和最终产品放行的前提是除了各项检测指标符合标准要求外，还要求生产工艺符合国家注册批准的要求，生产过程符合 GMP 规范的要求。

对于经检验后不合格的物料、中间产品、成品按不合格品的管理制度执行。

6.3.1　原辅料与包装材料

【技术要求】

物料放行前应完成必要的检验，确认其质量符合要求。物料应由指定人员签名批准放行。

【实施指导】

A. 取样

只有经过培训并经授权的人员才能取样。培训内容应包括：取样计划，书面取样规程，取样技术和取样器具/设备，交叉污染的风险，不稳定和/或有微生物要求的原辅材料取样应采取的保护措施，对物料、容器、标签等进行外观检查的重要性，对意外情况和异常情况作好记录的重要性。

应设置取样间，取样区域的空气洁净度级别应与生产要求一致。如在其他区域或采用其他方式取样，应能防止污染或交叉污染。同一物料不同批次取样时，应对操作台面进行清洁；不同物料取样时，应对取样间进行彻底清洁，所有清洁操作应有记录。

取样工具应洁净，必要时经灭菌或者消毒后方可使用。不同品种或不同批次的物料取样时，需要更换取样工具以防止可能的交叉污染。取样工具的清洁、使用和存放应有书面的规程和记录。

样品应具有代表性。只有对每一个包装容器中的样品都进行鉴别试验后，才能确认整批物料的鉴别正确无误。只有通过验证建立了规程，能确保原辅材料的每一个包装的贴签不可能出现差错时，才允许对批的一部分容器进行取样。取样量应满足检验和留样量的需要。

包装材料的取样计划至少应考虑几个方面：收料量，所需数量，物料的属性（如内包材料和/或印制包装材料），生产方法，以及通过质量审查所获得的内包装材料制造商质量保证体系的信息。取样量要通过统计学计算来决定并在取样计划中做出规定。

取样标签应提供合适的细节，包括样品名称、批号，所取样品的容器号，取样量，取样日期，取样人等。储存样品的容器应包含以下信息：物料名称，识别号，批号，量，取样日期，以及容器号等。

取样样品应按照物料的贮存条件储存，包装应密封。对于有特殊储存条件的物料，应按特殊要求储存，如：光敏感性物料应存放于棕色瓶中或用铝箔包裹的无色玻璃瓶中。低温贮存的样品应存放在冰箱中。

B. 留样

制剂生产用每批原辅料和与药品直接接触的包装材料均应有留样。留样应能代表被取样批次的物料。

物料留样应按规定条件贮存，必要时还应适当包装密封，留样量应至少满足鉴别的需要。

除稳定性较差的原辅料外，用于制剂生产的原辅料（不包括生产过程中使用的溶剂、气体或制药用水）和与药品直接接触的包装材料的留样应至少保存至产品放行后二年。如果物料的有效期较短，则留样时间可相应缩短。

C. 检验放行

物料进库后，由仓库管理员填写物料请检单，交 QC 实验室取样检验。

物料必须按照质量标准进行检验，质量标准应满足生产工艺的要求，必要时可增加检验项目。如增加密度、粒度等检测。

检验后，由 QC 实验室主管签发检验报告单。凭合格检验报告单签发合格证。

物料发放需核查物料的标签、合格检验报告单和合格证。不合格物料一律不准投入生产。

6.3.2　中间产品和待包装产品

【技术要求】

● 中间产品和待包装产品应在适当的条件下贮存。
● 中间产品和待包装产品应有明确的标识。
● 中间产品和待包装产品在放行前完成必要的检验，确认其质量符合要求。

【实施指导】

A. 中间产品和待包装产品检验与放行

● 应有文件规定中间产品和待包装产品的贮存要求，包括容器、标签、贮存时间及特殊贮存条件。对贮存时间较长的中间产品应进行储存期限考察。
● 中间产品和待包装产品，应放置于中间站或经过风险评估后的合理区域，做好待检标识，写明品名、规格、批号、生产日期、数量。
● 车间及时填写中间产品请检单，交中间产品检验室取样检验，取样应有代表性。
● 中间产品和待包装产品必须按照质量标准进行检验，应能满足生产工艺的要求。如果可能，质量标准应与成品质量标准相似。
● 检验结果经复核无误后，签发中间产品报告单。由 QA 监督员仔细核查中间产品的标识、中间产品合格报告单等，并更改物料状态标识。
● 只有合格的中间产品才可进入下一工序的操作；不合格的中间产品，应进行隔离管理，防止其在生产或加工操作中使用。

B. 取样

过程取样的目的是保证每一步工艺所得到的中间体都是能始终如一的满足最终产品的质量要求，在生产加工过程中，如在重要阶段的开始、结束，或在长期储存后，应由质量控制部门对中间体进行检验，以确认产品仍符合产品质量要求。虽然中间过程取样有助于更好的理解产品的，在产品工艺验证时应尽可能多的采集中间控制的样品进行检测，这样有助于对产品有进一步的了解，后续生产时可根据实际控制情况例如干燥阶段每批颗粒控制相同终点的温度，对应检测的水分也始终处于稳定状态，则在后续生产时中间取样可减少颗粒水分的检测或者不再进行检测。

【实例分析】

混合的取样

混合操作是重要的单元操作。对于混合工艺来说最关键的一点是如何能够达到其混合均一度，无论是对于制粒前混合或者制粒后混合，不均一的混合可能会导致某些产品的剂量不能达到要求。特别是对于搅拌槽式混合机来说。关于混合的内容参见 5.2.4 混合。

混合的取样应该具有代表性，且针对最可能发生死角的位置，运用合适的工具进行取样分析，以考察其混合效果，一般来说，应该联系最终的含量均一度指标，混合均一度应该控制在 85%～115% 或更严格的工艺指标，相对标准偏差不应高于 6%，而对一般固体制剂，至少应在上、中、下三个水平位置进行多点取样，每个点的取样量应该相对适中。

颗粒分布测试可以用来考察和控制粉料对于压片或其他下游工艺的影响，以防止下游工艺中的分层或和连续批生产带来的不稳定性。

6.3.3　成品

【技术要求】

成品放行是基于所取样品的检测指标合格，除了各项检测指标符合标准要求外，还要求生产工艺符合国家注册批准的要求，生产过程符合 GMP 的要求。

【实施指导】

A. 取样

取样是一项重要操作，每次取样只能是批的一小部分，正确取样是质量保证体系的基本要素。应制订取样操作规程，包括：经授权的取样人、取样方法、取样工具、取样量、取样后剩余部分及样品的处置和标识，以及为避免因取样过程产生的各种风险的预防措施等。

更多取样和留样的内容可参考本丛书《质量控制实验室与物料系统》分册质量控制实验室部分 6. 取样与留样。

- 生产完成后，生产车间及时填写请验单并通知取样人员，取样人员接到取样通知后应根据所取样产品备好取样工具、取样记录、取样证等，做好取样前准备工作。
- 取样前取样人员应确认产品的品名、批号、规格、数量、状态标志、来源等与请验单一致，无误后方可取样。
- 取样要有代表性，应在整个批次存放单位或容器单位的上、中、下不同部位及生产线的前、中、后随机取样，并按照根据需要制定的取样规则计算抽取样品件数，在抽样包装上平均留取样品量。取样量应满足检验和可能复验的需要，一般为 2～3 倍的检验用量。
- 取样器具及容器要清洁、干燥，必要时经灭菌或者消毒后方可使用。在使用或存放过程中，防止受潮和异物混入；β－内酰胺结构类、激素类产品取样使用专用取样器；不同品种取样器具不得混用以防止可能的交叉污染。取样工具的使用、清洁和存放、标识应按书面的规程操作和记录。
- 每件物料取样完毕后，应按原包装把所取样的物料封好并对所取样容器粘贴取样证，标明取样数量、取样日期、取样人、取样编号（如某批产品共取样 3 桶，则取样的第一桶注明 1/3，第二桶注明 2/3，第三桶注明 3/3 的标记）等内容。
- 储存样品的容器应有样品标签并包含以下信息：物料名称，批号，取样量，取样日期，取样人，样品状态等。
- 取样结束后及时填写取样记录（内容包括取样日期、品名、批号、取样量、检品来源、取样人、领样人及必要的取样说明等）并清洗取样器（做好清洁标识，标明清洁周期，超过清洁周期的取样器，在使用前应重新进行清洗）。
- 对于有毒有害等危险物料，取样时要有相应的安全防护措施。

- 固体口服制剂产品可在包装过程中取样，样品从包装生产线取走后不应再返还。
- 取样量应满足检验和留样量的需要。

B. 留样

- 留样应有代表性，应能代表被取样批次的产品，在生产线的前、中、后随机取样。每批药品均应按包装批号进行留样。
- 每批药品均应有留样；如果一批药品分成数次进行包装，则每次包装至少应保留一件最小市售包装的成品。
- 留样的包装形式应与药品市售包装形式相同。
- 每批药品的留样数量一般至少应能确保按照注册批准的质量标准完成两次全检。
- 如果不影响留样的包装完整性，保存期间内应至少每年对留样进行一次目检观察，如有异常，应进行彻底调查并采取相应的处理措施。留样观察应有记录。
- 留样应按注册批准的贮存条件至少保存至药品有效期后一年。

C. 检验与放行

- 批生产完成后，取样全检。建立内控标准确保有效期内符合产品质量要求。
- 化验员按照检验操作规程逐一检验，并记录。
- 检验合格后开具成品检验报告单，经 QC 主管审核。盖上检验专用章的产品检验报告单作为成品入库的凭证。
- 由产品放行受权人负责成品的放行，放行前需检查有无产品合格检验报告单，并审核批生产记录、批包装记录，相关的偏差及变更等，确认符合要求后在产品放行单上签字放行。

6.4 产品销售与退货

【法规要求】

药品生产质量管理规范（2010 年修订）

第一百零五条 物料和产品的运输应当能够满足其保证质量的要求，对运输有特殊要求的，其运输条件应当予以确认。

第一百三十七条 只有经检查、检验和调查，有证据证明退货质量未受影响，且经质量管理部门根据操作规程评价后，方可考虑将退货重新包装、重新发运销售。评价考虑的因素至少应当包括药品的性质、所需的贮存条件、药品的现状、历史，以及发运与退货之间的间隔时间等因素。不符合贮存和运输要求的退货，应当在质量管理部门监督下予以销毁。对退货质量存有怀疑时，不得重新发运。

对退货进行回收处理的，回收后的产品应当符合预定的质量标准和第一百三十三条的要求。

退货处理的过程和结果应当有相应记录。

第二百九十五条 每批产品均应当有发运记录。根据发运记录，应当能够追查每批产品的销售情况，必要时应当能够及时全部追回，发运记录内容应当包括：产品名称、规格、批号、数量、收货单位和地址、联系方式、发货日期、运输方式等。

第二百九十六条　药品发运的零头包装只限两个批号为一个合箱，合箱外应当标明全部批号，并建立合箱记录。

第二百九十七条　发运记录应当至少保存至药品有效期后一年。

【技术要求】

● 企业应依据有关法律、法规和规章，将药品销售给具有合法资格的单位。

● 药品出库应遵循"先产先出"和按批号发货的原则。

● 对有温度要求的药品运输，应根据季节温度变化和运程采取必要的保温或冷藏措施。

● 麻醉药品、精神药品、医疗用毒性药品和危险品的运输应按有关规定办理。

【实施指导】

A. 产品的发货

药品出库应遵循"先产先出"和按批号发货的原则。

每批产品应有发运记录，能追查每批药品的售出情况，必要时应能及时全部召回。要求专人、专柜保管，防止遗失。发运记录的内容至少应该包括：

● 发货人和发货日期。

● 收货单位和地址、顾客姓名和联系方式。

● 产品描述，例如：品名、包装规格、剂型和效价（在适当条件下），批号和数量。

● 运输和贮存条件，运输方式或发货方式。

● 检验报告单号、合同单号。

一般发运记录应至少保存至药品有效期后一年。

B. 产品的运输

运输方式应充分考虑药品的包装完好，以保护药品免受外界影响，故要求在药品外包装上有清楚的运输警示标识。

运输条件应经过确认。储存温度有特殊要求的药品，建议在运输中使用可监控储存条件的设备，例如温度监控储存，监控记录应该可获取用于审核。温度监控设备应定期校验。

C. 产品的销售

药品仅允许销售给具有合法资格的单位。

应建立客户销售档案，内容包括：营业执照、药品经营许可证、法人授权委托书等。销售麻醉药品、精神药品等特殊药品的单位，其药品经营许可证经营范围中应予以注明。

每笔销售有详细记录，以追查每批产品的出厂情况，保证全部产品在必要时能及时召回。

　　建议逐步采用电子计算机进行销售全过程的管理，所有销售管理方面的记录都可贮存于电子计算机内，但要注意保密和防止数据丢失。

D. 产品的退货

　　关于退货的处理流程和相关要求参见本丛书《质量控制实验室与物料系统》分册物料系统部分 11. 退货。

7 验证

本章将探讨以下问题：
- ☞ 工艺验证的目的，即为什么进行工艺验证
- ☞ 工艺验证的方法
- ☞ 口服固体制剂工艺验证的关键控制步骤
- ☞ 如何进行持续的工艺验证
- ☞ 如何开发和设计清洁方法，包括方法种类、如何选择清洁剂、如何制定清洁规程
- ☞ 如何进行清洁分析方法的验证，包括取样方法验证及检验方法验证
- ☞ 如何进行清洁验证的维护，以及相关的日常监控及变更管理
- ☞ 包装验证

7.1 概述

验证是药品生产质量保证的基石，是证明任何程序、生产过程、设备、物料、活动或系统确实能达到预期结果的有文件证明的一系列活动。

2010 版中国 GMP 中第七章"确认与验证"对企业确认和验证工作进行了较详细的描述，这些与欧美法规中的要求基本一致。其中包括了确认和验证的对象、目的、文件的要求、计划和实施、以及对确认和验证状态的维护等。

中国 GMP 1998 版第七章"验证"中有如下叙述"第五十七条 药品生产验证应包括厂房、设施及设备安装确认、运行确认、性能确认和产品验证"，而 2010 版中国 GMP 对验证进行了重新的定义，并将确认作为一个独立的概念从验证中分离出来。其中规定：

"验证是有文件证明任何操作规程（或方法）、生产工艺或系统能达到预期结果的一系列活动。"

"确认是有文件证明厂房、设施、设备能正确运行并可达到预期结果的一系列活动。"

由此即可看出确认与验证已不仅仅是被包含的关系。而验证的范围也从单纯针对工艺扩展为包含所有的生产工艺、操作规程和检验方法，并且新增加了清洁程序验证的内容。

本章中只详细介绍与口服固体制剂生产质量风险关系较大的工艺验证和清洁验证，并简介了厂房设施设备验证，其他公共系统验证参见本丛书《质量管理体系》分册。

7.2 工艺验证

【法规要求】

药品生产质量管理规范（2010年修订）

第一百三十九条 企业的厂房、设施、设备和检验仪器应当经过确认，应当采用经过验证的生产工艺、操作规程和检验方法进行生产、操作和检验，并保持持续的验证状态。

第一百四十条 应当建立确认与验证的文件和记录，并能以文件和记录证明达到以下预定的目标：

（一）设计确认应当证明厂房、设施、设备的设计符合预定用途和本规范要求；

（二）安装确认应当证明厂房、设施、设备的建造和安装符合设计标准；

（三）运行确认应当证明厂房、设施、设备的运行符合设计标准；

（四）性能确认应当证明厂房、设施、设备在正常操作方法和工艺条件下能够持续符合标准；

（五）工艺验证应当证明一个生产工艺按照规定的工艺参数能够持续生产出符合预定用途和注册要求的产品。

第一百四十一条 采用新的生产处方或生产工艺前，应当验证其常规生产的适用性。生产工艺在使用规定的原辅料和设备条件下，应当能够始终生产出符合预定用途和注册要求的产品。

第一百四十二条 当影响产品质量的主要因素，如原辅料、与药品直接接触的包装材料、生产设备、生产环境（或厂房）、生产工艺、检验方法等发生变更时，应当进行确认或验证。必要时，还应当经药品监督管理部门批准。

第一百四十四条 确认和验证不是一次性的行为。首次确认或验证后，应当根据产品质量回顾分析情况进行再确认或再验证。关键的生产工艺和操作规程应当定期进行再验证，确保其能够达到预期结果。

第一百四十五条 企业应当制定验证总计划，以文件形式说明确认与验证工作的关键信息。

第一百四十六条 验证总计划或其他相关文件中应当作出规定，确保厂房、设施、设备、检验仪器、生产工艺、操作规程和检验方法等能够保持持续稳定。

第一百四十七条 应当根据确认或验证的对象制定确认或验证方案，并经审核、批准。确认或验证方案应当明确职责。

第一百四十八条 确认或验证应当按照预先确定和批准的方案实施，并有记录。确认或验证工作完成后，应当写出报告，并经审核、批准。确认或验证的结果和结论（包括评价和建议）应当有记录并存档。

第一百四十九条 应当根据验证的结果确认工艺规程和操作规程。

【背景介绍】

质量保证的基本原则，其目的是要生产的物料符合规定的用途。这些原则可叙述如下：

- 产品的质量、安全性和有效性必须是在设计和制造中得到的；
- 质量不是通过检查或检验成品所能得到的；
- 必须对生产过程的每一步骤加以控制，以使成品符合质量和设计的所有规格标准的几率达到最大程度。

生产工艺验证是保证达到上述质量目的的关键因素。只有对生产过程和生产过程的控制进行适当的设计和验证，药品生产企业才能持续不断地生产出合格的药品。

【技术要求】

对于工艺验证，重要的是药品生产企业对生产工艺有了很充分的理解，已识别出所有对产品质量，操作性及生产成本产生影响的关键工艺参数（critical process parameters，CPP），CPP 的识别应具有一定的科学性并经过充分的证明。

在工艺验证实施前首先要有经审核批准的书面的验证方案，说明验证的方法（和检验）及所要收集的数据资料。收集数据资料的目的必须明确，数据资料必须真实可靠。验证文件应该指出生产过程有足够的重复次数以证明其重现性，而且在连续运行的次数中要规定准确测定变化的情况。通常的做法就是起草审批工艺验证方案，按此进行连续 3 批的验证，对得到的数据进行分析汇总并写出验证报告。

2010 版中国 GMP 引入了设计确认的概念，体现了质量应通过设计实现而不仅仅是最终检验这一"质量源于设计"的理念，并且规定确认或验证的范围和程度应经过风险评估来确定，从而将"质量风险管理"与确认和验证活动结合在一起。

目前，欧盟及美国 FDA 关于工艺验证的法规要求参见表 7-1：

表 7-1　欧美关于工艺验证的法规要求汇总

来源	内容
美国 21 CFR 211	211.100（a）提供了工艺验证的基础，其指出，"应当有设计的书面的用于生产与工艺控制的程序，用以保证药品具有其声称或代表性的鉴别、含量、质量和纯度"
	211.110（a）"…应该建立，以便监测产品的输出并对有可能造成中控物料与药品特性变异的那些生产工艺的性能进行验证" 批样品代表的是所分析的批号［参见§211.160（b）（3）］，取样计划应具有统计学上置信度［§211.165（c）与（d）］，即该批符合其预定的质量标准［§211.165（a）］。第 211.110（b）提供了在建立中控标准时要遵守的两个基本原则。第一项，"中间物料的质量标准应该与最终产品的质量标准相一致"，相应地，对中间物料应当进行控制以确保成品能符合其要求的质量
	211.180（e）要求：产品性能与生产经验的资料和数据要进行定期审核，已确定是否与已批准的工艺有任何变更。产品性能的持续反馈是工艺维护的本质特点
美国 21 CFR Part 11	只适用于根据监管机构法规要求创建，修改，保存，归档，调出或传送的电子记录…11.10 a）系统的验证，以保证准确性，可靠性，稳定的预定性能以及辨识无效或篡改记录的能力

续表

来源	内容
欧盟药事法规第4卷，欧盟人与兽药药品生产质量管理规范第五章	5.22 当采用新的生产处方或者制备方法时，应先证明其适合常规生产的步骤。详细的过程，特定的物料和设备，才能始终如一地生产出所要求质量的产品
	5.23 应该验证生产过程中的重大修改，包括影响产品质量和工艺再现性的设备和物料的任何变化
	5.24 应该定期的对工艺和程序进行严格的再验证来保证他们有能力达到预期的结果
欧盟药事法规第4卷，欧盟人与兽药药品生产质量管理规范附录15确认和验证	21 工艺验证应在该药品被放行并销售（即前验证）之前完成。然而在特殊情况下这种情况并不适用；有时有必要在正常生产期间实施工艺验证（即同步验证）。同时对于所使用的工艺，一段时期后应重新再验证（回顾性验证）
	22 所使用的设备，系统和仪器应经过确认并且所用的分析检验方法应得到验证。执行验证的人员应受到过相关的培训
	23 设备，系统，仪器和工艺应定期评估验证以保证他们处于正常工作状态

【实施指导】

A. 工艺验证的基本概念

（1）工艺验证（process validation）的定义

不同国家/地区的法规和指南对工艺验证的定义基本相同，本指南将工艺验证理解为：

收集并评估从工艺设计阶段贯穿整个生产的数据，用这些数据来确立科学证据，证明该工艺能够始终如一地生产出优质产品。工艺验证涉及到了在产品生命周期及生产中所发生的一系列活动。

（2）工艺验证的目的
- 为系统控制提供文件化证据
- 评价生产方法
- 保证工艺和产品达到标准
- 保证工艺的可靠性
- 保证产品均一/均匀

（3）工艺验证的前提条件
- 所有前期确认都已完成，如设备确认，公用系统（空调系统及工艺用水系统）确认
- 各种批准的生产工艺文件都已具备，如经审批的批生产记录，工艺验证方案等
- 质量标准；成品和中间控制程序已批准
- 取样计划：包括取样位置及取样量
- 确定验证生产批次，通常进行连续三批
- 产品稳定性试验方案

B. 工艺验证的阶段及一般步骤

（1）工艺验证的阶段性

工艺验证的所段性见表7-2、表7-3。

表 7-2　FDA 2011 版工艺验证指南描述的工艺验证三个阶段

第一阶段工艺设计	第二阶段工艺确认	第三阶段持续工艺核实
在该阶段，基于从开发和放大试验活动中得到的知识确定工业化生产工艺	在这一阶段，对已经设计的工艺进行确认，证明其能够进行重复性的商业化生产	工艺的受控状态在日常生产中得到持续地保证

表 7-3　2010 版 GMP 对验证阶段性的要求

第一阶段 第一百四十一条	第二阶段 第一百四十四条	第三阶段 第一百四十二条
采用新的生产处方或生产工艺前，应当验证其常规生产的适用性。生产工艺在使用规定的原辅料和设备条件下，应当能够始终生产出符合预定用途和注册要求的产品	确认和验证不是一次性的行为。首次确认或验证后，应当根据产品质量回顾分析情况进行再确认或再验证。关键的生产工艺和操作规程应当定期进行再验证，确保其能够达到预期结果	当影响产品质量的主要因素，如原辅料、与药品直接接触的包装材料、生产设备、生产环境（或厂房）、生产工艺、检验方法等发生变更时，应当进行确认或验证。必要时，还应当经药品监督管理部门批准

（2）工艺验证（第二阶段）的一般步骤

工艺验证的一般步骤见图 7-1。

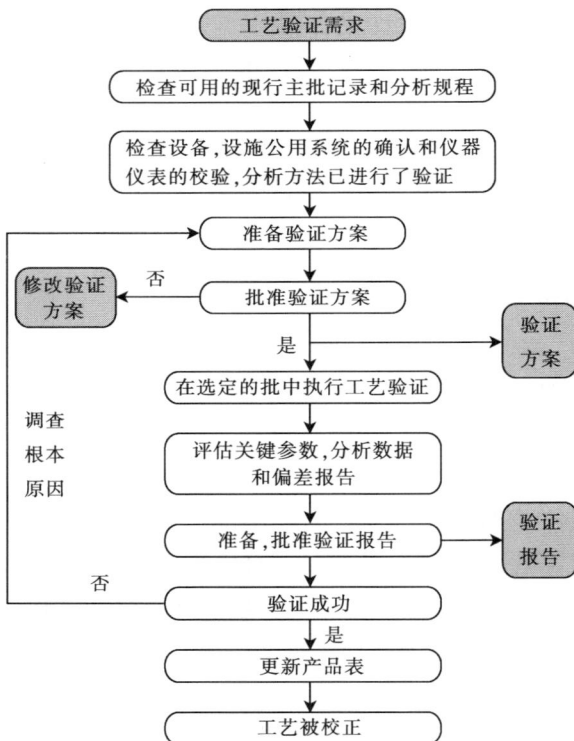

图 7-1　工艺验证的一般步骤

确定一个产品需进行工艺验证后：

①首先确认已基于拟验证的工艺编制并批准了批生产记录及相应的产品质量标准和检

验规程；

②确认同该验证相关的生产设备、公用设施已完成了相关的确认，并且关键仪表均已校验且都在有效期内；对于不能进行连续生产的产品，在每次验证前是否都检查确认了关键设备、仪表的校验在校验期内。

③前期确认工作完成后应起草工艺验证方案；验证时工艺运行的次数应依据工艺的复杂性或考虑工艺变更的大小来定，一般工艺验证最少应进行连续三批商业批量的验证；

④验证方案应经验证相关部门进行审核并经质量负责人批准；方案应指出进行验证（和分析）的方法以及所要收集的数据资料。方案应指出验证的生产过程的重复次数以充分证明其重现性。方案中应对参与验证的相关人员的培训状况、支持验证的文件、相关的仪器仪表、物料的适用性、生产设备和公用系统的状况以及产品质量标准及检验方法等进行预先确认*。

⑤按照批准的验证方案进行验证；

⑥验证报告

● 讨论并相互参照方案的各个方面

● 按照方案规定汇总所收集的数据并进行分析

● 评价任何意料不到的观察结果以及方案中没有规定的额外数据

● 总结讨论所有生产中的不符合项，如偏差、异常检测结果或其他与公用有效性相关的资料

● 充分真实地描述对现有程序与控制方法所采取的任何纠正措施或变更

● 明确地陈述结论，说明数据是否表明了这一工艺与方案中建立的条件相符合，以及工艺是否可视为处于足够受控状态。否则，该报告应阐明在能得出这样一个结论前还应当做些什么。该结论应该建立在有证明文件的判定理由之上，考虑到从设计阶段到工艺确认阶段所获得的整个知识及信息的汇编，这种理由也是批准该工艺并放行该验证批次产品所需的

● 包括所有适当的部门与质量部门的审核与批准

⑦验证完成后，根据稳定性方案留样进行考察，并对稳定性数据进行评估，根据三批的稳定性数据确定产品的有效期；针对新产品，其效期可执行生产批件上的暂定效期，待获得足够的稳定性数据支持后再确定其效期。

⑧如验证不成功，则应进行调查，只有在找出验证不成功的原因后，才可以进行修订验证方案重新进行验证。

分析方法：工艺知识的获得依赖于准确和精密的测量技术，这些技术用于检测和检验药品原料、中间物料以及成品的质量。对于预测工艺输出结果有价值的数据，至关重要的是所用的分析方法应科学合理，分析方法应进行了充分的验证。分析方法验证请参见本丛书《质量控制实验室与物料系统》分册质量控制实验室部分13. 分析方法的验证和确认。

（3）工艺验证的种类

工艺验证方法通常有三种：前验证，同步验证和回顾性验证；前验证/前瞻性验证是首选的方法，但在其他方法可采用的情况下也有例外。

①前验证/前瞻性验证（prospective validation）

是指投入使用前必须完成并达到设定要求的验证。

当生产一个新产品前或产品的某一生产过程发生了变动，且可能影响到产品特性的，在经过变更程序进行评估并批准后，应采用前验证的方式进行工艺的验证。

此类验证应包括充分、完整的产品和工艺开发资料。验证资料包括但并不仅限于：

- 产品开发阶段的配方设计、筛选及工艺优化确已完成
- 有代表性的试生产（相对正式批量大生产而言，通常不小于大生产批量的十分之一）已经完成，关键的工艺及工艺变量、参数的控制限度已经确定
- 如果适用，无论工艺的简繁程度如何，可包括至少一个批号的代表性试生产以确认研发报告中的设计空间是否能用于商业化大生产
- 从中试放大到代表性试生产中应无明显的"数据漂移"或"工艺过程的因果关系发生畸变"现象
- 每一生产步骤都应有正式批准的SOP，以使操作员工懂得生产要求，指导操作人员按照批准的SOP进行每一个阶段的生产操作

验证至少应包括：

- 工艺的简短描述；
- 将要验证的关键性工艺步骤的概要；
- 验证时使用到的设备仪器目录及其校验状态；
- 成品的放行标准和检验方法；
- 快捷的中间控制标准和检验方法；
- 取样计划；
- 记录和结果评估方法。

验证的批量应与大生产的批量相同。验证的批次可依据产品和生产工艺的特点确定，但不应少于三个连续生产批次。

对前验证，可接受标准的设定是验证研究的重要组成部分，要注意以下原则：

- 符合注册批准的质量标准和注册工艺中的关键控制参数（CPP）；
- 注意批和批之间的一致性（批内的一致性和批间的一致性）；
- 如果工艺是通过技术转移得到的，需要把工艺验证批次和工艺提供方的工艺进行比较，确保工艺的一致性，例如溶出曲线的一致性。

如果是与变更控制相关的工艺验证，三批工艺验证数据要被证明是当前工艺趋势的延伸（例如可以通过变更之前生产工艺的三十批产品数据与三批工艺验证产品数据统计学分析来证明），即表明变更对产品质量没有影响。

前验证/前瞻性验证一般流程图见图7-2。

②同步验证（concurrent validation）

在一些情况下，可在正常生产过程中对工艺进行适当的验证。如，该产品同原来已经验证过的产品的规格不同，或者是片子的形状不同，或是该产品的工艺已经很成熟。

在一些特殊的情况下，正常生产前没有完成验证和/或该产品使用验证过的，但已经变更的工艺生产，无法从连续生产中得到数据可以使用同步验证的方式。

同步验证的文件要求同前验证/前瞻性验证。

③回顾性验证（retrospective validation）

回顾性验证适用于已经积累批生产、检验、控制数据的已上市产品的工艺验证。

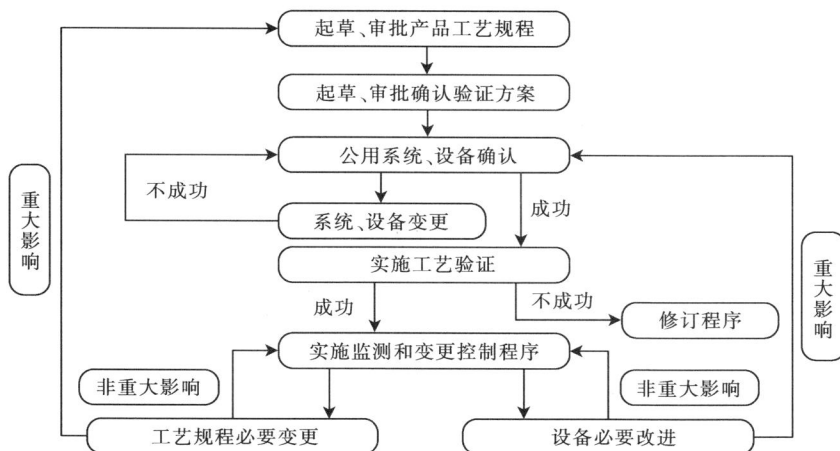

图 7－2　前验证/前瞻性验证一般流程图

　　某些工艺已确立很久，并且原料、设备、系统、设施或生产工艺的变化对产品质量没有明显的影响，可以例外的进行回顾性验证。此验证方法通常适用于下列情况：

● 关键质量属性和关键工艺参数均已确定；

● 已确立了合适的过程控制和认可标准；

● 除人员操作失误或设备故障外，从没有出现与设备适应性无关的因素之外的原因而造成重大的产品不合格。

回顾性验证应包括但并不仅限于以下步骤（图 7－3）：

● 准备验证方案；

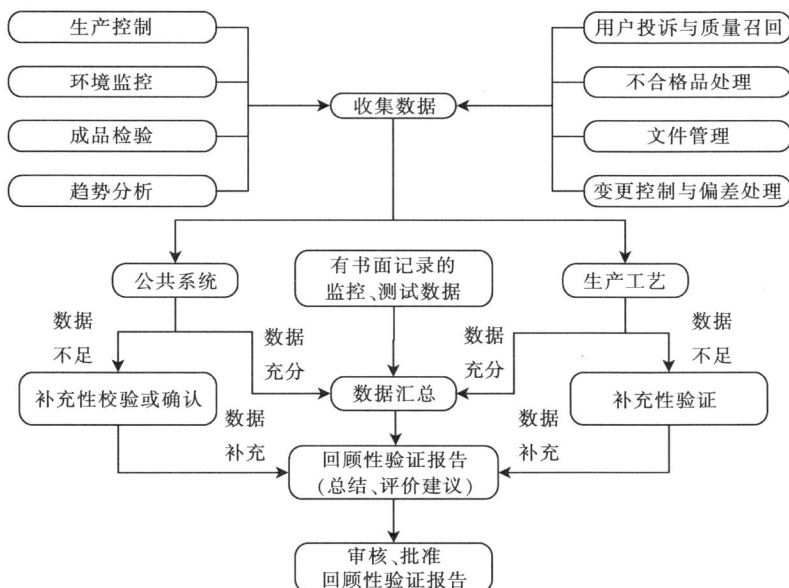

图 7－3　回顾性验证一般流程图

- 回顾性验证所选择的批次应具有回顾阶段所生产批次的代表性，包括不合格批。批次应足以证明工艺的一致性和稳定性。一般需总结连续 10~30 批的产品生产过程，如经证明合理可减少验证批次；
- 对回顾批次的产品生产过程的数据统计和分析；
- 得出结论和建议。

回顾性验证基于历史性数据，这些数据应包括但并不仅限于：

- 批生产和批包装记录；
- 工艺规程；
- 产量的统计；
- 设备维修保养记录；
- 变更与偏差记录；
- 中间控制数据和成品检验数据，包括趋势图和稳定性数据。

C. 工艺验证的关键步骤

并不是所有的工艺步骤都需要验证，应将验证的重点放在关键工艺步骤上，通常关键工艺步骤包括以下内容：

- 任何改变产品性状的步骤；
- 所有影响产品均一性的步骤；
- 所有影响鉴别、纯度或质量标准的步骤；
- 包括延长储存期的步骤。

工艺验证中所包含的关键工艺参数，应根据产品的特性及风险评估结果进行适当地识别。

（1）关键步骤及控制参数

本部分内容重点以片剂和胶囊剂为例介绍各操作单元的关键步骤及控制参数，下文中涉及到工艺参数及考察指标仅做参考。在实际生产过程中，各公司需结合已注册的产品工艺对产品进行适当的风险评估以确定关键工艺参数及控制指标。

①干混直接压片工艺

称量 → 过筛 → 混合 → 分料 → 压片

干混直压工艺的关键步骤及控制参数示例见表 7-4。

表 7-4　干混直压工艺的关键步骤及控制参数示例

工序	工艺参数	考察指标
原辅料控制	如必要，粉碎/过筛的筛网目数	物料粒度分布，水分
混合	批量；混合速度；混合时间	混合均匀度
分料（如必要）	—	含量均匀度
压片	压片机转速、主压力；加料器转速	片子外观，片重，片重差异，片厚，脆碎度，硬度，溶出度/崩解度，含量均匀度
胶囊填充	胶囊填充机机速、真空度（如必要）	装量差异，水分，溶出度，含量均匀度

续表

工序	工艺参数	考察指标
包衣	包衣液的制备：投料顺序；制备温度和搅拌时间；过滤网孔径	外观，包衣增重，水分，硬度，溶出度/崩解度
	预加热：片床温度；排风温度及风量；锅体转速；预加热时间	
	喷浆：进风温度及风量；锅内负压；片床温度；蠕动泵转速；浆液温度和雾化压力；喷浆量；排风温度及风量；锅体转速	
	干燥：进风温度；锅内负压；片床温度；排风温度和风量；锅体转速；干燥时间	
	冷却：进风温度；锅内负压；片床温度；排风温度和风量；锅体转速；降温时间	

②湿法制法工艺

称量 → 过筛 → 制粒 → 干燥 → 干整粒
包衣 ← 压片 ← 分料 ← 混合 ← 干整粒

湿法制粒的关键步骤及控制参数示例见表 7-5。

表 7-5 湿法制粒的关键步骤及控制参数示例

工序	工艺参数	考察指标
原辅料控制	如需要，粉碎/过筛的笼底目数	物料粒度分布，水分
湿法制粒	批量，制粒机切刀和搅拌的速度； 添加黏合剂的速度、温度和方法； 原料装料的顺序； 制粒终点判定； 湿法整粒方式和筛网尺寸； 出料方法	粒度分布，水分，松紧密度（如需要）；如可能，可采用 PAT 技术（过程控制技术）进行在线监测
干燥	批量；进风温度、湿度和风量和出风温度； 产品温度；干燥时间；颗粒水分	水分
整粒	筛网尺寸；整粒类型；整粒速度；颗粒的粒度分布；	粒度分布，水分
混合	批量；混合速度；混合时间	混合均匀度
分料（如必要）	—	含量均匀度
压片	压片机转速、主压力；加料器转速	外观，片重，片重差异，片厚，脆碎度，水分，硬度，溶出度/崩解度，含量均匀度
胶囊填充	胶囊填充机机速、真空度（如必要）	装量差异，水分，溶出度，含量均匀度
包衣	包衣液的制备：投料顺序；制备温度和搅拌时间；过滤网孔径	外观，包衣增重，水分，硬度，溶出度/崩解度
	预加热：片床温度；排风温度及风量；锅体转速；预加热时间	
	喷浆：进风温度及风量；锅内负压；片床温度；蠕动泵转速；浆液温度和雾化压力；喷浆量；排风温度及风量；锅体转速	
	干燥：进风温度；锅内负压；片床温度；排风温度和风量；锅体转速；干燥时间	
	冷却：进风温度；锅内负压；片床温度；排风温度和风量；锅体转速；降温时间	

③干法制粒工艺

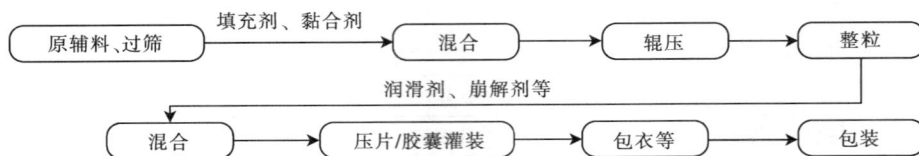

干法制粒的关键步骤及控制参数示例见表 7－6。

表 7－6　干法制粒的关键步骤及控制参数示例

工序	工艺参数	考察指标
原辅料控制	供应商需严格控制原辅料颗粒的物理特性，如特殊需要时，过筛的筛底目数	物料粒度分布，水分，堆密度等
制粒前混合	混合机类型/方式；加料顺序；混合速度；批量；混合时间；体积比等等	混合均匀度
辊压与整粒	自动模式；辊压压力；进料速度；薄片厚度；真空压力；筛网孔径；辊压表面	辊压夹角，堆密度，薄片强度，颗粒可压性
混合	混合速度；批量；加料和出料方式；体积比；混合时间	混合均匀度
压片	自动模式；压片机转速；加料器转速；主压力；填料深度；冲头数等等	片重/片重差异，片厚，水分，溶出度/崩解度，含量均匀度，硬度，外观等
胶囊填充	胶囊填充机机速、真空度	胶囊质量，水分，溶出度，含量均匀度
颗粒剂灌装	灌装机机速	装量差异
包衣	包衣液的制备：投料顺序；制备温度和搅拌时间；过滤网孔径	外观，包衣增重，片重/片重差异，片厚，水分，溶出度/崩解度，含量均匀度
	预加热：片床温度；排风温度；锅体转速；预加热时间	
	喷浆：进风温度；锅内负压；片床温度；蠕动泵转速；浆液温度和雾化压力；喷浆量；排风温度；锅体转速	
	干燥：进风温度；锅内负压；片床温度；排风温度和风量；锅体转速；干燥时间	
	冷却：进风温度；锅内负压；片床温度；排风温度和风量；锅体转速；降温时间	

D. 验证的执行

- 在工艺验证前，工艺验证方案应完成了审批；参加工艺验证的相关人员进行了适当的培训；

- 根据工艺验证方案中的项目逐一进行验证，并及时记录验证结果；每个验证项目的结果都应该经过审核。

本节中分别列举了干混直接压片工艺验证及湿法工艺验证的工艺验证程序示例，仅做参考，可参考下文【实例分析】。

E. 工艺验证报告

- 所有验证项目都完成后，汇总所有的原始数据完成验证报告（验证各批的试验记录及数据），验证报告中应明确的包含此次验证的结论。

- 评价和建议，包括再验证的时间建议。
- 最终验证报告的审批。
- 验证文件的保管及归档。

F. 工艺验证的定期审核

现在很多企业都在执行"再验证"系统，当完成某一工艺的工艺验证后，定期进行再验证，例如有的公司 SOP 中规定当没有发生变更和偏差的情况，对生产工艺 3 年进行一次再验证。再验证的目的是为了保证工艺处于"验证"状态，即工艺处于可控状态。随着 2011 年 FDA 工艺验证指南的发布，越来越多的企业开始把工艺验证的定期审核纳入公司的验证体系，新指南中强调了生产过程中持续的验证。公司可以通过定期审核评估工艺的状态，例如，通过年度回顾的方式，对工艺进行评估，或者根据产品的生产频率及生产批次进行周期性评估。这些评估都是为了确保工艺仍然在持续有序的运行，这种定期审核变成了工艺验证的一部分。

如果在工艺验证的定期审核阶段，物料，设备、设施，工艺等发生了较重大的变更，应根据变更控制程序的要求进行相关的再验证。

【实例分析】

A. 直接压片工艺验证

以产品 A 为例，其工艺为干法压片工艺，其中活性成分占总片重不足 25%。下面将围绕关键工艺步骤对工艺过程中的工艺参数及中间控制标准进行验证。

（1）直接压片工艺流程图

```
称量  →  过筛  →  混合  →  分料  →  压片
```

以上流程图中，混合过程，卸料过程，压片过程为关键工艺步骤，下面将对这四个步骤的验证项目及验证标准进行讨论。

（2）验证项目

①混合过程

在直接压片工艺中，混合是相当关键的步骤。对于小剂量药物，混合显得更为重要。如果混合不均匀，会对产品的安全性和有效性带来风险。

生产过程中有时是一步混合，有时是几步混合。一步混合是把过筛后的物料直接转移至混合容器中，在指定的参数下进行混合。几步混合是指先把一部分物料转移至混合容器中，在指定参数下进行混合，然后再加入某些物料、润滑剂、崩解剂等再在指定的参数下混合。

当只有一步混合的时候，应在混合完成时，评估物料是否混合均匀。但是当存在几个混合阶段时，一般选择在最后一步混合后评估物料是否混合均匀。

- 验证的目的：确定混合参数
- 关键工艺参数：混合时间、混合转数
- 验证方法：按生产指令依次加入物料，然后在转速下混合×转或混合×分钟。按计划在混合容器中取样
- 验证的项目：混合均匀度

- 检测方法：经验证的测定混合均匀度的方法
- 接受标准：85% ~ 115%，RSD ≤ 5.0%。当第一份样品检测不合格时，应按照 OOS 管理程序进行调查，确定非实验室偏差后再对第二份、第三份样品同时进行检验，对三份样品的数据进行评估，确定是否符合要求，可参见 FDA 关于混合均匀度验证指南中的相关要求。
- 取样计划
  ○ 取样时间：最终混合阶段的各个验证点
  ○ 取样点：根据混合容器的构造，设计取样点。但是取样点必须有代表性
  ○ 取样量：1 ~ 3 倍单位剂量，每个点取样 3 份

无论公司使用什么类型的混合容器，例如：V - 混合容器，双锥混合容器，Bin - 混合容器，取样都必须有代表性，一般取样 6 ~ 10 个。每个取样点重复取样 3 份。

下面就常用的几个代表性取样进行简单介绍。

- Bin - 混合容器

Bin - 混合容器及其取样点示意图见图 7 - 4。

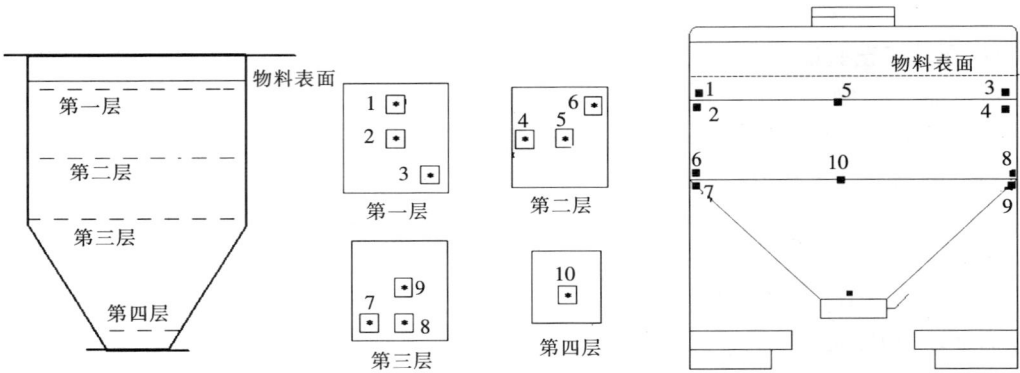

图 7 - 4   Bin - 混合容器及其取样点示意图

- V - 混合容器

V - 混合容器示意图见图 7 - 5。

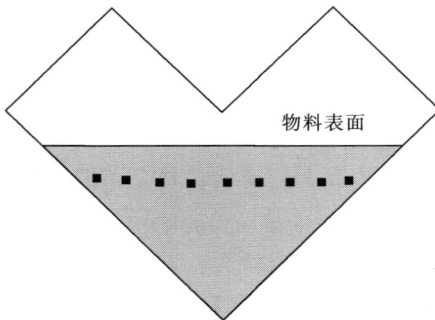

图 7 - 5   V - 混合容器示意图

● 双锥混合容器

双锥混合容器见图 7 - 6。

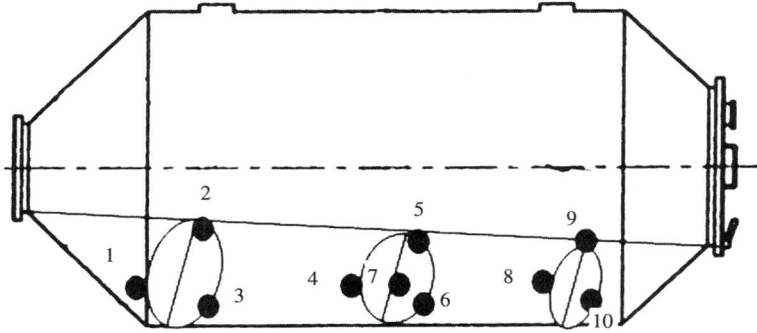

图 7 - 6　双锥混合容器示意图

上面提供了几个取样示意图仅供参考。企业应根据设备情况设计取样方案，对同一种设备可以有不同的取样方案，但取样设计应具有代表性。

②分料过程

有的企业混合完成后，直接把混合容器转移至压片工序，进行压片，这时候就不存在卸/分料过程。有些企业的混合容器不能直接转移至压片工序，需要把物料分卸至几个小型的中转容器中。由于颗粒或物料的大小，形状和密度的不同，可能在分离流动或震荡的过程中将粗糙和精细的物料分开，导致物料分离或分层。所以也需要对卸料过程进行验证，证明在粉料后物料不会分层。

● 验证的目的：评估卸料过程中物料是否分层
● 验证方法：卸料后在中转容器中取样
● 验证的项目：混合均匀度
● 检测方法：同混合阶段
● 接受标准：同混合阶段
● 取样计划
○ 取样时间：分料阶段的各个验证点
○ 取样点：根据中转容器的构造，设计取样点。但是取样点必须有代表性
○ 取样量：1～3 倍单位剂量，每个点取样 3 份

③颗粒的存放周期验证

如有必要，企业应根据对该产品生产工艺设计的理解及生产计划对颗粒的存放周期进行适当的验证，以保证颗粒在存放周期内的产品质量。

● 验证的目的：确定物料在车间正常条件的存放周期
● 验证方法：取验证批的一部分物料，存放在适当的包装形式下（根据产品的性质而定），把物料置于车间正常条件下存放一定的周期
● 验证项目：颗粒的形状、水分、含量、有关物质
● 取样周期：在拟定存放周期内，在不同的时间段进行取样，已确定合适的存放周期。
● 取样位置：颗粒表面下 X 厘米（有代表性的位置）

● 接受标准：颗粒无结块，水分，含量、有关物质等指标符合规定标准

④压片过程

在正常的商业大生产中，压片阶段的中间控制都要在验证中得到证实。

● 验证的目的：确定压片过程的工艺参数
● 关键工艺参数：压片机转速
● 验证方法：按验证参数进行压片
● 验证项目：片子的常规检验（外观，片重、片重差异、片厚、硬度、脆碎度），含量，含量均匀度，崩解/溶出度，水分等
● 接受标准：按处方研发的标准控制压片过程中片子的标准
● 取样计划：取样频率高

某一产品的批量为100kg，在设定的参数下计划3.5小时全部压完。下面是一个取样的例子，仅供参考。

时间	0.5h	1h	1.5h	2h	2.5h	3h	3.5h
外观，片重，片重差异，片厚，硬度	√	√	√	√	√	√	√
脆碎度，含量，含量均匀度，崩解，溶出	√		√		√		

在验证过程中，如果使用不同的压片参数，如压片机转速，主压力，加料器转速等，上表中的验证项目都需要进行评估。

B. 湿法制粒压片工艺验证

以产品B为例，其工艺为高剪切湿法制粒压片工艺，并且为包衣片，此包衣为非功能性包衣。其中活性成分占总片重不足25%。下面将围绕关键工艺步骤对工艺过程中的工艺参数及中间控制标准进行验证。

（1）湿法制粒工艺流程图

以上流程图中，制粒过程、干燥过程、混合过程、分料过程、颗粒存放周期验证、压片过程、包衣过程、素片的存放周期验证为关键工艺步骤，下面将对这八个步骤的验证项目及验证标准进行讨论。

（2）验证项目

①湿法制粒

● 验证的目的：确定制粒过程的工艺参数
● 关键工艺参数：喷黏合剂速度，喷液时间等
● 接受标准：制备符合要求的颗粒

②干燥过程

● 验证的目的：确定干燥过程的工艺参数
● 关键工艺参数：进风和出风温度，干燥时间
● 验证方法：物料温度到达终点温度后，停机，取样检测水分

● 验证的项目：颗粒水分，粒径分布

粒径分布在此并不作为一个指标，是为了更好了解产品，为以后的商业生产提供一定的数据指导。

● 接受标准：水分符合既定标准（在产品的研发设计阶段中确定水分的标准）。

● 取样计划：干燥完成后，取样测定水分及粒径分布

因设备差异及产品的不同特性，有的公司以干燥时间作为干燥终点，有的公司以物料温度作为干燥终点，无论干燥终点如何判定，最终的考察指标都是颗粒的水分。

③混合过程

参见本章节【实例分析】A 直接压片工艺验证①混合过程。

④分料过程

参见本章节【实例分析】A 直接压片工艺验证②分料过程。

⑤颗粒存放周期验证

参见本章节【实例分析】A 直接压片工艺验证③颗粒存放周期验证。

⑥压片过程

参见本章节【实例分析】A 直接压片工艺验证④压片过程。

⑦包衣过程

● 验证的目的：确定包衣过程的参数

● 关键工艺参数：喷浆速度、片床温度、进风温度等

● 验证方法：按设定的参数对片子进行包衣

● 验证项目：包衣片外观，包衣增重，崩解或溶出

● 接受标准：外观良好，包衣增重符合要求，崩解或溶出符合既定要求

⑧素片的存放周期验证

企业根据自身的生产经验，例如，一般生产完成后，根据车间的排产情况，对素片进行存放周期验证。例如，某车间压片完成后，一般在 10 天内就进行包衣，那么在进行验证时，可以进行为期 10 天或 14 天的存放周期验证。

● 验证的目的：确定素片在车间正常条件的存放周期

● 验证方法：取验证批的一部分素片，把素片置于车间，存放一段时间

● 验证项目：素片的外观、水分、脆碎度、含量、有关物质、崩解度、溶出度

● 取样位置：代表性取样

● 接受标准：外观良好，水分、脆碎度、含量、有关物质、崩解度、溶出度符合要求

关于含量均匀度检测的要求，请参考药典相关内容。

C. 工艺验证方案示例

> 1　概述和目的
>
> 1.1　概述：对拟进行工艺验证产品的信息描述。
>
> 1.2　目的：本验证方案是为了证明按照此方案中描述的生产工艺，车间能始终如一的生产出质量稳定的，符合既定标准的产品。
>
> 2　范围
>
> 本方案适用于×××的生产工艺验证。

3 验证组织及职责

3.1 验证方案和报告的起草、审核和批准

3.2 验证方案的培训

3.3 确认的组织实施和确认过程中的变更和偏差

3.4 实施人员的确认

4 方案说明

4.1 方案应首先指明验证的目的、范围，并规定该验证方案在实施过程中各部门的职责。

4.2 本方案是在该工艺所涉及的主要工艺设备都已通过确认的基础上进行的。

4.3 本方案对 **** 的工艺处方进行描述，并且列出直观化的工艺流程图和工艺控制点，并按照按此方案实施工艺验证，顺利完成连续三批次产品的验证。

4.4 对验证过程中出现的漏项及偏差的处理要求。

4.5 对验证过程中诸如记录填写等方面的要求。

4.6 根据公司制度对其在验证过程中涉及到的他方面的相关要求。

5 工艺描述

验证产品的相关信息，工艺描述，工艺流程图及关键工艺控制点及其参数。

6 验证前的检查

6.1 人员资格审查与方案培训的确认

6.2 验证所需文件的确认

6.3 设备设施的确认

6.4 仪器仪表校验的确认

6.5 生产环境的确认

7 验证内容

7.1 验证项目

工序	验证项目		验证内容
1. 领料	1.1	目的	确认使用的原辅料和包装材料未受到污染，且均已检验合格
	1.2	检查方法	目视物料外包完整，有合格标签并有检验报告单
	1.3	接受标准	每件物料外包洁净、完整无破损，有合格标签，每批物料附检验报告单
	1.4	检查结果	
2. ****	2.1	目的	
	2.2	标准操作	
	2.3	取样及检测计划	2.3.1 取样时间： 2.3.2 取样位置：******，具体取样位置见取样图示 2.3.3 取样量： 2.3.4 取样工具： 2.3.5 取样记录见 ******。
	2.4	检测方法	
	2.5	接受标准	
	2.6	检查结果	

7.2 验证过程中样品编号原则：对于验证过程中的取样应制定样品编号原则，并在取样后对样品明确进行标识。

8 验证总结、评价与建议

应写明对此次验证的明确的结论，验证总结中应包含对验证过程中所出现的变更/偏差的分析处理情况。

7.3 清洁验证

【法规要求】

药品生产质量管理规范（2010 年修订）

第七十一条 设备的设计、选型、安装、改造和维护必须符合预定用途，应当尽可能降低产生污染、交叉污染、混淆和差错的风险，便于操作、清洁、维护，以及必要时进行的消毒或灭菌。

第七十二条 应当建立设备使用、清洁、维护和维修的操作规程，并保存相应的操作记录。

第七十四条 生产设备不得对药品质量产生任何不利影响。与药品直接接触的生产设备表面应当平整、光洁、易清洗或消毒、耐腐蚀，不得与药品发生化学反应、吸附药品或向药品中释放物质。

第七十六条 应当选择适当的清洗、清洁设备，并防止这类设备成为污染源。

第八十四条 应当按照详细规定的操作规程清洁生产设备。

生产设备清洁的操作规程应当规定具体而完整的清洁方法、清洁用设备或工具、清洁剂的名称和配制方法、去除前一批次标识的方法、保护已清洁设备在使用前免受污染的方法、已清洁设备最长的保存时限、使用前检查设备清洁状况的方法，使操作者能以可重现的、有效的方式对各类设备进行清洁。

如需拆装设备，还应当规定设备拆装的顺序和方法；如需对设备消毒或灭菌，还应当规定消毒或灭菌的具体方法、消毒剂的名称和配制方法。必要时，还应当规定设备生产结束至清洁前所允许的最长间隔时限。

第一百四十三条 清洁方法应当经过验证，证实其清洁的效果，以有效防止污染和交叉污染。清洁验证应当综合考虑设备使用情况、所使用的清洁剂和消毒剂、取样方法和位置以及相应的取样回收率、残留物的性质和限度、残留物检验方法的灵敏度等因素。

第一百九十七条 生产过程中应当尽可能采取措施，防止污染和交叉污染，如：

（六）采用经过验证或已知有效的清洁和去污染操作规程进行设备清洁；必要时，应当对与物料直接接触的设备表面的残留物进行检测；

【背景介绍】

药品生产每道工序完成后，对制药设备进行清洗是防止药品污染和交叉污染的必要手段。

在制药工业中，清洁的概念就是指设备中各种残留物（包括微生物及其代谢产物）的总量低至不影响下批产品的规定的疗效、质量和安全性的状态。通过有效的清洗，可将上批生产残留在生产设备中的物质减少到不会影响下批产品疗效、质量和安全性的程度。由于有效的清洗除去了微生物繁殖需要的有机物，创造了不利于微生物繁殖的客观条件，便于将设备中的微生物污染控制在一定水平。

设备的清洁程度，取决于残留物的性质、设备的结构、材质和清洗的方法。对于确定的设备和产品，清洁效果取决于清洗的方法。书面的、确定的清洁方法即所谓的清洁规程。清洁验证即对清洁规程的效力进行确认，通过科学的方法采集足够的数据，以证实按规定的方法清洁后的设备，能始终如一地达到预定的清洁标准。

【技术要求】

A. 清洁验证的法规汇总

2010 版中国 GMP 借鉴国际先进理念，强化对清洁技术的设计，适宜的清洁剂、消毒剂、杀孢子剂的使用，完善清洁验证流程。

应根据产品性质、设备特点、生产工艺等因素拟定清洁方法并制定清洁规程。制定清洁规程时应考虑各种设备的清洁周期、设备的拆卸、清洁剂的选择、清洗方法（包括清洗次序、各种参数等）、清洁效果的确认、设备贮存管理等。验证方案中最关键技术问题为如何确定限度，用什么方法能准确地定量残留量，清洁验证不应采用"不断测试，直至清洁"的方式。

下面列出欧盟和美国 FDA 对清洁验证的一些要求（表 7-7），供有需要的企业参考。

表 7-7　欧美关于清洁验证的法规要求汇总

来源	内　容
美国 FDA cGMP 211.67	第 1 条：建立书面标准操作规程（SOP），其中必须详细规定设备各部件的清洗过程。
	第 2 条：必须建立书面的清洗方法验证通则。
	第 3 条：清洗方法验证通则应规定执行验证的负责人、批准验证工作的负责人、验证标准（合格标准）、再验证的时间。
	第 4 条：对各生产系统或各设备部件进行清洗验证之前，应制定专一特定的书面验证计划，其中应规定取样规程、分析方法（包括分析方法的灵敏度）。
	第 5 条：按上述验证计划进行验证工作，记录验证结果。
	第 6 条：做出最终的验证报告，报告应由有关管理人员批准，并说明该清洁方法是否有效。

续表

来源	内容
欧盟药事法规第4卷,欧盟人与兽药药品生产质量管理规范 附录15 确认和验证	第36条:为确认清洁规程的效力,应进行清洁验证。应根据所涉及的物料,合理的确认产品残留、清洁剂和微生物污染的标准。这个限度标准应该是可以达到的,能够证实的。
	第37条:应使用经验证的、检出灵敏度高的检验方法来检测残留或污染物。每种分析方法或仪器的检测灵敏度应足以检测出设定合格限度水平的残留或污染物。
	第38条:通常只有接触产品设备表面的清洁规程需要验证。某些场合下,还应考虑不直接接触产品的部分。应验证设备使用与清洁的间隔时间,以及已清洁设备可保留的时间,并通过验证确认清洁的间隔时间和清洁方法。
	第39条:对于相似产品和相似工艺而言,可从相似产品及工艺中,选择一个具有代表性产品和工艺进行清洁验证。可采用"最差条件"的方法进行单独的验证试验,在验证中应考虑关键因素。
	第40条:为证明方法是经过验证的,通常应在3个连续批上使用该清洁规程,并验证合格。
	第41条:清洁验证不应采用"不断测试,直至清洁"的方式。
	第42条:如果实际产品是有毒物质或有害物质,在清洁验证中,可以例外地采用物化特性相似的无毒无害物质来模拟。

B. 清洗验证的要求

（1）建议至少进行连续三批的验证

每批生产后按照清洁规程清洁,按验证方案检查清洁效果、取样并化验。重复上述过程三次。三次试验的结果均应符合预定标准。

不得采用重新取样再化验直至合格的方法。如检测不合格,应调查原因为清洁方法不当还是人员操作失误等原因。如为清洁方法原因,应重新制定清洁规程,重新取样,进行验证。

（2）采用已经验证的分析方法

检验方法应足以检测出设定合格限度水平的残留或污染物。

（3）对擦拭取样方法验证

棉签擦拭方法需进行回收率验证。

取样点的选择应有代表性,考虑取样部位材质、取样面积、是否直接接触药品等因素,应同待检测设备相适应。

如胶塞填充机最难清洁的部位为下模盘,但其未与药品直接接触,故不考虑其为取样点。而计量盘与药品接触最多,表面积小且深,最易隐藏残留物,故选择计量盘为取样点。

（4）根据具体情况进行再验证

在发生各种变更时,需进行评估是否必要再进行清洁验证。

通过日常监控数据的回顾,确定是否需要再验证或确认再验证的周期。

【实施指导】

A. 清洁方法的开发和设计

（1）常用清洁方法

①常用清洁方法类型，可参见本指南4.1.3设备的清洗。

● 手工清洁

适用：无CIP装置、内部结构复杂的部件。

特点：投入少、但重现性差、可能产生二次污染。

● 在线清洗（CIP）

适用：工艺复杂的配制罐及管道系统、专门配置的CIP清洗装置，如流化床。

特点：重现性好，但若设备构成复杂，有存在死角的风险。

● 两者结合

适用：系统中有结构比较复杂的部件，这些部件以CIP方式可能难以达到清洗要求，需要从系统中拆卸下来清洗，如过滤器、阀门等，除此之外，其余部分可以实现CIP清洗。

②清洁效率

清洁效率和流速密切相关，湍流时的清洁效率明显优于层流时的清洁效率。

● 盲管和垂直管路：通常为了清洁干净要求管道中水的流速要大于湍流所需要的流速1.52m/s。

● 容器内壁：通常要求雷诺系数 N_{Re} 大于2000，使流体在容器内壁达到湍流。

③喷淋球覆盖率检查

喷淋球喷淋时，将溶液喷于容器上部，为确保其能覆盖容器上表面全部位置，应进行喷淋球覆盖率检查。

④CIP清洗中应防止容器底部积水

容器底部出口大小应与容器排水速率相适应，避免排水不畅，在容器底部造成积水（表7-8）。

表7-8　CIP清洗容器底部出口大小应与容器排水速率对应关系建议

底部出口大小（英寸）	容器排水速率估算（升/分）
0.5	5.0
1.0	45.5
1.5	140.9
2.0	268.2
2.5	454.6

（2）清洁剂的选择

①清洁剂的选择标准

清洁剂应能有效溶解残留物，不腐蚀设备，且本身易于被清除。人用药品注册技术要求国际标准协调会（International Conference on Harmonisation of Technical Requirements for Registration of Pharmaceuticals for Human Use，ICH）在《残留溶剂指南》中将溶剂分为3个级别，对其使用和残留限度有明确的要求。随着环境保护标准的提高，还应要求清洁剂对环境尽量无害或可被无害化处理。满足以上要求的前提下应尽量廉价。

应避免使用家用清洁剂，因其成分复杂、生产过程中对微生物污染不加控制、质量波动较大且供应商不公布详细组成，无法证明清洁剂的残留达到标准。应尽量选择组分简单、成分确切的清洁剂。企业可自行配制成分简单效果确切的清洁剂，如一定浓度的酸、碱溶液等。如采用商用清洁剂，应由生产厂商提供清洁剂的具体组分、清洁剂残留检查方法等资料。企业应确保有足够灵敏的方法检测清洁剂残留情况。

②清洁剂的分类

● 水溶性清洁剂

● 有机溶剂清洁剂

（3）制定清洁规程

制定清洁规程是清洁验证的先决条件。通常参照设备的说明书制定详细的规程，规定每一台设备的清洁程序，对每次更换品种和更换批次的清洗方法进行规范，保证每个操作人员都能以可重复的方式对其清洗，并获得相同的清洁效果。从保证清洁重现性及验证结果的可靠性出发，清洁规程至少应对以下方面做出规定：

● 清洁开始前对设备必要的拆卸要求，清洁完成后的装配要求。

● 所用清洁剂的名称、成分和规格。

● 清洁溶液的浓度和数量。

● 清洁溶液的配制方法。

● 清洁溶液接触设备表面的时间、温度、流速等关键参数。

● 淋洗要求。

● 生产结束至开始清洁的最长时间。

● 连续生产的最长时间。

● 已清洁设备用于下次生产前的最长存放时间。

● 更换品种时清洁方法、设备拆卸程度；更换批次时清洁方法、设备拆卸程度，对于不必要每批都进行清洁的产品要进行风险评估，基于以往历史数据确定可以连续生产的批次。

B. 分析方法验证

清洁分析方法的验证包括取样方法验证和检验方法验证。

（1）如何选择取样方法

在选择取样方法时一是要综合考虑棉签擦拭法和淋洗水取样法的优缺点，二是要考虑所要验证的设备的特点，综合以上因素才能到达预期的取样目的和验证效果。

棉签擦拭取样的优点是能对最难清洁部位直接取样，通过考察有代表性的最难清洁部位的残留物水平来评价整套生产设备的清洁状况。通过选择适当的擦拭溶剂、擦拭工具和擦拭方法，可将清洗过程中未溶解的、已"干结"在设备表面或溶解度很小的物质擦拭下来，能有效地弥补淋洗水取样的缺点。不足之处是很多情况下需拆设备后方能接触到取样部位，对取样工具、溶剂、取样人员的操作等都有一定的要求，总的来说比较复杂。该取样方式适用于万能粉碎机、压片机等。

淋洗水取样法为大面积取样方法，其优点是取样面大，对不便拆卸或不宜经常拆卸的设备也能取样，因此其适用于擦拭取样不易接触到的表面，尤其适用于设备表面平坦、管道多且长的生产设备。缺点是当溶剂不能在设备表面形成湍流而有效溶解残留物时，或者残留物不溶于水或"干结"在设备表面时，淋洗水就难以反映真实的情况。该取样方式适用于无法拆卸的大型混合机、包衣锅等。

取样过程中注意取样操作的规范性，且执行取样的人员同执行清洁操作的人员不能为同一人，参见本指南 6.3 检验与放行中取样相关的内容。

（2）棉签取样方法的验证

取样过程需经过验证，通过回收率试验验证取样过程的回收率和重现性。验证方法如下：

● 准备一块与设备表面材质相同的板材，如平整光洁的 316L 不锈钢板。

● 将待检测物溶液定量装入校验的微量注射器。

● 涂抹面积一般为 25~100cm^2，3~6 个方块大小。

● 自然干燥或用电吹风温和地吹干不锈钢板。

● 用选定的擦拭溶剂润湿擦拭棉签，按图 7 - 7 所示进行擦拭取样。

● 将擦拭棉签分别放入棉签管中，加入预定溶剂 2~20ml，超声。

● 用经验证的检验方法检验，计算回收率和回收率的 RSD。

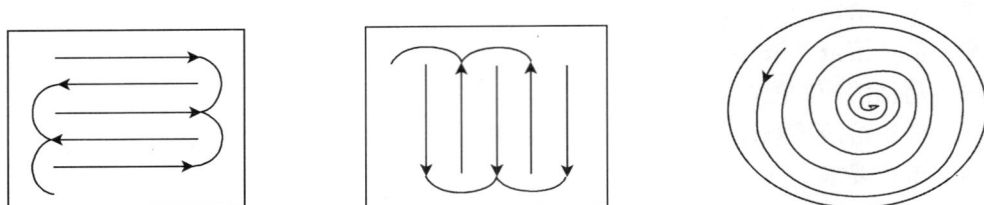

图 7 - 7 棉签擦拭取样方法示意图

可接受标准：回收率不低于 50%，回收率的相对标准偏差应不大于 20%。

（3）淋洗水取样方法的验证

淋洗的取样方法为根据淋洗水流经设备的线路，选择淋洗线路相对最下游的一个或几个排水口为取样口。分别按照微生物检验样品和化学检验样品的取样规程收集清洁程序最后一步淋洗即将结束时的水样。

淋洗法样品可对冲洗液直接检测也可对冲洗液做稀释后检测；无论直接检测还是稀释检测都应在接到样品后首先将样品同空白溶剂做视觉检查，确定是否有颜色差异和异物存在；如有上述现象发生，可直接判定样品不合格。

（4）取样点的确认

通常不可能擦拭设备的全部表面，因此应该选择设备的最差区域作为取样点。这些区域应在清洁难度和残留水平方面代表着对清洁规程最大程度的挑战，例如粉碎机筛锣安装齿轮拐角处、湿法混合颗粒机锅体与出料口拐角、旋转式压片机转盘与中模接触处、胶塞填充机计量盘等。

如果进行微生物取样，取样计划应包括微生物的可能最差区域，例如：较难靠近的地方以及可收集水的排水区域。微生物和化学取样应在不同区域进行，测试方案中应包括设备及其取样点的描述或图表，图表可参照上文"棉签取样方法的验证"。

（5）检验方法验证

通常清洗检验方法分为限度检查和定量检查，不同的检查方法验证的参数也不同。

检验方法验证通常检测项目精密度、定量限/检测限、准确度、线性/范围、专属性、样品溶液稳定性、系统适用性。

精密度：RSD < 10% 。

定量限：通常达到限度标准的 1/10，定量要求低于通常仪器分析的要求。

准确度：综合回收率不低于 75% ，回收率的相对标准偏差应不大于 10% 。将测定的回收率中的最低值作为矫正因子 f，样品的测定结果除以矫正因子表示样品的实际量。

线性/范围：残留物限度的 50% ~ 150%

（6）检验方法中限度检查和定量检查所需验证的参数（表 7 – 9）

表 7 – 9 检验方法中限度检查和定量检查需验证的参数

检查方法 参数	限度检查法	定量检查法
专属性	√	√
精密度	×	√
线性/范围	×	√
准确度	√	√
检测限和定量限	检测限验证	定量限验证
样品溶液的稳定性	√	√
系统适用性	√（一份标准品）	√（两份标准品作平行样）

C. 清洁验证

清洁验证的目的是通过试验结果证明所制定的清洗规程能使设备的清洗效果达到洁净要求，避免产品被残留物料和微生物污染。通常清洁验证包括以下内容：设备的评估，清洗规程的评估，目标化合物的选择和残留限度的计算。

（1）设备的评估

固体口服制剂车间多数为一个车间生产多种品种，且不同品种的生产工艺不同，使用的生产设备各不相同。设备评估用来确定哪些设备是多个活性成分共同接触的，即：共用设备；哪些设备是某个产品/活性成分单独使用的设备，即：专用设备。该设备评估将计算出共用设备的产品接触面积以计算残留限度的接受标准。评估关键点是确定哪些设备包括在清洁验证中，哪些设备不包括在清洁验证中，按照设备接触产品的情况，设备可分为三类：

● 产品接触的设备系指直接接触产品的设备，如：湿法制粒机、沸腾干燥机、溶液桶、储存桶，对于产品接触设备的无效清洁可能造成产品间的交叉污染。

● 非产品接触的设备系指在生产工艺中涉及，但没有和产品直接接触的设备，如：封闭设备的外表面。此类设备非清洁验证的关键点，但也应按照 SOP 要求进行清洁。

● 非直接或偶然产品接触的设备系指在生产工艺中涉及，没有和产品直接接触但有可能污染产品的设备。如：盘式干燥仪的内表面、机械监护装置的内部，对于此类设备的无效清洁有可能造成产品间的交叉污染。

通常清洁验证包括产品接触的设备，不包括非产品接触的设备，非直接产品接触的设备是否包括在内依实际情况而定。

设备表面积的确定：

● 应测定每个设备的产品接触面积，以计算残留限度的接受标准。

- 产品接触面积测定的准确度应具有实际意义，不必绝对的精确，可将复杂设备转化成基本的几何图形以便于计算和测量。
- 测量的原始记录和计算将作为原始数据进行保存。

（2）清洗规程的评估

通过清洁验证检查清洁操作规程是否能够达到彻底清洁设备的目的，可以从以下几个方面考察清洁操作规程的完整性：

- 是否包括了所有的设备。
- 清洁规程是否足够详细以便可以进行持续一致的操作。
- 是否规定了干燥方法及干燥方法是否正确。
- 是否规定了生产结束至开始清洁的最长时间（也称待清洁设备保留时间）。
- 是否规定了已清洁设备用于下次生产前的最长存放时间（也称洁净保留时间）。
- 是否规定了连续生产的最长时间。
- 是否详细描述了在完成检查后如何确保存储是安全的。

（3）目标化合物的选择和残留限度的计算

①确定目标化合物

目标化合物的选择：

一般固体口服制剂都由活性成分和辅料组成。对于接触多个产品的共用设备，所有这些残留物都是必须清洁干净的，在清洁验证中不必为所有残留物制定限度标准并一一检测，因为这是不切实际且没有必要的。在一定意义上，清洁的过程是个溶解的过程，因此，通常的做法是从各组分中确定最难清洁（溶解）的物质，作为目标化合物。

对于中药片剂，特别是一些各组分含量不确定的中药片剂的压制和包衣，最难清洁的产品可定义为溶解度最小或颜色最深的产品。如果这些产品中既有最具活性，又有最难清洁的，则取其中允许残留浓度值较低的产品作为代表产品。

目标化合物一般要考虑其特性，如（参见【实例分析】A）：

- 溶解性风险
- 毒性、药理
- 难于清洗，如对设备表面材质有一定附着力
- 配方，配方中包含难以清洗的油脂、色料或矫味剂的产品（颜色、香味与味道）
- 生产量高的品种（生产频率高的产品相应的清洗频率高）
- 清洗过程如果使用清洗剂，则其残留物也应视为标记物

②最难清洁部位确认

凡是死角、清洁剂不易接触的部位如带密封垫圈的管道连接处，压力、流速迅速变化的部位如有岐管或岔管处、管径由小变大处、容易吸附残留物的部位如内表面不光滑处等，都应视为最难清洁的部位。

③残留限度的计算和可接受标准

- 化学残留可接受限度
- 清洁剂残留的计算
- 微生物水平的确定

如何确定残留物限度是一个相当复杂的问题，企业应当根据其生产设备和产品的实际

情况，制定科学合理的，能实现并能通过适当的方法检验的限度标准。目前企业界普遍接受的限度标准基于以下原则：以目检为依据的限度；化学残留可接受限度；微生物残留可接受限度。

● 以目检为依据的限度

若设备内表面抛光良好，残留物与设备表面有较大反差，目检能发现低于 $4ug/cm^2$ 的残留。目测要求不得有可见的残留物，在每次清洗完后都必须进行检查并对检查结果进行记录，此项检查应该作为清洗验证接受限度的第一个接受标准。

● 化学残留可接受限度

计算化学残留可接受限度有两种方法：生物活性限度（最低日治疗剂量的 1/1000）和浓度限度（10ppm）。在考虑可接受残留限度标准时，综合考虑两种方法，选择最严格的标准作为清洁验证合格标准。

○ 生物活性可接受限度：最低日治疗剂量的 1/1000

依据药物的生物学活性数据——最低日治疗剂量（MTDD）确定残留物限度是制药企业普遍采用的方法。一般取最低日治疗剂量的 1/1000 为残留物限度。可以认为即使存在很大的个体差异，该残留量也不会对人体产生药理反应。因此高活性、敏感性的药物宜使用本法确定残留物限度。

数据 1/1000 源于三个因素。首先：一般认为药物的十分之一处方剂量是无效的；其次是安全因子；再次是耐受因子，参见【实例分析】B。

一般表面残留物限度计算公式：

$$L_{1/1000} = \frac{MTD_a}{1000} \times \frac{N_b}{MDD_b} \times S_b$$

MTD_a——清洗前产品最小每日给药剂量中的活性成分含量

N_b——清洗后产品的批量

MDD_b——清洗后产品的最大日给药剂量的活性成分含量

S_b——清洗后产品活性成分含量的百分比（%，W/W）

○ 浓度限度：十万分之一（10ppm）

在下一产品中的残留物数量级别应不超过十万分之一（10ppm），该限度依据分析方法客观能达到的能力而制定的，从控制微生物污染及热原污染的角度上看，也比较安全。一般，除非是高活性、高敏感性的药品，该限度的安全性是足够的，参见【实例分析】C。

验证时，一般采用收集清洁程序最后一步淋洗结束时的水样，或淋洗完成后在设备中加入一定量的水（小于最小生产批次量），使其在系统内循环后取样，测定相关物质的浓度。实验室通常配备的仪器如 HPLC，紫外－可见分光光度计、薄层色谱等的灵敏度一般都能达到 10×10^{-6} 以上，因此该限度标准不难被检验。

从残留物浓度限度可以推导出设备内表面的单位面积残留物浓度（表面残留物限度）。假设残留物均匀分布在设备内表面上，在下批生产时全部溶解在产品中。

设下批产品的生产批量为 B（kg），因残留物浓度最高为 10×10^{-6} 即 10mg/kg，则残留物总量最大为 $10B$（mg）；单位面积残留物的限度为残留物总量除以测量的与产品接触的内表面积，设设备总内表面积为 S_A（cm^2），则表面残留物限度 $L = 10B/S_A$（mg/cm^2）。

为确保安全，一般应除以安全因子 F，则 $L = 10B/ (S_A \times F)$（mg/cm^2）。

● 微生物限度

清洗的微生物验证可以和清洗的化学验证同步进行。微生物的特点是在一定环境条件下会迅速繁殖，数量急剧增加。而且空气中存在的微生物能通过各种途径污染已清洁的设备。设备清洗后存放的时间越长，被微生物污染的几率越大。因此，企业应综合考虑其生产实际情况和需求，自行制定微生物污染水平控制的限度及清洗后到下次生产的最长贮存期限。

通常微生物限度一般为 $<25 \sim 100CFU/25cm^2$，也可以参考环境中的表面微生物要求。如 C 区为 $<25CFU/$碟（55mm），D 区为 $<50CFU/$碟（55mm）。同时还应考虑致病菌污染如大肠埃希菌和铜绿假单胞菌。

计算接受残留限度需考虑的要素见表 7 – 10。

表 7 – 10　计算接受残留限度需考虑的要素

影响因素	最小日治疗剂量/毒性	溶解度	批量	最大日治疗剂量	接触产品的面界	难清洗位置	取样面界
清洗前产品	√	√					
清洗后产品			√	√			
设备					√	√	
取样方法							√
清洗剂	√	√					
取样方法：							
分析方法：							

D. 清洁验证的维护

（1）日常监控

清洁验证报告完成之后，该清洁方法即可正式投入使用。清洁方法即进入了监控与再验证阶段，应当以实际生产运行的结果进一步考核清洁规程的科学性和合理性。

监控的方法一般为肉眼观察是否有可见残留物，必要时可定期取淋洗水或擦拭取样进行化验。由于对指定残留物的定量分析通常比较繁琐，可开发某些有足够灵敏度且快速的非专属性检验方法，如测定总有机碳（TOC）。

通过日常监控数据的回顾，以确定是否需要再验证或确认再验证的周期。

（2）变更管理

关于产品、设备及规程的任何变更必须遵循变更控制流程评估变更对验证状态的影响。

在出现以下情况之一时，须进行清洁规程的再验证：

● 引入新产品或取消现有产品。

● 设备、生产工艺或清洁规程的变更。

● 清洁/污染设备保留时间的改变。

● 清洁剂的变更。

● 产品处方的变更。

E. 清洁方法和清洁规程的检查要点

（1）必须保证清洁效果和重现性

（2）固定所有可变量，包括：

● 设备拆卸程度和装配方法

● 清洁剂名称与成分

● 清洁溶液的浓度、数量和配制方法

● 清洁溶液的温度、流速、接触时间

● 清洁各步骤、部位

● 待清洁设备的放置时间

● 已清洁设备的保留时间

（3）清洁规程要点：严密，易懂，可操作

● 拆卸、连接：应规定清洁一台设备需要拆卸的程度。

● 预洗/检查：应建立相对一致的起始点，以提高随后各步操作的重现性，重点在于检查。

● 清洗：重点在固定各参数，必须明确规定清洁剂的名称、规格和使用的浓度以及配制该清洁溶液的方法，应明确清洁剂的组成，必须规定温度控制的范围、测量及控制温度的方法。

● 淋洗：目的在于洗去清洁剂。为提高淋洗效率，宜采用多次淋洗的淋洗方法。

● 干燥：根据需要决定是否进行干燥。除去设备表面的残留水分可防止微生物生长。

● 检查：发现可能的意外，及时发现，便于采取补救措施，而不危害下批产品。

● 储存：规定已清洁设备和部件的储存条件和最长储存时间，以防止再次污染。

● 装配：应规定装配的各步操作，附以图表和示意图以利于操作者理解。此外，要注意装配期间避免污染设备和部件。

【实例分析】

A. 目标化合物的选择依据

产品名称	毒性	溶解性	已知的清洗问题	颜色香味与味道	产量
A	$10\mu g/cm^3$	易溶	无	无	10%
B	$40\mu g/cm^3$	溶解	无	无	20%
C	$50\mu g/cm^3$	溶解	无	无	50%
D	$50\mu g/cm^3$	微溶	有	有	20%

● 从活性成分的毒性来讲，A 的毒性最大，其他依次为 B、C、D。

● 从溶解性方面来讲，D 产品属于微溶。

● 除产品 D 外，其他均没有已知的清洗问题。

● 除产品 D 外，其他产品均没有颜色及气味的问题。

基于上述理由，产品 A 与 D 被确定为清洗验证的标记产品。

B. 最低日治疗剂量的 1/1000 残留限度计算

已知生产线所有产品生产情况：

产品名称	活性成分	活性成分含量	最小日剂量 MTD	最大日剂量 MDD	批量
A	a	3%	2mg	10mg	100kg
B	b	6%	5mg	20mg	50kg
C	c	8%	50mg	150mg	250kg

计算一般表面残留物限度 $L_{1/1000}$：

例如清洗前产品为 a，清洗后产品为 b：

清洗后产品：$L_{1/1000} = \dfrac{MTD_a}{1000} \times \dfrac{N_b}{MDD_b} \times S_b$

$$= \frac{2mg}{1000} \times \frac{50kg}{20mg \times 6\%}$$

$$= 300mg$$

清洗前产品：

清洗前产品	A	B	C
A	N/A	300mg	267mg
B	1500mg	N/A	667mg
C	15000mg	7500mg	N/A

确定产品之间公用设备表面积：

设备 / 产品	粉碎机	分筛机	槽型混合机	颗粒机	热循环烘箱	混粉机	料筒	压片机	包衣机	……	公用面积
单个设备面积	18,000 cm²	15,000 cm²	21,000 cm²	12,000 cm²	15,000 cm²	23,000 cm²	7,000 cm²	18,000 cm²	22,000 cm²	……	250,000 cm²
A + B	√	√	√	√	√	√	√	√	×	……	200,000 cm²
B + C	√	√	×	√	√	×	×	√	√	……	100,000 cm²
C + A	×	×	×	√	√	√	×	√	×	……	80,000 cm²

注："√"表示共用设备，"×"表示非共用设备。

按擦拭面积为 $100cm^2$，计算每个棉签的残留限度

例如清洗前产品为 A，清洗后产品为 B：

每个棉签的残留限度 $= \dfrac{L_{1/1000}}{S_{A+B}} \times 100cm^2$

$$= \frac{300mg}{200,000cm^2} \times 100cm^2$$

$$= 150\mu g/10cm^2$$

清洗后产品 清洗前产品	A	B	C
A	目视洁净	$150\mu g/100cm^2$	$330\mu g/100cm^2$
B	$500\mu g/100cm^2$	目视洁净	$667\mu g/100cm^2$
C	$1250\mu g/100cm^2$	$500\mu g/100cm^2$	目视洁净

根据上述矩阵结果，选择结果最严格的一项，作为验证对象，即确定清洗前产品和清洗后产品。

如被检测样品中允许的最高限度 $\leq 10 \times 10^{-6}$，则以上述计算值为限度；若 $> 10 \times 10^{-6}$，应采用浓度限度 10×10^{-6} 计算。

C. 浓度限度 10×10^{-6}（10ppm）计算

以 10ppm 为标准计算单位面积的残留量。假设残留物均匀分布在设备内表面。

计算过程：

$$10ppm = 10\mu g/ml \cong 10mg/kg = 10 \times 10^{-6}$$

设：下批产品的生产批量 B：50kg

产品之间公用设备表面积 S_{A+B}：200，000cm^2

则：

$$\begin{aligned}
每批残留物总量 &= B \times 10 \times 10^{-6} \\
&= 50kg \times 10 \times 10^{-6} \\
&= 500mg
\end{aligned}$$

$$\begin{aligned}
表面残留物限度 L &= 每批残留物总量/S_A \\
&= 500mg/200,000cm^2 \\
&= 2.5 \times 10^{-3} mg/cm^2 \\
&= 0.25mg/100cm^2
\end{aligned}$$

如取安全因子 $F = 10$，

$$\begin{aligned}
则最后的表面残留物限度 L &= \frac{0.25mg/100cm^2}{F} \\
&= \frac{0.20mg/100cm^2}{10} \\
&= 2.5 \times 10^{-2} mg/100cm^2
\end{aligned}$$

7.4 包装验证

【法规要求】

药品生产质量管理规范（2010 年修订）

第二百零二条 包装操作规程应当规定降低污染和交叉污染、混淆或差错风险的措施。

第二百零三条 包装开始前应当进行检查，确保工作场所、包装生产线、印刷机及其他设备已处于清洁或待用状态，无上批遗留的产品、文件或与本批产品包装无关的物料。检查结果应当有记录。

> **第二百一十一条** 应当对电子读码机、标签计数器或其他类似装置的功能进行检查，确保其准确运行。检查应当有记录。
>
> **第二百一十二条** 包装材料上印刷或模压的内容应当清晰，不易褪色和擦除。
>
> **第二百一十三条** 包装期间，产品的中间控制检查应当至少包括下述内容：
>
> （一）包装外观；
>
> （二）包装是否完整；
>
> （三）产品和包装材料是否正确；
>
> （四）打印信息是否正确；
>
> （五）在线监控装置的功能是否正常。
>
> 样品从包装生产线取走后不应当再返还，以防止产品混淆或污染。

【背景介绍】

随着包装的现代化，对于包装设备的依赖性越来越强。故此，包装机的功能起到了越来越大的作用，一个性能完好且经过充分确认过的包装机能够降低很多包装中带来的风险。

验证过程确保了正确的产品被装在了正确的包装里，确保产品能被正确地处理，确保产品能被贴上正确的标签。对于每一批次的产品，每件事都能被追溯回去。

【技术要求】

2010 版 GMP 采用了一个章节来陈述包装操作，使用了 15 个条款来对包装操作进行要求。重点阐述了包装中应降低污染和交叉污染、混淆或差错风险。

现行美国 FDA 21 CFR 211.130 中也是用了 5 个条款阐述包装操作，也是为了防止污染与混淆等，原文可浏览：http：//www.accessdata.fda.gov/scripts/cdrh/cfdocs/cfcfr/CFRSearch.cfm。

由于每一种包装材料都不尽相同，对于产品若使用不同的包装材料，对包装的要求都有一些区别，建立在设备的 IQ/OQ 的基础上。

（1）设备因素
- 成型温度
- 热封温度
- 错误说明书与小盒的剔废
- 超出重量范围产品的剔除等

（2）工艺因素
- 气密性检查
- 错误说明书与小盒的剔废
- 说明书、小盒的计数
- 包装过程的微生物污染等

【实施指导】

A. 包装验证方案

目的：对包装工艺进行确认（铝塑包装机、装盒机、减重秤），确保产品包装后符合要求。

方法：通过设备的功能及产品的工艺进行评估测试来降低产品在包装过程中产生的风险。

步骤：

● 通过关键参数确认，如确认 PVC 或 PVDC 等的成型温度，确定合适的温度范围。

● 对药片填充的影像系统的剔废进行确认。

● 铝箔热封温度的确认，确定合适的温度范围。

● 外包装材料，尤其是说明书与小盒的计数控制。

● 错误说明书或小盒的剔废确认

● IPC 的抽样检查

结论：通过对与产品相关的参数进行确认以及说明书、小盒的控制，确保了在包装过程中将风险降到了可接受水平，确保了合格的产品进入到市场。

B. 包装验证的注意事项

（1）铝塑包装机确认中的注意事项

铝塑包装机中有很多温度传感器，这些往往是经常被忽视的，这些传感器应列入到关键的控制，要定期对其温度校准检查。

（2）装盒机确认中注意事项

说明书的大小或重量会影响到装盒的质量，在设计或确认中也需要集中进行考虑。

C. 在线监控中需要注意的问题

减重秤的动态稳定性需要确认，需要在批量生产中才可以验证，小批量往往不能给出一个满意的效果。

【实例分析】

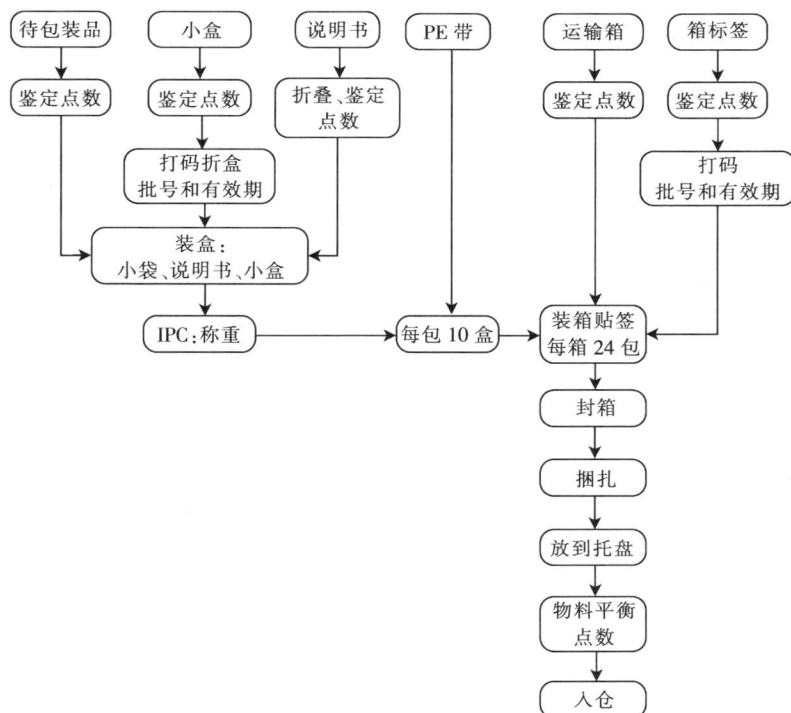

图 7-8　外包装验证示意图

以固体制剂的铝塑包装为例,描述包装验证 GMP 实施的相关要点(图 7-8)。

A. PVC 成型、热封温度的确认

由于每一种产品的包装材料各不相同,包装前需要对其成型和热封的温度进行确认。应为成型与热封温度都是一个范围,根据内包材供应商提供的数据以及本身产品的性质确认温度的范围。通过气密性试验进行检测,以保证产品的密封性完好。

B. 在线监测功能

药片在填充过程中,需要保证药品 100% 都填充到水泡板中。在生产前、中、后对在线的缺片影像监控需要进行确认。使用挑战性试验进行确认,使用空板和缺粒的铝塑板通过影像系统,确认系统能否正确的剔除。

由于说明书和小盒都是作为标签进行管理,故其都有很高的数量进行控制,要确保设备的在线监测功能能够准确的识别正确的说明书和小盒,包括:

通过扫描说明书或小盒的 Pharmacode 进行识别相应的小盒与说明书。

剔废功能:采用挑战性试验,在生产的前、中、后将说明书或小盒的 Pharmcode 进行改变然后再放入到包装机中,确认设备能否正确的将错误条码的说明书与小盒正确的剔除。

小盒减重秤的剔废功能确认:采用一定数量的小盒称重,计算出小盒重量(W_1),用小盒的重量加减说明书或铝塑板(W_2)两者的最小值。将该计算出的范围设置到减重秤中。然后进行挑战性试验,将超出该范围重量的小盒通过减重秤,确认减重秤是否可以成功剔除。

C. 过程控制(IPC)抽样检测

(1)批号、有效期的确认

生产前确认印制在铝塑板和小盒上的产品有效期及生产日期。

(2)气密性检测方法

一般原则:将密封好的铝塑板放置到一个有颜色溶液的真空容器中,在进行抽真空减压后,将他们从有色溶液中拿出并肉眼检查铝塑泡罩外观的完整性。

①把铝塑板放进装有甲基蓝溶液(浓度为 0.02%)的容器中并压住,使所有铝塑板都浸入到溶液中。

②关上容器,打开真空泵开关,容器应被负压锁住。

③待压力减到 "-600mbar(-0.06MPa)" 时,并保持 "2min"。

④然后关掉容器的进出气阀门,再关掉真空泵开关,待真空泵的压力指针回零后拔掉容器的进出气管道,待压力平衡后,铝塑板还应保留在溶液中 2min 后方可取出。

⑤随后,将铝塑板取出,用水进行漂洗并用纸巾擦干。

⑥结果评价:所有用于试验的铝塑泡罩应是密封良好,无皱折。泄露的铝塑泡罩应能有颜色的溶液渗透进去。透明的铝塑板可不拆开检查,若不透明或有颜色的铝塑板需要切开检查,如果有色溶液进入了铝塑板泡罩,结果为不合格;如果没有,则结果为合格。

⑦不合格时的扩大调查

● 若有 1 个或多个泡罩泄漏被发现,应对已经生产的铝塑板进行检查,检查 500 个水泡眼,500 个水泡眼中不得多余 2 个不合格。

● 或根据 GB/T 2828.10 AQL：0.4% 进行检查。

Defect Classification 缺陷级别	AQL 质量接受水平
Major A 重要缺陷 A	0.4%

（3）气密性检查频次

● 铝塑正式开始前
● 重启铝塑包装机后
● 更换铝箔后
● 停机维修后
● 工作开始和结束前
● 应每2个小时监控一次

（4）取样数量

开始包装前（未填充药片），IPC 应连续抽取 10 次切刀切割的铝塑板（若一次切 2 板，则需要 20 板；若一次切 3 板，则需要 30 板）进行检查，气密性合格后方可正式启动铝塑。

在正式开始铝塑时，第一次 IPC 应连续抽取 10 次切刀切割的铝塑板（若一次切 2 板，则需要 20 板；若一次切 3 板，则需要 30 板）进行检查；若符合要求，在之后的监控中，每次至少取一次切刀切割的铝塑板进行气密性检查。

（5）微生物

包装过程工艺卫生也是至关重要的，在包装的开始、中间、结束取样适量（三倍的微生物检测量）分别进行微生物限度检测，确保包装过程没有受到微生物的污染。

D. 小盒与说明书以及大箱等包材的控制

（1）印刷包材鉴定和点数

印刷包材需要打开物料包装逐个鉴定清点。

批号	印刷包材	规定的方法点数	人工点数	正确率	是否合格
	小盒				
	说明书				
	箱标签				
评价：					

（2）小盒与说明书的识别

说明书的两面的边上与小盒的两头都印刷了 Pharmacode，每一个 Pharmacode 一串字符。

将说明书与小盒两面 Pharmacode 的字符设置到包装机中，确认保证机能否正确读取。

（3）挑战性测试

人为将 Pharmacode 条码涂改，再将涂改条码的说明书或小盒放入到包装机中，再次确认机器是否可以成功剔除。

E. 最终物料平衡

包装材料	包装数 A	取样数 B	报废数 C	剩余数 D	合计数 E	发货数 F	偏差数 G
待包装品							
小盒							
运输箱							
箱标签							
说明书							
评价:							

公式：$E = A + B + C + D$，$G = E - F$（要求为零）

8 产品防护

本章中将探讨以下问题的答案：
- ☞ 产品防护对人员方面的要求
- ☞ 产品防护对厂房设施、设备方面的要求
- ☞ 产品防护对物料方面的要求
- ☞ 工艺设计阶段对产品防护的要求

8.1 概述

GMP 要求生产过程应采取有效控制措施避免对产品造成污染。做好产品防护最有效的法规和手段就是将 GMP 的三要素（硬件、软件、人员）结合起来，"软""硬"兼施，从而降低产品质量风险。归纳起来就是：首先建立适宜相应产品生产使用的厂房、设施；组织一支训练有素的人员队伍（包括管理人员和生产人员）；选购符合法规要求的物料；用经过验证的工艺和设备进行生产；对生产过程进行严格控制和质量管理。下面从人员、厂房设施、设备、物料、工艺技术、环境等方面讨论产品防护。

人是洁净室最大的污染源，污染的途径和方式主要有：①人的头发和皮肤上散发出的微生物或微粒；②呼吸和咳嗽产生的尘粒污染和微生物污染；③衣着散落出的纤维和磨损脱落的微粒；④化妆品和珠宝首饰引起的尘粒和微生物污染，详见 8.2 人员污染。

厂房设施、设备是药品生产企业实施 GMP 的基础，是硬件中的关键部分，应有与生产品种和规模相适应的厂房设施、设备。昆虫及其他动物的侵扰是造成药品生产中污染和交叉污染的一个重要的因素，在厂房设计时要进行考虑，详见 8.3 厂房设施、设备污染。

原辅料、包装材料是药品生产的基础物质，是药品质量的第一关，直接影响最终产品的质量。物料管理的重点在预防污染、混淆和差错，并确保储运条件，最终保证药品质量。物料防护主要涉及到物料的购入、储存、取样、运输、使用等方面，详见 8.4 物料污染。

恰当设计及生产控制是防止产品污染的重要因素，单靠日常最终产品检测是不够的，因为检测的灵敏度和局限性不能展现可能导致并影响产品的物理、化学及生物特性的所有变化。

8.2 人员污染

【法规要求】

药品生产质量管理规范（2010 年修订）

第二十九条 所有人员都应当接受卫生要求的培训，企业应当建立人员卫生操作规程，最大限度地降低人员对药品生产造成污染的风险。

第三十条 人员卫生操作规程应当包括与健康、卫生习惯及人员着装相关的内容。生产区和质量控制区的人员应当正确理解相关的人员卫生操作规程。企业应当采取措施确保人员卫生操作规程的执行。

第三十一条 企业应当对人员健康进行管理，并建立健康档案。直接接触药品的生产人员上岗前应当接受健康检查，以后每年至少进行一次健康检查。

第三十二条 企业应当采取适当措施，避免体表有伤口、患有传染病或其他可能污染药品疾病的人员从事直接接触药品的生产。

第三十三条 参观人员和未经培训的人员不得进入生产区和质量控制区，特殊情况确需进入的，应当事先对个人卫生、更衣等事项进行指导。

第三十四条 任何进入生产区的人员均应当按照规定更衣。工作服的选材、式样及穿戴方式应当与所从事的工作和空气洁净度级别要求相适应。

第三十五条 进入洁净生产区的人员不得化妆和佩带饰物。

第三十六条 生产区、仓储区应当禁止吸烟和饮食，禁止存放食品、饮料、香烟和个人用药品等非生产用物品。

第三十七条 操作人员应当避免裸手直接接触药品、与药品直接接触的包装材料和设备表面。

第一百九十七条 生产过程中应当尽可能采取措施，防止污染和交叉污染，如：

（五）在易产生交叉污染的生产区内，操作人员应当穿戴该区域专用的防护服；

【技术要求】

人员卫生要求：对所有人员提出卫生要求，建立并保持良好的个人卫生和健康习惯，建立详细的卫生程序，该程序包括健康、卫生习惯和员工着装等。所有人员都应理解并严格遵守该程序。操作人员应避免直接与起始物料、内包材、中间体及半成品接触。任何人在任何时候如果出现明显的疾病或体表有伤口，可能会对产品质量产生影响，则不允许处理起始物料、包材、中间体及成品。

人员卫生培训：对所有人员进行卫生要求的培训和再培训，对新员工进行任职前的培训；针对某一区域工作的人员进行专门的培训，当卫生要求发生变化时及时培训。

人员更衣要求：任何进入生产区的人员均应按规定更衣。工作服的选材、式样及穿戴方式应与所从事的工作和空气洁净度等级要求相适应，并不得混用。用过的衣服，如果可以再次使用，应与洁净未使用的衣服分开保存，并规定使用期限。

人员行为规范：在洁净室工作的人员必须遵守洁净室的规则，在洁净区内人员进出次数应尽可能的少，同时在操作过程中应尽量减少动作幅度，避免不必要的走动或移动，以保持洁净区的气流、风量和风压等，保持洁净区的净化级别。

【实施指导】

围绕产品防护，人员方面主要从以下几点考虑：
- 须经必要的卫生知识培训，养成良好的卫生习惯。
- 在厂房设施、设备设计选型及选择服装材质和样式时应考虑污染和交叉污染的问题，确保人员不污染药品、药品不污染人员。
- 应建立控制区操作人员行为规范，并严格执行。

更多内容可参见本丛书《无菌药品》分册4. 人员。

A. 人员卫生要求

健康体检：按 GMP 要求直接从药人员每年至少进行一次健康体检，重点检查项目至少包括肝功能、X 光透视、便常规、皮肤、视力和辨色力等；从事目视检查的人员视力和辨色力的检查周期建议不能超过 6 个月。任何患传染病、皮肤病者不得从事药品生产，任何有外部伤口的人员不得从事处理暴露的原辅料、中间体或散装成品的工作。

招收新员工建立遵循"先体检后进厂"的原则，建议体检项目包括查体（尤其皮肤、口/喉，耳，鼻）、肝功能、心肺功能、便常规、视力测试等，并记录病史（既往病史，家族遗传病史，过敏药物）。

出入疫区人员要进行隔离检查，转岗人员及长期休假的人员在转岗和返岗位前进行相应项目的体检。

个人卫生：不得留长指甲，不得使用指甲油，不得戴戒指、手表、手镯等饰物，不得化妆，仅能使用纯护理性的化妆品。

洗手：在下列情况之一时，建议洗手：工作前；饭前与饭后；便后；吸烟后、喝茶后；洗手应使用洗手液和流动水。

B. 工作服材质、式样

洁净工作服和口罩应具备透气、吸湿、少发尘（或菌）、少透尘（或菌）等性能，应能阻止皮肤屑、人体携带的微生物群、颗粒以及湿气（汗），并且尽可能地阻止它们的穿透。宜选用防尘去静电材质，常见的为涤纶长丝加导电纤维，棉质和混合纤维也可。式样为连体或分体（上衣和头罩相连），建议洁净工作服不设口袋、无横褶、带子、袖口、裤腰及脚口收拢。尺寸大小应宽松合身，边缘应封缝，接缝应内封。

洁净工作服应定期清洗和更换，口服固体制剂的洁净工作服清洗周期应根据洁净工作服的使用情况确定。清洗后的工作服的贮存期限应根据包裹方式和贮存环境确定。多品种生产车间同时生产不同品种时应有额外的措施避免不同工序、不同产品之间造成交叉污染。

- 帽子或头罩：帽子或头罩必须遮住全部毛发。
- 口罩：常用的口罩由 4~6 层纱布制成（不同纱布层数的口罩阻菌率统计，见表 8-1）。带口罩一定要全部遮住口、鼻；不能带潮湿的口罩；不可正反两面使用，口罩应限定洗涤次数。也可采用一次性口罩，但应对其生产条件和包裹方式提出要求。

表 8 – 1　纱布阻菌率统计表（以洗涤 15 次的口罩为例统计阻菌率）

口罩结构	阻菌率（%）
2 层	74
3 层	79
4 层	88
5 层	97

C. 人员行为规范：穿着正确、移动正确、行动正确、工作正确

- 进入控制区按更衣流程穿戴洁净工作服（包括口罩）；
- 生产区不得存放个人物品；
- 生产区严禁吃东西，饮料、饼干、口香糖等一切食品；
- 生产区内禁止吸烟；
- 洁净区工作人员应当尽量减少交谈，避免增加面罩的湿度，进而增加微生物穿透性；
- 操作人员进出洁净区随时关门，在洁净区动作要尽量缓慢，避免剧烈运动、大声喧哗，以减少人的发尘量，保持洁净区的风速、风量、风型和风压；
- 所有掉在地面上的物品均认为已被污染，应作废弃物处理；
- 不触摸口罩、揉鼻子；
- 走近在工作台旁的操作者时，应从后面靠近；
- 避免裸手直接接触药品和设备容器内表面；
- 手套应及时更换，避免带破损的手套。最好采用一次性的医用手套，不能做到一次性使用时手套的材质及使用后的处理方式应同洁净工作服；
- 禁止面对药品打喷嚏和咳嗽；
- 任何情况下（包括去厕所后、饭后、喝水后、吸烟后）进入洁净区时均应按进入洁净室更衣程序进行洗手、消毒；
- 当同一厂房内同时生产不同的品种时，禁止不同工序之间人员随意走动，需到其他工序时必须按规定采取防止交叉污染的措施；
- 高致敏产品生产车间应采用特殊的防护服（关注到工作中的健康和安全），防护服穿在正常服装外，防护服应留在指定的区域不能在其他地方。
- 进入高致敏生产车间生产区域的人员在离开车间时应洗澡。

【实例分析】

A. 进入洁净室的参考程序（图 8 – 1）

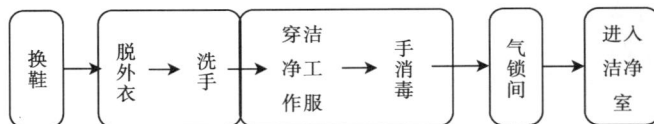

图 8 – 1　进入洁净室的参考程序

- 手消毒也可以设在气锁间内或穿洁净工作服前；
- 更衣室按气锁间要求设计时气锁间可取消；

● 不设更鞋室时，更衣室内应设更鞋区。

B. 洗手的正确程序（图 8 - 2）

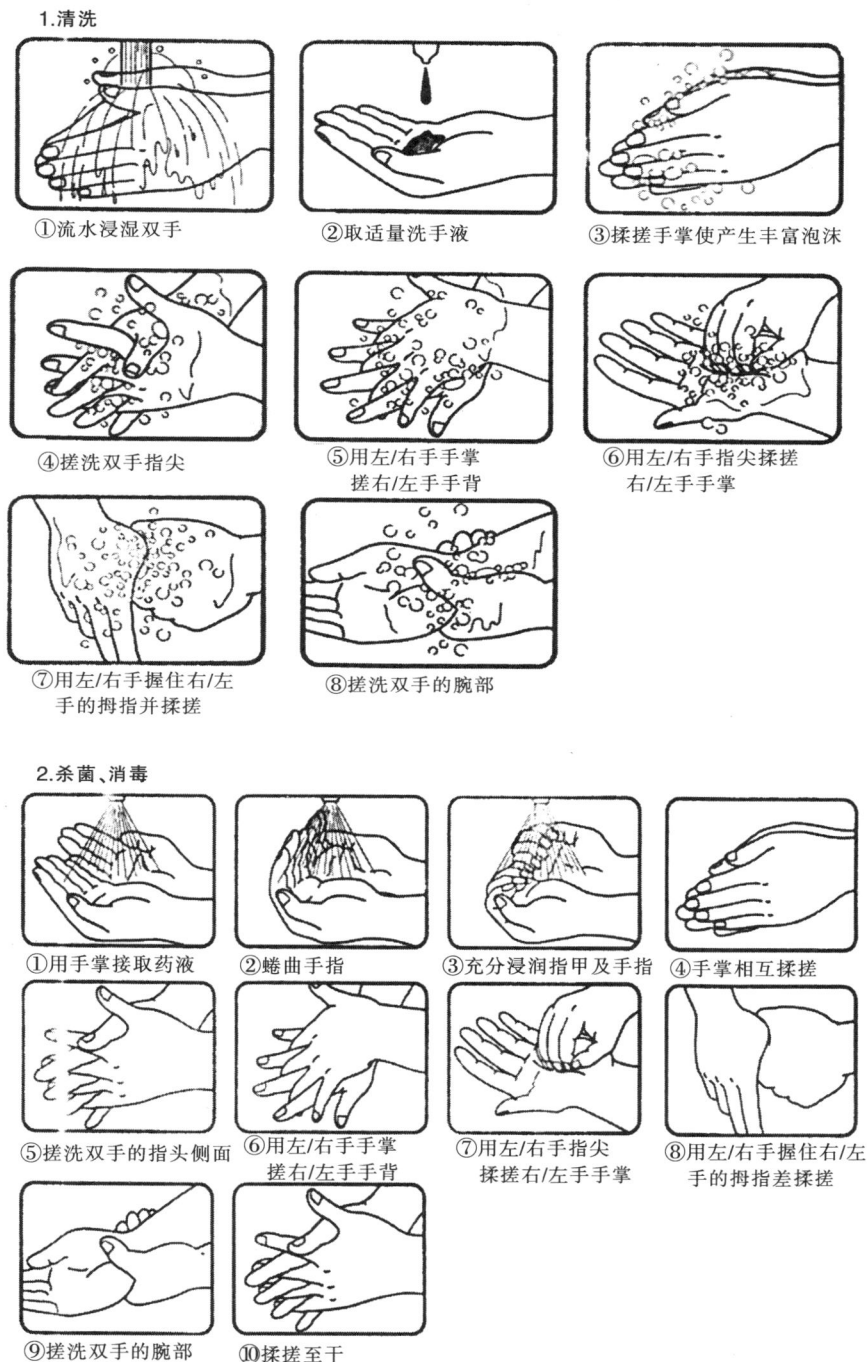

1.清洗

①流水浸湿双手　②取适量洗手液　③揉搓手掌使产生丰富泡沫

④搓洗双手指尖　⑤用左/右手手掌搓右/左手手背　⑥用左/右手指尖揉搓右/左手手掌

⑦用左/右手握住右/左手的拇指并揉搓　⑧搓洗双手的腕部

2.杀菌、消毒

①用手掌接取药液　②蜷曲手指　③充分浸润指甲及手指　④手掌相互揉搓

⑤搓洗双手的指头侧面　⑥用左/右手手掌搓右/左手手背　⑦用左/右手指尖揉搓右/左手手掌　⑧用左/右手握住右/左手的拇指并揉搓

⑨搓洗双手的腕部　⑩揉搓至干

图 8 - 2　洗手程序示例

C. 口服固体制剂洁净服要求（表8-2）

表8-2　口服固体制剂洁净服要求示例

级别	控制区	解释说明
衣服	单件或者两件套，建议袖口紧闭	不允许穿着短袖
材质	棉质的或者混合纤维	与可允许的尘埃数量或尘埃释放量相关
外兜	不建议	防止混合及交叉污染
更换	制订更换周期	一旦污染则需要增加更换频次
帽子（头套）	每天更换	必须包裹所有的头发
口罩	口罩：仅当操作涉及暴露药品时戴胡须；建议一直遮盖	当湿透后更换
手套	仅当操作涉及暴露药品时戴	要求在更换产品和手套破损时更换
化妆品	不建议，非重要因素	纯护理性化妆品除外
鞋子	工鞋或覆盖性鞋子	防滑但应无痕（防止转移药品）
首饰，手表	避免	同样为了职业健康与安全

8.3　厂房设施、设备污染

【法规要求】

药品生产质量管理规范（2010年修订）

第三十八条　厂房的选址、设计、布局、建造、改造和维护必须符合药品生产要求，应当能够最大限度地避免污染、交叉污染、混淆和差错，便于清洁、操作和维护。

第三十九条　应当根据厂房及生产防护措施综合考虑选址，厂房所处的环境应当能够最大限度地降低物料或产品遭受污染的风险。

第四十条　企业应当有整洁的生产环境；厂区的地面、路面及运输等不应当对药品的生产造成污染；生产、行政、生活和辅助区的总体布局应当合理，不得互相妨碍；厂区和厂房内的人、物流走向应当合理。

第四十一条　应当对厂房进行适当维护，并确保维修活动不影响药品的质量。应当按照详细的书面操作规程对厂房进行清洁或必要的消毒。

第四十二条　厂房应当有适当的照明、温度、湿度和通风，确保生产和贮存的产品质量以及相关设备性能不会直接或间接地受到影响。

第四十三条　厂房、设施的设计和安装应当能够有效防止昆虫或其他动物进入。应当采取必要的措施，避免所使用的灭鼠药、杀虫剂、烟熏剂等对设备、物料、产品造成污染。

第四十四条　应当采取适当措施，防止未经批准人员的进入。生产、贮存和质量控制区不应当作为非本区工作人员的直接通道。

第四十六条　为降低污染和交叉污染的风险，厂房、生产设施和设备应当根据所生产药品的特性、工艺流程及相应洁净度级别要求合理设计、布局和使用，并符合下列要求：

（一）应当综合考虑药品的特性、工艺和预定用途等因素，确定厂房、生产设施和设备多产品共用的可行性，并有相应评估报告；

（二）生产特殊性质的药品，如高致敏性药品（如青霉素类）或生物制品（如卡介苗或其他用活性微生物制备而成的药品），必须采用专用和独立的厂房、生产设施和设备。青霉素类药品产尘量大的操作区域应当保持相对负压，排至室外的废气应当经过净化处理并符合要求，排风口应当远离其他空气净化系统的进风口；

（三）生产 β - 内酰胺结构类药品、性激素类避孕药品必须使用专用设施（如独立的空气净化系统）和设备，并与其他药品生产区严格分开；

（四）生产某些激素类、细胞毒性类、高活性化学药品应当使用专用设施（如独立的空气净化系统）和设备；特殊情况下，如采取特别防护措施并经过必要的验证，上述药品制剂则可通过阶段性生产方式共用同一生产设施和设备；

（五）用于上述第（二）、（三）、（四）项的空气净化系统，其排风应当经过净化处理；

（六）药品生产厂房不得用于生产对药品质量有不利影响的非药用产品。

第四十七条　生产区和贮存区应当有足够的空间，确保有序地存放设备、物料、中间产品、待包装产品和成品，避免不同产品或物料的混淆、交叉污染，避免生产或质量控制操作发生遗漏或差错。

第四十八条　应当根据药品品种、生产操作要求及外部环境状况等配置空调净化系统，使生产区有效通风，并有温度、湿度控制和空气净化过滤，保证药品的生产环境符合要求。

洁净区与非洁净区之间、不同级别洁净区之间的压差应当不低于 10 帕斯卡。必要时，相同洁净度级别的不同功能区域（操作间）之间也应当保持适当的压差梯度。

口服液体和固体制剂、腔道用药（含直肠用药）、表皮外用药品等非无菌制剂生产的暴露工序区域及其直接接触药品的包装材料最终处理的暴露工序区域，应当参照"无菌药品"附录中 D 级洁净区的要求设置，企业可根据产品的标准和特性对该区域采取适当的微生物监控措施。

第四十九条　洁净区的内表面（墙壁、地面、天棚）应当平整光滑、无裂缝、接口严密、无颗粒物脱落，避免积尘，便于有效清洁，必要时应当进行消毒。

第五十条　各种管道、照明设施、风口和其他公用设施的设计和安装应当避免出现不易清洁的部位，应当尽可能在生产区外部对其进行维护。

第五十一条　排水设施应当大小适宜，并安装防止倒灌的装置。应当尽可能避免明沟排水；不可避免时，明沟宜浅，以方便清洁和消毒。

第五十二条　制剂的原辅料称量通常应当在专门设计的称量室内进行。

第五十三条　产尘操作间（如干燥物料或产品的取样、称量、混合、包装等操作间）应当保持相对负压或采取专门的措施，防止粉尘扩散、避免交叉污染并便于清洁。

第五十四条　用于药品包装的厂房或区域应当合理设计和布局，以避免混淆或交叉污染。如同一区域内有数条包装线，应当有隔离措施。

第五十五条　生产区应当有适度的照明，目视操作区域的照明应当满足操作要求。

第五十六条　生产区内可设中间控制区域，但中间控制操作不得给药品带来质量风险。

第五十七条　仓储区应当有足够的空间，确保有序存放待验、合格、不合格、退货或召回的原辅料、包装材料、中间产品、待包装产品和成品等各类物料和产品。

第五十八条　仓储区的设计和建造应当确保良好的仓储条件，并有通风和照明设施。仓储区应当能够满足物料或产品的贮存条件（如温湿度、避光）和安全贮存的要求，并进行检查和监控。

第五十九条　高活性的物料或产品以及印刷包装材料应当贮存于安全的区域。

第六十条　接收、发放和发运区域应当能够保护物料、产品免受外界天气（如雨、雪）的影响。接收区的布局和设施应当能够确保到货物料在进入仓储区前可对外包装进行必要的清洁。

第六十一条　如采用单独的隔离区域贮存待验物料，待验区应当有醒目的标识，且只限于经批准的人员出入。

不合格、退货或召回的物料或产品应当隔离存放。

如果采用其他方法替代物理隔离，则该方法应当具有同等的安全性。

第六十二条　通常应当有单独的物料取样区。取样区的空气洁净度级别应当与生产要求一致。如在其他区域或采用其他方式取样，应当能够防止污染或交叉污染。

第六十三条　质量控制实验室通常应当与生产区分开。生物检定、微生物和放射性同位素的实验室还应当彼此分开。

第六十四条　实验室的设计应当确保其适用于预定的用途，并能够避免混淆和交叉污染，应当有足够的区域用于样品处置、留样和稳定性考察样品的存放以及记录的保存。

第六十五条　必要时，应当设置专门的仪器室，使灵敏度高的仪器免受静电、震动、潮湿或其他外界因素的干扰。

第六十六条　处理生物样品或放射性样品等特殊物品的实验室应当符合国家的有关要求。

第六十七条　实验动物房应当与其他区域严格分开，其设计、建造应当符合国家有关规定，并设有独立的空气处理设施以及动物的专用通道。

第六十八条　休息室的设置不应当对生产区、仓储区和质量控制区造成不良影响。

第六十九条　更衣室和盥洗室应当方便人员进出，并与使用人数相适应。盥洗室不得与生产区和仓储区直接相通。

第七十条　维修间应当尽可能远离生产区。存放在洁净区内的维修用备件和工具，应当放置在专门的房间或工具柜中。

第七十一条　设备的设计、选型、安装、改造和维护必须符合预定用途，应当尽可能降低产生污染、交叉污染、混淆和差错的风险，便于操作、清洁、维护，以及必要时进行的消毒或灭菌。

第七十四条　生产设备不得对药品质量产生任何不利影响。与药品直接接触的生产设备表面应当平整、光洁、易清洗或消毒、耐腐蚀，不得与药品发生化学反应、吸附药品或向药品中释放物质。

【技术要求】

A. 厂房设施

GMP中关于房间和设施适应性的要求，不仅对生产方面非常重要，而且从卫生学的角度来说也非常重要。对于清洁，"足够大"意思是有充足的空间可以供清洁人员走动并且可以到达所有可能的清洁点。经验表明，小房间建立的方式常常不利于清洁，因为可利用的空间狭小。例如，靠墙放置的机器部件很难接触到从而无法进行很好的清洁。

制药企业宜选址在周围环境较洁净且绿化较好的地区，不宜选在多风沙的地区和严重灰尘、烟气、腐蚀性气体污染的工业区，应尽量远离铁路、公路、机场和烟囱。对全年主导风向来说在上风侧，对全年最小频率来说在下风侧。大气含尘量、含菌量低、自然环境好，无鼠类和寄生虫等。

厂区总体规划必须考虑风向以减少污染；厂区内道路的人物流分开；厂区按生产、行政、生活和辅助区分开。工艺布局遵循"三协调"原则，即人流物流协调、工艺流程协调、洁净级别协调；生产区内及周围无露土地面。

洁净厂房宜布置在厂区内环境清洁、人流物流不穿越或少穿越的地段。洁净厂房新风口与市政交通主干道近基地侧道路红线的距离宜大于50米。

在厂房设计时还应考虑到产品的特性（如温度和湿度敏感性、仓储稳定性、畏光、毒性）和生产工艺要求（如之前和之后的加工步骤以及它们的连接、仓储、包装、控制实验室等）。

设施应从工艺、设备、建筑等方面综合考虑减少交叉污染。

空调净化系统除满足厂房净化要求和温湿度要求外，重要的是要对生产区的粉尘进行有效的控制，防止粉尘通过空气系统产生污染。

B. 设备

在药品生产设备的设计、选材、造型、安装方面要考虑预防污染，即满足生产工艺技术要求，又便于操作；使用时不污染药物，也不污染生产环境；有利于清洗、消毒或灭菌；能适应设备验证的需要。

【实施指导】

A. 物流、人流及布局

车间的布置应符合以下原则："按工艺流程合理平面布置；严格划分洁净区域；防止污染和交叉污染；方便生产操作"。生产区应有足够的区域合理安放设备和物料，防止污染和混淆，还应考虑原辅料、半成品储存面积；设备清洗的面积；清洁工器具的面积等。

物流最终代表了建筑物内的生产过程，分解成单个的步骤并体现在流程图中。每个加工步骤必须分配到机器上，每台机器分配到房间里。然后建筑物内的房间分组反映了物流。

主要有两个原理管理物流，即水平物流和垂直物流，各自的原理如图8-3、图8-4所示。更多内容可参见本指南6.2.3物料输送。

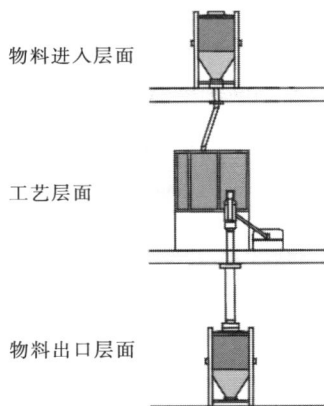

物料进入层面

工艺层面

物料出口层面

图 8-3 垂直物流原理示意图

图 8-4 水平物流原理示意图

无论水平流或是垂直流，如果采用联动方式从一台机器传输到下一台机器，而不转移到中间容器，可大大降低污染和交叉污染，从而更好的保护产品。联动的物流原理示意图如图8-5，表8-3。

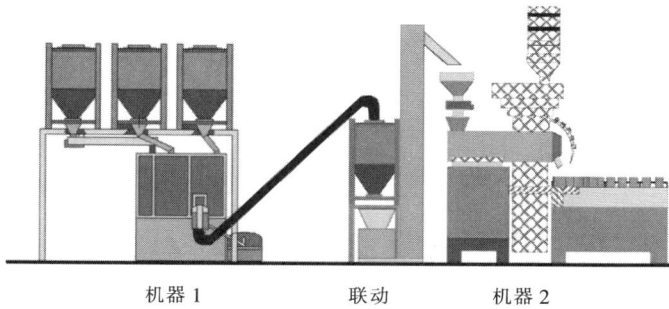

机器 1   联动   机器 2

图 8-5 联动物流原理示意图

表 8-3 水平物流、垂直物流及联动物流比较

	优点	缺点
水平	● 不与其他层面连接 ● 清晰的生产顺序 ● 简单可靠的运输系统	● 卫生区域较大 ● 运输和生产不能分开 ● 运输系统（堆垛机）与 GMP 往往不兼容
垂直	● 运输和生产分开 ● 卫生区域较小 ● 自动化程度高 ● 封闭系统	● 技术复杂 ● 更需要验证 ● 不可能目测检查 ● 需要特别的建筑设计 ● 复杂的清洁工艺
互连	● 灵活的运输 ● 很大程度的封闭系统 ● 可实现自动化	● 卫生区域较大 ● 运输和生产不能分开 ● 技术复杂

为了优化物流，必须确定适当数量人员进行操作、监控和维护机器和设施，规划操作人员职责范围，把行动路线转移到布局上。假设人员仅能通过锁闸/更衣室进入生产区域且行动路线最短，按此假设，对人流及其迭代优化和布局、物流一并评估，确定厂房平面布局。

原辅料、直接接触药品的包装材料的取样是产品防护的重点之一，取样应在单独的取样区内进行，取样区的空气洁净级别应和生产级别要求一致。如取样必须在生产区进行，应在生产区内设置单独的取样间，该房间应为直排风，回风不得再循环使用。

产尘量大的房间可采用不同压力气锁间的形式防止粉尘的泄露，详见本丛书《厂房设施与设备》分册。

产尘量大的房间相对集中时建议建立中央粉尘收集系统，进行集中除尘。

对多品种生产车间的产尘量大的房间若没有净化措施建议不采用循环风。

对工艺管道、公用工程管道等采用技术夹层、管道竖井、技术夹墙等暗敷方式，使生产环境减少积尘点。

高致敏性物质（比如：青霉素类）、生物制品（比如：活的微生物制备）等特殊产品生产应该在"专用和独立的厂房设施",并保证空调系统的排风和进风口是独立并且两者所处的位置不能太近。

如果存在非青霉素产品被青霉素污染的可能时,应通过专门的程序检测非青霉素产品中青霉素污染水平,如果发现青霉素的水平在可见水平时,这样的产品不能上市。

B. 设备、设施总体要求

适用于使用目的、容易清洁、不得与产品形成相互作用、不得损害产品、正确安装且在使用前进行确认、校验并进行维护。具体要求如下:

- 结构简单,外表面光洁,易清洁;便于操作,造型美观
- 材质:凡与药物及腐蚀性介质接触的及潮湿环境下工作的设备均应选用低含碳量的不锈钢材料、钛及钛复合材料或铁基涂覆耐腐蚀、耐热、耐磨等涂层的材料制造。具体材质的选择可参见本指南4.1生产设备。密封材料主要用符合食品类和医疗产品用途塑料材质。表面粗糙程度和工艺方法(冷扎,电抛光等等)也必须明确下来。对关键部件,建议向钢材生产商索要材质证明文件
- 设备的传动部位要密封良好,防止润滑油、冷却剂等泄露时对药品的污染
- 洁净室内设备保温层表面应平整、光洁、不得有颗粒性物质脱落
- 对生产中发尘量大的工序设备,如粉碎、过筛、混合、制粒、干燥、压片、包衣等,应选用自身带有捕尘、吸粉装置设备
- 与药物直接接触的惰性气体、压缩空气、干燥用空气应设置净化装置;干燥设备出风口要有防止空气倒灌的装置;经净化处理的空气应符合规定的空气洁净度要求。其中与产品直接接触压缩空气的质量标准应满足 ISPE 标准,或者参考美国国家标准化组织 ANSI/CGA G-7.1(USA),欧洲标准 PREN 12021 制定适用于企业的压缩空气质量标准

C. 地漏

从卫生学角度来说,废水处理很关键。建筑必须避免污水阻塞或回流。这也意味着必须有充足数量和足够大的地漏。地漏太小的话会导致阻塞,尽管管道直径足够大。无论如何,基于安全原因必须安装防回流盖,因为停滞的、污染过的水流入危害很大。地面地漏的最后环节应该安装一个斜坡通向出口。其余地面区域应该水平,以避免水坑形成。

地漏必须定期消毒,因为滞留在里面的污水是微生物繁殖的理想环境。例如:口服固体制剂在生产过程中会产生可作为多种培养物培养基的固体残渣(例如淀粉,纤维素,乳糖等),由于原料中就存在一定量的起始污染,尤其是植物来源的物质,被污水润湿后会使生物负荷大大增加。因此消毒是不可缺少的。消毒剂应该定期更换,来抵消抗药性的增长。

地漏应该有足够的体积并且直接通向下水道的地方应该安装一个气闸或其他机械装置来阻止倒吸。

【实例分析】

厂房布局："同心圆"原则进行设计（图8-6）

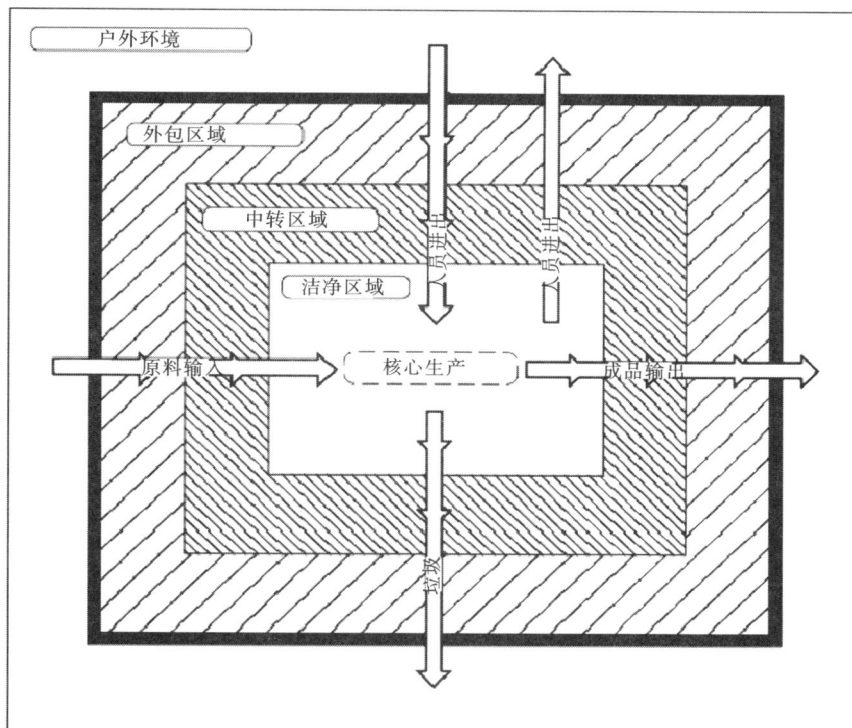

图8-6 厂房"同心圆"原则布局建议

【要点备忘】

围绕产品防护，厂房设施、设备方面主要从以下几点考虑：

- 厂房的布置应符合以下原则："按工艺流程合理进行平面布置；严格划分洁净区域；防止污染和交叉污染；方便生产操作"
- 设备的设计、选型应尽可能降低发生污染、交叉污染、混淆和差错，便于操作、清洁、维护，以及必要时进行的消毒

8.4 物料污染

【法规要求】

药品生产质量管理规范（2010年修订）

第四十七条 生产区和贮存区应当有足够的空间，确保有序地存放设备、物料、中间产品、待包装产品和成品，避免不同产品或物料的混淆、交叉污染，避免

生产或质量控制操作发生遗漏或差错。

第四十八条 应当根据药品品种、生产操作要求及外部环境状况等配置空调净化系统，使生产区有效通风，并有温度、湿度控制和空气净化过滤，保证药品的生产环境符合要求。

洁净区与非洁净区之间、不同级别洁净区之间的压差应当不低于 10 帕斯卡。必要时，相同洁净度级别的不同功能区域（操作间）之间也应当保持适当的压差梯度。

口服液体和固体制剂、腔道用药（含直肠用药）、表皮外用药品等非无菌制剂生产的暴露工序区域及其直接接触药品的包装材料最终处理的暴露工序区域，应当参照"无菌药品"附录中 D 级洁净区的要求设置，企业可根据产品的标准和特性对该区域采取适当的微生物监控措施。

第四十九条 洁净区的内表面（墙壁、地面、天棚）应当平整光滑、无裂缝、接口严密、无颗粒物脱落，避免积尘，便于有效清洁，必要时应当进行消毒。

第六十条 接收、发放和发运区域应当能够保护物料、产品免受外界天气（如雨、雪）的影响。接收区的布局和设施应当能够确保到货物料在进入仓储区前可对外包装进行必要的清洁。

第六十二条 通常应当有单独的物料取样区。取样区的空气洁净度级别应当与生产要求一致。如在其他区域或采用其他方式取样，应当能够防止污染或交叉污染。

第七十七条 设备所用的润滑剂、冷却剂等不得对药品或容器造成污染，应当尽可能使用食用级或级别相当的润滑剂。

第一百零二条 药品生产所用的原辅料、与药品直接接触的包装材料应当符合相应的质量标准。药品上直接印字所用油墨应当符合食用标准要求。

进口原辅料应当符合国家相关的进口管理规定。

第一百零三条 应当建立物料和产品的操作规程，确保物料和产品的正确接收、贮存、发放、使用和发运，防止污染、交叉污染、混淆和差错。

物料和产品的处理应当按照操作规程或工艺规程执行，并有记录。

第一百零五条 物料和产品的运输应当能够满足其保证质量的要求，对运输有特殊要求的，其运输条件应当予以确认。

第一百零七条 物料接收和成品生产后应当及时按照待验管理，直至放行。

第一百零八条 物料和产品应当根据其性质有序分批贮存和周转，发放及发运应当符合先进先出和近效期先出的原则。

第一百一十二条 仓储区内的原辅料应当有适当的标识，并至少标明下述内容：

（一）指定的物料名称和企业内部的物料代码；

（二）企业接收时设定的批号；

（三）物料质量状态（如待验、合格、不合格、已取样）；

（四）有效期或复验期。

第一百一十四条 原辅料应当按照有效期或复验期贮存。贮存期内，如发现对质量有不良影响的特殊情况，应当进行复验。

第一百一十七条 用于同一批药品生产的所有配料应当集中存放，并作好标识。

第一百一十八条 中间产品和待包装产品应当在适当的条件下贮存。

第一百一十九条 中间产品和待包装产品应当有明确的标识，并至少标明下述内容：

（一）产品名称和企业内部的产品代码；

（二）产品批号；

（三）数量或重量（如毛重、净重等）；

（四）生产工序（必要时）；

（五）产品质量状态（必要时，如待验、合格、不合格、已取样）。

【技术要求】

A. 物料采购

- 采购的原辅料符合药用要求。
- 使用的润滑剂应为食用级的。
- 药品上印字油墨须为食用级的。

B. 物料的运输

- 物料运输过程中应该保护物料和产品不受天气影响。
- 对不能冷冻或不耐高温的原辅料、对需避光的原辅料都要采取一定的运输方式和必要的监控措施。
- 对原辅料的包材应根据原辅料的特性、重量、运输过程的受压、冲击和撞击来确定。

C. 物料的验收、入库

物料进入仓库后用科学规范的表示方法标记接收的物料，避免混药；所有进厂物料均应有供应单位的合格检验报告单或合格证明。

D. 物料的取样

物料的取样环境需与生产的投料区洁净级别一致。为防止取样时原辅料的污染，应严格按规定的程序取样。

E. 物料的使用

- 应制订物料领用、使用操作规程。内容应包括物料的储存、发放、剩余、损坏物料的处理等。原料使用中有剩余时，要及时密封。
- 不同产品的操作不能同时或连续在同一个房间生产。
- 在生产的各个阶段，产品和原料应避免受到微生物及其他污染物的污染。进入洁净区的物料应经净化处理。应通过适当的技术和管理来避免交叉污染。

- 灭鼠剂、杀虫剂、熏蒸剂和消毒剂不得污染起始物料、包材、中间控制物料或成品。
- 产品的包材应具有保护产品，方便使用，促进销售及利于储运等特点。

【实施指导】

物料管理的重点在预防污染、混淆和差错，做好了物料管理工作物料方面产品防护也就做好了。要做好物料管理至少应做到：

- 所采购的物料必须符合规定的质量标准，如原辅料符合药用标准，容器具经过批准，其他辅料（如润滑油、油墨等）至少符合食用标准；所有的物料均应从合格的供应商处采购；
- 做好物料验收（包括运输车辆）、入库，防止出现差错、污染和交叉污染；
- 确保物料（产品）在规定的贮存条件下贮存和运输，确保产品质量；
- 设计好取样程序和操作流程，防止出现污染和交叉污染；
- 生产前确认设备、容器具的清洁程度，使用过程中尽量密闭，减少暴露时间，使用后及时清场、清洁，防止污染和交叉污染。

A. 采购

- 采购食用级别的润滑油应向供应商索要合法资质证明。
- 药品上直接印字的油墨应向印字厂家油墨供应商的合法资质证明。

B. 取样

取样室的必要设施要有单独的空调净化系统；洗手设施；人流、物流分开设置，防止交叉（图 8 - 7）。存放取样器具的橱和清洁的（必要时经灭菌的）取样器具，说明某一容器已取过样的标识或封签，有启开和再行密封容器的工具。

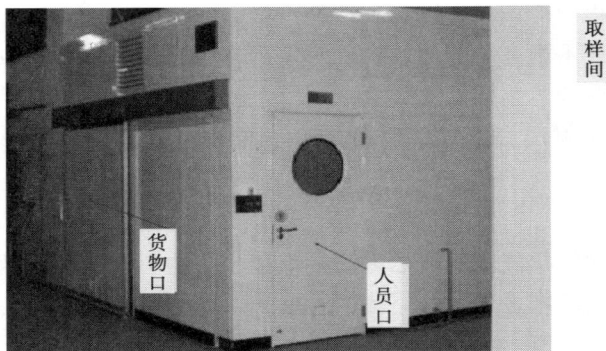

图 8 - 7　取样室示意图

取样过程中防止污染或交叉污染的措施要求：

- 活性成分物料的取样工具与非活性成分物料的取样工具要分开；不同类别活性成分物料的取样工具要分开，且取样工具要隔离存放于取样间内。
- 根据物料特性建立相应的取样工具清洁规程，并明确清洁后的有效期。
- 打开容器，取样，重新封口，防止其内容物受污染和其他成分、药品容器或密封件的污染。

C. 物料的运输和转运

对不能冷冻或不耐高温的原料、对需避光的原料等，都要采取一定的运输方式和必要的监控措施。原辅料的包装材料必须符合国家标准或行业标准。物料或产品在运输和转运过程中最好采用密闭容器进行。

D. 物料的储存

● 物料按照类别、批号分库分区码放，做到五防，即防潮、防霉变、防火灾、防虫鼠、防污染。

● 仓库应按物料储存条件设冷库、阴凉库、常温库等，并配置温湿度计，每天两次记录温湿度。冷库、阴凉库、常温库温湿度标准参见《中国药典》。

● 内包材与外包材分库或分区存放。液体物料贮存时应有防护措施。

● 产品包材应能防止药品变质，就需在药品包装是保持适当环境，防止受到物理的、化学的作用，以达到防潮、防氧化、防光线、防高温等目的。可采用防潮包装、密封包装、避光包装及充填惰性气体等。

E. 润滑剂的选用

润滑剂不应该接触产品或者产品的表面。如果由于技术原因润滑剂的使用无法避免（如，移动机械部件），必须确认油脂的相符性或官方的批准（例如，符合食用的证明），还有其与产品的相容性。为避免污染，最开始一批的某些接触到这些部位的部分（如软膏灌装、压片）应舍弃。

8.5 工艺技术及环境污染

【法规要求】

药品生产质量管理规范（2010 年修订）

第四十八条 口服液体和固体制剂、腔道用药（含直肠用药）、表皮外用药品等非无菌制剂生产的暴露工序区域及其直接接触药品的包装材料最终处理的暴露工序区域，应当参照"无菌药品"附录中 D 级洁净区的要求设置，企业可根据产品的标准和特性对该区域采取适当的微生物监控措施。

第一百九十七条 生产过程中应当尽可能采取措施，防止污染和交叉污染，如：

（一）在分隔的区域内生产不同品种的药品；

（二）采用阶段性生产方式；

（三）设置必要的气锁间和排风；空气洁净度级别不同的区域应当有压差控制；

（四）应当降低未经处理或未经充分处理的空气再次进入生产区导致污染的风险；

（五）在易产生交叉污染的生产区内，操作人员应当穿戴该区域专用的防护服；

（六）采用经过验证或已知有效的清洁和去污染操作规程进行设备清洁；必要时，应当对与物料直接接触的设备表面的残留物进行检测；

（七）采用密闭系统生产；

（八）干燥设备的进风应当有空气过滤器，排风应当有防止空气倒流装置；

（九）生产和清洁过程中应当避免使用易碎、易脱屑、易发霉器具；使用筛网时，应当有防止因筛网断裂而造成污染的措施；

（十）液体制剂的配制、过滤、灌封、灭菌等工序应当在规定时间内完成；

（十一）软膏剂、乳膏剂、凝胶剂等半固体制剂以及栓剂的中间产品应当规定贮存期和贮存条件。

第一百九十八条 应当定期检查防止污染和交叉污染的措施并评估其适用性和有效性。

【实施指导】

产品防护的概念要融入到设计当中，工艺设计的每一步要进行风险评估，从而确定各工序的防护级别以及相应的防护方法。

通常针对口服固体制剂的生产需从以下 5 个方面进行考虑：

● 保护级别

● 防止外来杂质

● 防止产品交叉污染

● 高危险产品的特殊考虑

● 防止人员对环境、产品的影响

（1）保护级别

产品的保护级别依据生产工艺流程、产品特性等设计，一般分为三级，一般区、有防护要求的区域、控制区域（图 8 - 8、表 8 - 4）。

一般卫生维护区域 ——— 一般操作区域——— I 级环境等级

一般暴露操作区域 ——— 有防护要求区域——— II 级环境等级

对操作环境有洁净要求区域 ——— 控制区域——— III 级环境等级

图 8 - 8　保护级别的划分

表 8 - 4　产品保护级别的划分

保护级别	Ⅲ级：控制区域	Ⅱ级：有防护要求区域（受保护区）	Ⅰ级：一般区
概念	是指产品、物料或组分暴露于房间环境下的区域	产品有暴露于环境或人员下的潜在可能的区域	产品或产品接触表面没有暴露于环境或人员下的潜在可能的某个区域
区域	包括所有的取样、配料、生产和一级包装区，以及设备的清洗和产品接触设备零件的储存区域	包括有特殊储存条件的产品的外包装区域及储存区、人流及物流的缓冲区等	包括无特殊储存条件的产品的外包装区域及储存区、空调动力操作人员的操作区及办公区等
要求	对控制区环境条件应进行温度、湿度及过滤后空气的质量制定控制标准并进行验证和定期监测	该区域内，在该区域内生产活动可能直接或间接影响产品。在这些区域内，设计时需考虑对产品的防护措施	该区域的环境条件对产品没有直接或间接的影响。环境的控制仅仅基于职工的舒适度，这些体系应按照GEP的要求来设计、指定和试运行

（2）污染及交叉污染的防护

污染防护一般依据生产工艺流程的设计，主要从建筑布局、建筑材料、空调系统及设备选型、材质等方面考虑。通过适当的技术和管理来避免污染及交叉污染，例如：取样间、物料处理区、物料转移方式、称量区等。

- 生产操作人员和管理人员需经防止污染技能的培训。
- 同一房间内，同一时间，不得生产不同的品种、不同规格、不同批次的产品。
- 不同工序之间人员一般不得互相流动，必须时应采取有效的措施，防止交叉污染。如产尘量大的工序之间的洁净工作服可选用不同的颜色，进入其他工序时应更换相应的洁净工作服。
- 外包装工序生产不同品种药品时，必须加有效的物理隔断。
- 尽可能的使用密闭的生产设备，使用敞口设备时，必须采用相应的防护措施，如：局部排风系统、除尘系统、层流保护等。
- 在灌装线（胶囊充填、内包灌装区等）周围建立隔离区，将操作人员隔离在灌装区以外是避免人体污染的最好办法。
- 生产过程中物料/产品的转移尽量在管道等密闭系统内进行。如利用位差、压差（真空、压缩空气）通过管道密闭转移，也可采用特殊结构的装置（α、β阀）密闭转移物料/产品。转移设施应专用，不可避免时应做好清洁验证；如果不能实现密闭转移物料/产品建议采用一次性无毒、洁净塑料袋密封后转移。
- 干燥设备、包衣设备的进风应经高效过滤器过滤，且需对过滤效果进行验证。
- 在生产过程中如有气体、蒸汽、喷雾物等产生时应在厂房设计及设备造型时予以考虑，尽量降低交叉污染。
- 药品的防湿包装与密闭包装，一般需从包装材料、容器的密封、采用真空、充气包装技术等措施来解决；也可采用硅胶等吸湿剂或一些脱氧剂来解决。
- 药品的遮光包装应采用避光容器包装或在容器外再加避光外包装。避光容器可采用遮光材料如金属或铝箔等，或采用在材料中加入紫外线吸收剂或遮断剂等方法。

生产过程中的清场是防止污染和交叉污染的重要手段。除了3.3.2清场管理中的要求，为防止污染和交叉污染，还应考虑：

- 非专用设备、管道、容器、工具应按规定拆洗或消毒。

- 直接接触药品的设备及管道、工具、容器等应按验证确定的清洗/清理周期进行。
- 包装工序调换品种时多余的标签及包装材料应全部按规定处理。
- 对于难以清洗的部件（如制粒用滤袋），建议分产品专用。
- 采用隔离技术及局部吸尘的设备、捕尘设施等手段来防止尘埃产生和扩散。
- 不同产品品种、规格的生产操作不得在同一生产操作间同时进行；有数条包装线同时包装时应采取隔离或其他有效防止污染或混淆的设施。
- 生产过程中应防止物料及产品产生的气体、蒸汽、雾状物或微生物等引起交叉污染。
- 每一生产操作间或生产用设备、容器应有所生产产品的物料名称、物料代码、批号、数量等状态标识。
- 药品的输送尽量做到密闭，如采用密封管道、真空吸料，不同楼层间也可利用位差自动输送。
- 高危险产品应特殊考虑其防护措施，如生产青霉素类药品采用专用和独立的厂房、生产设施和设备，产尘量大的操作区域应保持相对负压，排至室外的废气应经净化处理并符合要求，排风口应远离其他空气净化系统的进风口；生产 β - 内酰胺结构类、性激素类避孕药品必须使用专用设施（如独立的空气净化系统）和设备，并与其他药品生产区严格分开独立的厂房设施等。
- 产尘量大的房间不得回风，必须采用直排。
- 集中除尘时应用防倒灌的装置。
- 清洁设备、工具专用，并同其他清洁工器具分开存放，直接接触药品内表面的清洁工具必须一次性使用。
- 清洁工具必须不脱落纤维且易清洗。

【实例分析】

层流保护（图 8 - 9）

在称量间的操作保护

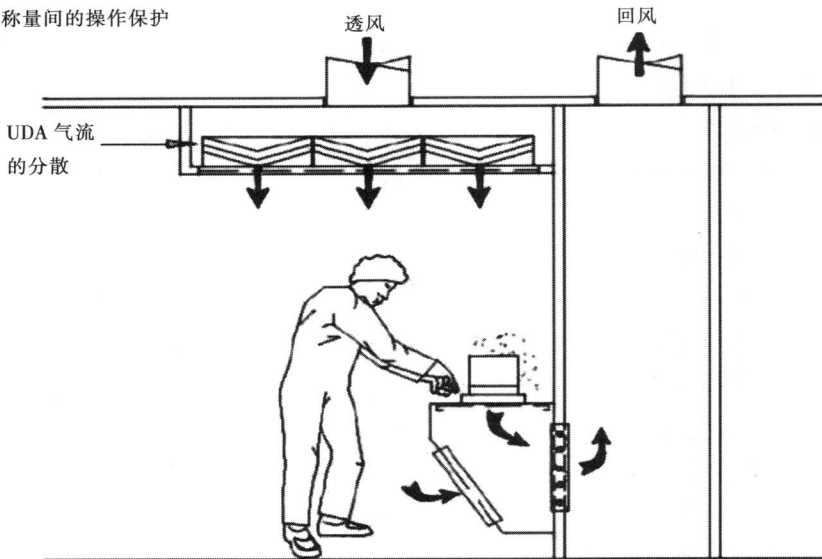

图 8 - 9　层流保护的一般形式

单向气流的流向中若存在阻碍物，生产操作者可能会受到悬浮颗粒物的污染。

图 8-10 举例说明了称重天平不正确用法，天平后面多了块固体挡板，导致了回风口的通道受阻，于是房内垂直气压增加，给操作者带来了危险。

阻挡回风口导致操作人员的粉尘吸入

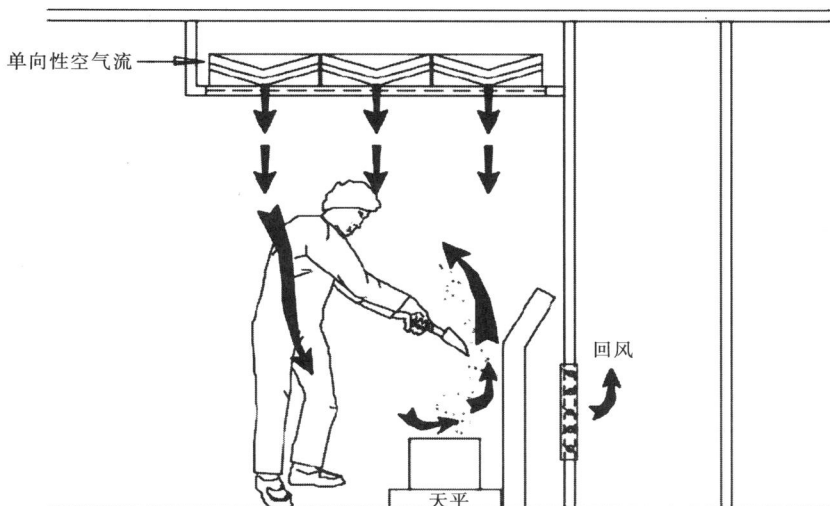

图 8-10　使用天平气流不正确示例

操作者不应站在导致产品污染的气流方向上，图 8-11 为正确的操作方式。

通过水平空气流保护操作人员

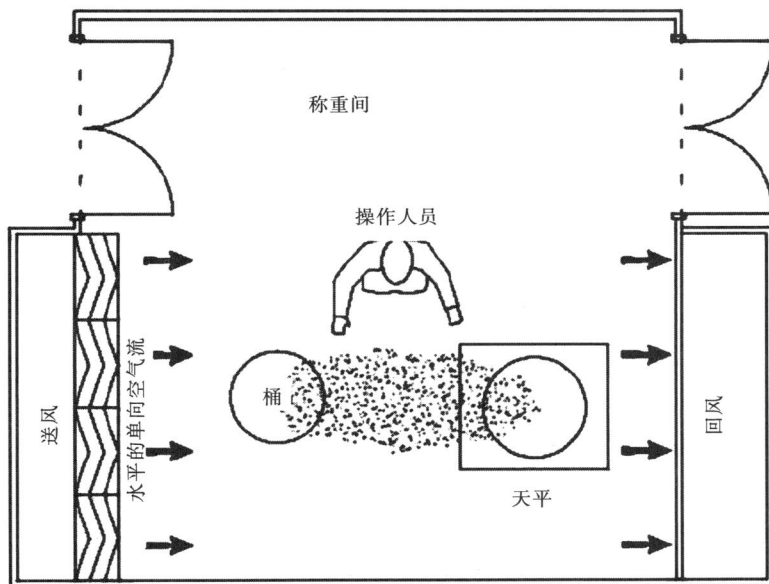

图 8-11　使用天平气流正确示例

9 健康、安全和环境

本章对健康、安全和环境（health，safety and environment，HSE，通常也写作 EHS）以及受控物质等进行了概述，总结了应考虑的各种非 GMP 风险，并提出了一些能降低这些风险的技术和措施。因为直接或间接的影响，企业在风险评估和降低风险时，应考虑这些非 GMP 的因素，本章希望在此方面提供一定的参考。

9.1 非 GMP 风险的考虑

【法规要求】

《中华人民共和国环境保护法》

第一条 为保护和改善生活环境与生态环境，防治污染和其他公害，保障人体健康，促进社会主义现代化建设的发展，制定本法。

第三条 本法适用于中华人民共和国领域和中华人民共和国管辖的其他海域。

第六条 一切单位和个人都有保护环境的义务，并有权对污染和破坏环境的单位和个人进行检举和控告。

《中华人民共和国安全生产法》

第一条 为了加强安全生产监督管理，防止和减少生产安全事故，保障人民群众生命和财产安全，促进经济发展，制定本法。

第二条 中华人民共和国领域内从事生产经营活动的单位（以下统称生产经营单位）的安全生产，适用本法。

负责健康、安全和环境的人员应将重点放在防止或降低各种类型的风险。健康、安全和环境的风险主要有以下几种类型：

- 因职业性质而产生的与化学药品或物理因子的接触
- 由工艺危害导致的人身伤害
- 由于火灾、爆炸、设备超压而产生的人身伤害和商业活动中断
- 向环境中释放有害物质
- 公众反应和应急预案

在我国，《中华人民共和国环境保护法》和《中华人民共和国安全生产法》以及其他相关法律法规是药厂考虑健康、安全和环境问题时必须遵守的。

9.2 健康（health）

在我国，《GBZ2.1－2007 工作场所有害因素职业接触限值 化学有害因素》规定了工作场所化学有害因素的职业暴露限值。该标准适用于工业企业卫生设计及存在或产生化学有害因素的各类工作场所，适用于工作场所卫生状况、劳动条件、劳动者接触化学因素的程度、生产装置泄露、防护措施效果的监测、评价、管理及职业卫生监督检查等，不适用于非职业性接触。工作场所化学有害因素职业暴露限值是用人单位监测工作场所环境污染情况，评价工作场所卫生状况和劳动条件以及劳动者接触化学因素的程度的重要技术依据，也可用于评估生产装置泄漏情况，评价防护措施效果等。

员工与危险物质接触的风险是由两个因素产生的：危险本身和接触机会。危险取决于物质的毒性或药物活性。工人与活性药物成分或其他化学药品产生联系表现为接触。使用"分级控制"可以使接触降至最小程度。分级控制综合运用工程控制措施、行政控制和个人防护设备（PPE），有效降低员工的危险物质风险。

除接触危险物质，暴露于某些物理因素如噪音、离子辐射、热辐射、人机工程学，可能会有慢性积累作用，从而导致慢性物理损伤或其他健康问题。在我国，GBZ2.2－2007 工作场所有害因素职业接触限值 第 2 部分：物理因素 规定了工作场所物理因素职业暴露限值。

生命安全是指在有限的空间内安置设备、定义规程，防止由于机器、跌落和有毒环境造成的物理损伤。除此之外，它还定义了对应急设备和紧急出口的要求。制药企业要在机械防护、上锁及标示保护、跌落防护、受限空间的进入、窒息、紧急情况的防护等方面采取合适的措施保护员工的生命安全。

9.2.1 员工健康危害的识别

【背景介绍】

A. 化合药物和化学药品的危害等级

制药配方的危险以活性成分的危险最为典型，其危害性可以用职业暴露限值（occupational exposure limit，OEL）衡量，职业暴露限值可以分为不同职业暴露等级（occupational exposure bands，OEB）。

所有用于口服固体制剂设备中的化学药品，都应对其进行职业暴露限值的评估。平工种应当包括正常处理过程中的化学品，以及设备维护过程中用到的化学品。对于可能发生的物质暴露，一定要将发生的次数维持在最小暴露限制值以下。在生产过程中，应当总结出一整套化学药品的相对危害性应验，并将其用于确定合适的工程控制方法。这样的方法可以有效地控制工人在安全水平内接触药物。

B. 风险物质的暴露途径

活性药物成分或有害物质，通过以下几种方式进入人体：

● 吸入：直接吸入空气中的悬浮粒子；

- 眼睛：直接与空气中的悬浮粒子接触或通过被污染的手与悬浮粒子产生间接接触；
- 皮肤：通过皮肤与悬浮粒子直接接触或通过被污染的手、脚或设备与之间接接触；
- 食入：由被污染的手将悬浮粒子送入口中；
- 伤口：被产品污染的利器刺入皮肤。

【实施指导】

A. 控制级别

为了避免与有害物质的接触，需要让操作者了解他们在哪里可能暴露在有害环境中，也要使用多项工业安全的"分级控制"方法，从而建立一套综合的控制暴露策略，如：

- 根据物质的物理或化学属性，可以用一种危害性较小的物质来代替危害性较大的物质。在制药行业里，用危害性较小的物质代替活性药物成份（API）不太可能，因而常常应用"分级控制"的方法；
- 工程控制——设计出提高防护能力的设备来抑制有害物质进入操作者的呼吸区域或者防止有害物质在工作区内释放出来；
- 行政控制——循环作业或其他限制暴露方法。行政控制的另一种形式是为安全操作设备而建立的SOP；
- 个人防护设备（personal protective equipment，PPE）——由工作人员在适当的时刻佩戴用于防止接触化学药品或人身伤害的特殊设备。

质量风险评估或控制差距分析

一个简单的控制技术差距分析应有助于确保员工不会在生产、取样、清洁和维护过程中过度暴露在有危害性物质的环境中。该质量风险评估涉及：

- 确定所关注的活性药物成分或其他化学药品的具体的职业暴露限值或暴露等级；
- 确定在当前各工序的位置应采取的控制技术；
- 从当前的技术控制中寻找危害性物质暴露的证据；
- 进行类似操作得出低于极限值的数据，并用它来估算出空气中可能存在的粉尘和可能释放的化学药品的数值。

当可以从各个工序和技术中得出有关质量的数据时，就可以评估控制程度了。这里描述的技术可以提供必要程度的防护。在科学的基础上，应该包含该技术的确认。应执行差距分析中指定的升级工作。

防护方法可能在生产工艺中识别，程序操作应建立在理解生产工艺基础之上。表9-1列举材料物理特性的处理和生产中能源输入对暴露可能性的影响。这项评估应该由同时具有工艺和防护知识的人员根据具体情况而进行。

B. 影响危险物质暴露的材料或工艺因素

在表9-1中对影响危险物质暴露的材料或工艺因素进行了阐述。

表 9 – 1　影响危险物质暴露的材料因素或工艺因素

危险物质暴露的一般规律是，被处理物质的能量越大，污染产生的几率就越大。		
A 部分：物理性质对有害物质暴露的影响		
属性	风险较低	风险较高
干/湿	潮湿	干燥
粒子大小	大	小
流动性	可预测	难于处理
比重	高	低
结构	晶体	非晶体
防静电	否	是
B 部分：工艺属性对有害物质暴露的影响		
属性	风险较低	风险较高
工艺设备	封闭设计	敞开式
工艺能量输入	无能量或周转速度，低温	高速机械运动，高温
压差	低	高
单元操作之间传输	无	多单元
操作人员培训	频繁，实时更新	很少
操作技术或技能	无要求	高度依赖
任务类型	固定	不固定
持续时间	短	长
任务频率	单次	多次

C. 定量分析原则

定量分析包括了在进行规定任务的同时，对处在生产区域的员工和区域内空气取样分析；也包括了表面擦拭取样和沉降皿取样。通常在定量风险评估完成后，会做出进行定量测定的决定。该决定作为控制差距分析的一部分，收集数据进而制定控制有害物质暴露的方法。

9.2.2　员工健康危害的控制——隔离技术

考虑到药物对操作人员的不良影响，对于含有高致敏、毒性、抗肿瘤及激素类 API 的固体制剂，建议生产过程中采用隔离和密封技术。

隔离技术（isolator）在制药过程中可防止混淆、污染和交叉污染，是保证药品质量的关键。采用隔离技术可以减少人员行为对加工区域的干扰，会使物料混淆、交叉污染及微生物污染风险显著降低，减少有害物料、粉尘对操作人员的危害。可参见本丛书《无菌药品》分册 17. 隔离技术。

【技术要求】

A. 通风控制

（1）一般的排气通风，需供应和排放大量的空气通过生产厂房以释放排放物。

优点：易于排放排放物，如蒸汽和气体。

缺点：

- 用专门设计的罩子捕尘。
- 不能有效对高风险物料排放控制，常与一些 OSD 其他设施联用。
- 一般空气的流速太低不能捕获大多污染粒子，导致粉尘排放。
- 需要通过空调系统控制，成本高。

（2）局部通风系统，围绕工艺设备周边排放气体，排出操作者的呼吸范围，达到污染设备清洁的目的。

优点：

- 用专门设计的罩子捕尘。
- 减少房间空调净化系统通风量。

缺点：

- 不能将污染物有效的排放出去。
- 依赖于操作者的技术。
- 如果局部通风系统运行异常，污染物可能会进入产品中。
- 用 LEV 收集分散产品。
- 空气清洁装置可能需要防爆保护。

（3）层流系统，小面积或小容积用量区域（100ft/min）向下气流围绕工作台，将污染物排出操作者的呼吸范围。

优点：

- 适用于手工进行的操作，其他方法操作困难。
- 避免二次操作单元受污染的控制。

缺点：

- 直接向地面排放，导致清洁问题。
- 依赖于操作者的技术。
- 耗费电能来获得大量的高质量洁净空气。

B. 密闭控制

（1）软隔离物，用于灵活转移中间体容器的一次性带手套的胶片隔离器或手动操作设备。

注意：中间体转移容器和胶片隔离器的功能不一样。

优点：

- 包括全部遗留物。
- 易于设计，适用性强。
- 相比物理隔离装置，操作者易于适应。
- 与物理隔断相比，易于进行环境改造。
- 通常不需要开发中间体的清洁程序。

缺点：

- 效果依赖于操作者的技能。
- 需要详尽处理技术来防止操作者或操作空间的污染。
- 是高消耗装置。

（2）密闭工艺，把工艺的所有步骤密闭在小空间内。如包括自动分装系统，重力堆积工艺，用中间体容器转移高活性的物料。通过压缩空气传送，在一个空间里进行多重操作，用活性/非活性的控制阀控制内容物。

优点：

● 排放单元操作范围内的排放物。

● 外部污染不易进入产品。

● 可将产品按不同的技术部分设备隔离开，以限制生产厂地的大小。

● 减少了空间管理的需要。

● 减少了空气过滤系统的容积。

缺点：

● 设备成本高。

● 工艺灵活性可能受到限制。

● 一些单元操作不易于在线清洗，所以一些设备需要进入前进行清洗。

（3）物理隔离，物理隔断，专门的围绕设备的物理隔断物，通常带有专门的 HEPA 空气过滤系统。物料进出要通过类似气锁或其他装置一样的装置。

优点：

● 在单元操作范围内排放污物。

● 外部污染不易进入产品。

● 可将产品按不同的技术部分设备隔离开，以限制生产厂地的大小。

● 减少了空间管理的需要。

● 减少了空气过滤系统的容积。

缺点：

● 受限的环境内有不同的人员，工艺操作较困难，应考虑灵活。

● 需要高昂的资本投入。

● 工艺的灵活性受限制。

● 一些单元操作不易于在线清洗，所以一些设备应在进入前进行清洗。

● 存在一些控制弱点，需要特殊考虑，如通风通道、取样系统等。

【实施指导】

A. 隔离装置（containment）

隔离装置是一种小型化的独立的控制室，使用者可以通过穿戴结合在设施中的手套伸手进入。这种房间中房间的解决方案的优点是：以最小量的空调负荷对人员和产品进行保护。

应用范围涉及到高活性物料的加工处理等方面。投资和运作成本很大程度上取决于预期的目的。一般而言，这隔离装置的投资成本高于传统的洁净室运行成本较高。

由于此项技术还没有广泛应用，因此必须根据用户特殊要求建造，尤其与验证相关。GMP 要求的关键方面：

● 原料传送进入程序。

● 手套密封性。

● 便于隔离器内部容易清洁。

● 频繁的更换产品或形式。

B. 层流系统

层流系统用于保护产品、人员和房间。通过 H14 以上过滤器的洁净空气供给层流系统的工作区域。排风设在用户位置对面或者穿过高效悬浮物过滤器的工作区域。这种系统尤其适用于少量物料的手动称量区域。层流系统的尘埃负荷经常提高到与外界相对应的 1000 倍。层流系统示意图如图 9 - 1。

9.2.3　员工健康危害的控制——密闭技术

【背景介绍】

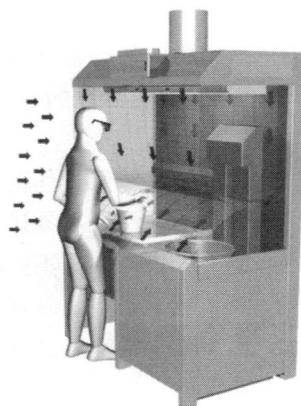

图 9 - 1　层流系统示意图

在口服固体制剂生产过程中，从工艺、清洁、溢出、采样和维护等活动中都有可能出现污染物释放到空气的情况。挑战在于如何控制这些可能发生的污染物释放，进而防止工作人员暴露在有害物质中（无论是通过呼吸、食入、皮肤吸收还是与眼睛的接触）、其他制药化合物与该污染无发生交叉污染、表面污染以及向环境排放等情况的发生。该控制应该在 GMP 与在风险评估中识别的健康因素之间达到一个平衡。由于这个原因，从工艺的第一步直到装入小盒或泡罩把产品封闭在生产区域很重要。同时这也是防止对生产药品污染的基本要求。

【技术要求】

A. 密闭的总原则

一　制药操作常依赖于能将有害物质从工作环境中隔离出来的密闭设备。操作者、产品和环境暴露的方式是各种各样的。可以按科学方法为职业危害暴露和产品结转量的设置可以接受限度。科学的讲，零风险是不可能的，这是因为使用的分析方法的灵敏度和公差的限度，以及对这些分析限度的持续改进。

B. 密闭的目标设定

密闭目标可以以一个或多个性能为基础进行设置：质量、生产率、健康、安全等。从源头上改善密闭可以提高上述一项或多项的性能。

C. 真空清洁设备的控制

清洁方法会使污染物释放到设备周围的环境当中；而使用压缩空气或高压水清洁设备会使污染物扩散得很广，进而使清洁工艺成为一项高暴露在有害物的环境中且耗时的工作。真空清洁的方法以及在清洁工具周围排放的气流流型，可以使排放的污染物非常有限。一个有效的清洁方法应建立一个完整清洁程序，包含了工作区、清洁方法和清洁剂等内容。

D. 设施考虑

设施的设计应该提供第二级防护，用以防止空气中的或者是活性药物成分（API）表面的污染物由工艺区域转移到非工艺区。

E. HVAC 系统的考虑

通过控制室内空气质量和气流模式来设计 HVAC 系统进而降低和间接的 GMP 风险。

【实施指导】

在设施设备选择时要注意以下特点：密封系统主要处理空气的悬浮粒子，而不是在产品表面堆积的污染。若残留在表面或者产品散落小部分的颗粒进入空气中，平均起来不会超过所要求的数值，这种情况应尽量避免，因为在这种情况下厂房设施的洁净度将高度取决于使用者。建议对交界面和表面进行擦拭检测以便确定产品在表面的残留水平。

必须考虑从密闭工艺从内向外穿越过的所有部位。例如，搅拌上的轴穿越部位加料系统和开关阀板，用于填充和清空固体物料排风系统和过滤设施，必须使用粉尘收集罐和过滤介质等系统来密闭处理。密封系统作为操作保护方面要求设备和容器内部负压，保证粉尘不得乱飞，符合 GMP 要求时不应使用黑色或塑料密封件。

A. 桶填充密封系统

密封系统是一种特殊适配头用于在线的桶填充和清空。填充桶时，填充器连接过滤头，在底部桶的边缘压有一个垫圈，若用两个填充器填充，第二个填充器也连接一个过滤头（图 9 - 2）。采用这个系统，填充器用胶带密封，在填充之后在中间分开。可能（用到）的附加设备：用带有过滤器的排风（免污染过滤器更换），在填充前冲洗过滤头的在线清洗设施清洁桶。

B. 容器清空站

锥体系统既能实现排出产品的功能，又实现密封系统的功能。通过锥体位置的自动调节，可从容器中放出产品。锥体系统也可用作定量给料系统，接料，清空站安装称重单元（取消称重操作），或者在下道工序称重（初始重量）。锥体高度调整也更容易清空不同的物料。容器清空方面的优势，较大的锥体横断面可以清空流动差的产品（图 9 - 3）。

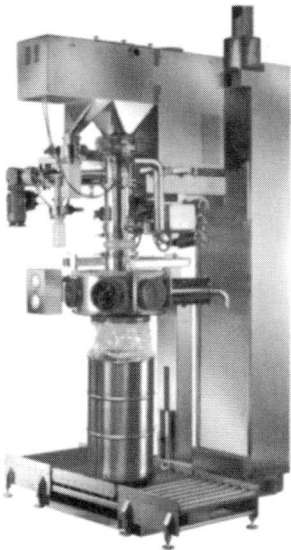

图 9 - 2　桶填充密封系统示例

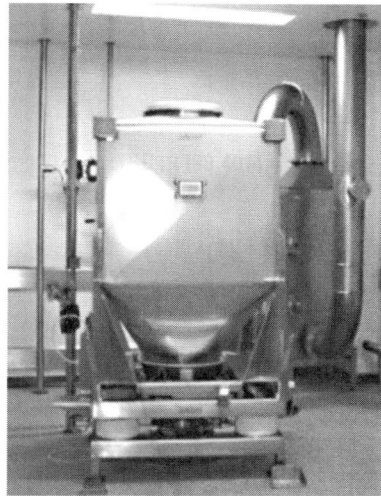

图 9 - 3　容器清空站示例

C. 分离阀门系统

系统分别采用两种分离方式：一种称为活动片，装有驱动装置，附在清空和添加位置；而被动部件装在容器进口和出口处。两种阀片一起形成了分离阀门系统（图9-4）。

图9-4 分离阀门系统示例

在加料和清空过程中，两个部件与锥体系统密切结合先在一起，随后打开。应该注意，图9-5中系统的清空打开设计为小横断面（直径50~300mm），在不用附加帮助的情况下，只适合清空不易流动的产品。应保证密封的完好，防止液体进入产品空间，避免引起在下一个加料时产品结块。

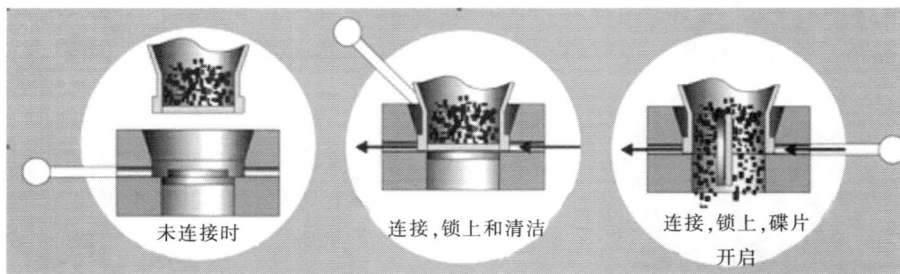

图9-5 分离阀门系统原理示意图

9.2.4 管理控制和操作规程

【背景介绍】

管理控制和标准操作规程（SOPs）定义了控制程序方面各层次，旨在确保工作人员了解危险是什么，这些危险在哪里，和管理的目的所在。SOP可能描述如下：工程控制的合理运用、进入并操作设备时使用个人防护设备。SOP的相关培训是管理控制的主要活动，以保证工作人员了解风险和如何安全工作。应重点关注行为管理、空气监测和医学监控。

【实施指导】

基于安全的行为管理可以用于保证员工遵守政策和规程。企业安全方面的文化层次如下：

- 即使在直接监管下，员工仍不遵守标准操作规程（SOP）和安全规范
- 仅在直接监管下，员工遵守标准操作规程（SOP）和安全规范
- 没有直接监管下，员工遵守标准操作规程（SOP）和安全规范
- 在没有监管下，员工主动纠正同事的行为（这是企业安全文化的理想阶段）。

企业的安全文化可以描述为：安全文化按照上述阶段逐步发展直到员工认知管理层的安全共识，这是总体程序成功的一个重要指标。管理层应提供有形的支持，提供合理培训的资源，并强制执行 SOP 等。信息反馈可以帮助建立卓越的行为管理，并提供：

- 优良的沟通机制和有形管理共识
- 胜任的了解健康、安全和环境的员工
- 融合员工意见的合理的政策和规程
- 适宜的工程控制技术和密闭技术

9.2.5 个人保护设备

【实施指导】

A. 个人防护设备的应用与考虑

个人防护设备（personal protective equipment，PPE）在口服固体制剂设施中广泛应用。不论是缺乏有效工程管理的情况下，还是必须进入工艺设备中，PPE 是保护操作人员的最后一道防线。它防止吸入、皮肤接触或摄入暴露物。EHS 部门应参与建立有效 PPE 程序，参与所有工艺程序、清洁和维护活动的风险评估，并制定适当的 PPE，应提供：

- 选择适当的 PPE
- 定期更换 PPE 材料
- 根据实际情况，以安全为考量，在 PPE 中添加或取消适宜的设施
- 在组织各个层次内，持续推行 PPE 程序，保证员工行为符合 PPE 规范

由于 PPE 通常为一次性使用，所以成本可能成为生产成本的一个主要部分。在我国，《GB 11651 劳动防护用品选用规则》规定了选用劳动防护用品的原则和要求。

B. 安全更衣

在工服中佩戴 PPE 可能导致遭受有害物质的污染。应提供设施并建立程序使得操作人员可以安全地取下受污染的 PPE。在脱工作服中，应保护操作人员不会吸入污染物，且从 PPE 中移除的污染物不会扩散。

喷雾式淋浴可以将灰尘污染物保留在连体工装裤上。应将水量降至最小以防止透过不防水工装裤使操作人员受到污染。喷水量最小化还可以降低过量喷雾和淋浴时出现液体污染的机会。当再次使用 PPE 部件，如呼吸防护设备时，在脱工作服区域应设有清洁和维护设施。

9.3 安全（safety）

【背景介绍】

（1）危险因素的总体描绘

物理、化学、热性质材料可能会有感光过度、热解、起火或尘末爆炸、超压或低压等风险，不恰当的安全保护可能会导致受伤、疾病、设备和设施的损坏以及暴露在有害环境中，可能导致停产和业务中断。强烈建议在项目初期项目组成员执行完整的危害和风险评估。

（2）建筑规范以及保险

建筑设计必须符合当地、政府和国家的设计规范，可能还需要符合防火和防过压危险要求。除了这些设计要求、安全保护规范和建筑防火规范等，许多保险公司还为了应对"高保护风险"而提出额外要求以降低商业中断的风险。

（3）进行过程危险评价或者类似的风险评估

危险或风险评估的第一步是要了解生产工程，生产中每一步能源的输入（如机械力、液压或气压），以及生产中原材料自身的危害。例如，多数制药原料为固体有机化学品，为了达到药效他们通常为很小的颗粒；这就提高了尘末爆炸的风险。应了解生产过程中物理加工的工序（如研磨、搅拌、流化床干燥、造粒等）。在风险评估中，工艺流程图、电力分级图纸、管道仪表图纸、设备图和说明，以及其他关键工程文件都应进行安全保护评估。一套系统化评估工具，如危险与可操作分析、工艺危险评估和其他公认的定义危害风险的工具，应在决定如何消除风险和识别风险中使用。

（4）爆炸风险的分类及处理

有机分子和某些无机分子可能迅速燃烧，短时间内生成大量燃烧气体，使一些设备可能由于超压而爆炸或断裂。燃烧范围和爆炸的扩散速度小于声速，但不可控。在"爆炸五角星"中，下列五项同时满足时就会燃爆：火源、燃烧剂、空气或其他氧化剂、混合、有限空间。

干燥环境会增加静电的风险。应根据国家/行业标准等公认的指导，在设计中考虑可燃或有可燃危险的材料，防护或避免燃烧的可能性。如果可燃蒸汽或气体与易燃粉尘混合，则混合物的燃点通常比蒸汽或粉尘的燃点低。还应建立易燃液体与易燃气体的安全规程。在我国，《GB 15577 - 1995 粉尘防爆安全规程》等规定了粉尘爆炸危险场所的防爆安全要求。

【实施指导】

A. 保护性设计的基本应用及标准

防护设计，如降低爆炸风险的方法、缓解爆燃超压、隔离、紧急通风管、反应危害和有形危害、预防容器压力过大或真空破损等，用来减缓易燃粉尘和易燃蒸汽的燃烧，还可在设备发生火灾爆炸时紧急处理沸腾的液体。根据材料自身的风险，必须采用以下一种或多种方法。除此之外，还应建立安全操作标准操作规程。作为日后指导，还应参考当地规范和标准。

B. 口服固体制剂设施的设计与建造

在口服固体制剂生产中，有很多的产尘生产环节，如称量、造粒、包衣等，也有时会用一些有机溶剂（如酒精等）参与生产过程。

● 设计口服固体生产设施时，要了解生产工艺中有哪些单元操作有爆炸风险。从而确定建筑的防爆区域，以决定哪个房间属于防爆区域，或整个建筑物需要做防爆设计。

- 建筑布局时，将包含这些单元操作的工艺房间尽量安排在建筑物的四周，或者顶层（房顶没有任何设备或设施），使这些工艺房间有泄爆口，从而符合防爆要求。
- 在建造口服固体制剂设施时，要采用轻质建筑材料建造房间的泄爆面（墙或屋顶），以满足泄爆的要求。

有产尘生产环节的设施，且产尘区域有粉尘爆炸的风险，则应按照以下原则设计和施工：

- 安装有粉尘爆炸危险的工艺设备或存在爆炸性粉尘的建（构）筑物，它们之间应是分离的，并留有足够的安全距离。
- 建筑物宜为单层建筑，屋顶宜用轻型结构，也可采用"抗爆"结构。
- 若采用多层建筑的结构，多层建筑物宜采用框架结构；不能使用这种结构的地方，必须在墙上设置面积足够大的泄爆口。
- 如果将窗户或其他开孔作为泄爆口，必须保证它们在爆炸发生时能有效地进行泄爆。
- 厂房内的危险工艺设备，宜设在建筑物内较高的位置，并靠近外墙。
- 设备、梁、架子、墙等必须具有便于清扫的表面结构，不宜有向上的拼接平面。
- 工作区必须有足够数目的疏散路线。
- 疏散路线的数目和位置由设计部门确定，主管部门批准。
- 疏散路线必须设置明显的路标和事故照明。
- 特别危险的工艺设备应设置在建筑物外面的露天场所。

9.4　环境（environment）

【法规要求】

> 在中国，《GB 8978-1996 污水综合排放标准》适用于现有单位水污染物的排放管理，以及建设项目的环境影响评价、建设项目环境保护设施设计、竣工验收及其投产后的排放管理。
>
> 《GB 16297-1996 大气污染物综合排放标准》规定了33种大气污染物的排放限值。
>
> 制药产业的污染物排放应符合下列相关的标准：
>
> 《GB 8978-1996 污水综合排放标准》
>
> 《GB 21908-2008 混装制剂类制药工业水污染物排放标准》
>
> 《GB 21903—2008 发酵类制药工业水污染物排放标准》
>
> 《GB 21904—2008 化学合成类制药工业水污染物排放标准》
>
> 《GB 21905—2008 提取类制药工业水污染物排放标准》
>
> 《GB 21906—2008 中药类制药工业水污染物排放标准》
>
> 《GB 21907—2008 生物工程类制药工业水污染物排放标准》等

环境法规要求保护空气、地表水和地下水。制药行业必须要符合环境法规，设计向大气排放、废水排放等。施工前应达到相应政府部门的批准，包括现场开发和基础工程。根据颁发的许可证和法规，生产设施要求有监控和记录。

　　化学品、活性药物成分（API）、危险废物都属于运送运输过程中的危险材料。组织需要对特定运输品建立危险材料安保计划，包括整装运输。因为安保计划可能不包含运输，所以计划好的危险物品运输应根据危险材料安保计划进行复核，确定设施可能受到何种程度的影响。如果没有恰当的运送危险材料和危险废物，尤其是运送人员没有接受要求的培训时，可能导致巨额罚款。在我国，危险品的运输应遵守《危险品运输管理条例》等。

9.5　其他考虑

A. 社会反应和紧急预案

　　风险应在现场得以控制，化学品泄漏和火灾或危及当地社会，所以应尽量避免发生。对于可以预计的意外，现场应建立紧急应对程序，备有紧急应对设备，并培训专门人员。与当地紧急情况处理人员紧密合作，如消防队，让其了解危险源是什么，方位在哪里。

　　将现场计划与当地社会沟通交流，保证危险源头得到控制。政府机关有应急预案的相关法律和指导。

B. 受控物质

　　在我国，对于化学品的管理就遵守《危险化学品安全管理条例》，《易制毒化学品管理条例》和《中华人民共和国监控化学品管理条例》等。

　　对受控物质（如麻醉品等）的管理集中体现在对产品转移的控制上，目的在于保证：

● 　在整个生产过程（从原料到成品）中成功达到批量平衡；

● 　成品的物理安全性。

　　我国由国家食品药品监督管理局特殊药品监管处对受控物质进行管理。更多内容可参考本丛书《质量控制实验室与物料系统》分册物料系统部分7.5特殊储存条件。

附录　软胶囊的生产概述

软胶囊系指一定量的药液密封于球形或椭圆形的软质囊材中，软质囊材由明胶、甘油或其他适宜的药用材料制成。软胶囊剂是以明胶、甘油为主要成囊材料，将油性的液体或混悬液药物作为内容物，定量的用连续制丸机压制成不同形状的软胶囊或用滴丸机滴制而成。

软胶囊剂生产工艺过程包括溶胶、压丸、干燥、洗丸、印字、内包装、外包装等步骤（附图1）。所涉及到的 GMP 法规和相应要求如附表1所示。

附表1　软胶囊剂生产工艺过程 GMP 要求

序号	工艺步骤	GMP 要求
1	溶胶	按照生产指令单领取原辅材料，执行化胶标准操作规程，生产过程中监控溶胶的质量并填写溶胶生产操作记录。按照 D 级洁净室进行环境参数控制。溶胶生产结束时完成生产记录填写，并复核，检查记录是否有漏记或错记现象，复核中间产品检验结果是否在规定范围内，检查记录中是否有偏差发生，如果发生偏差，按照偏差处理规程进行处理
2	压丸	按照压丸岗位标准操作规程和软胶囊制丸机标准操作程序进行操作，生产过程中检查软胶囊是否对称，内容物重及装量差异等，生产结束时按照清洁 SOP 清洁所用过的设备、生产场地、用具和容器。清场后及时填写清场记录，清场自检合格后，请 QA 人员检查，通过后取得"清场合格证"，放置在记录台规定位置，作为后续产品开工凭证
3	干燥	按照胶丸干燥标准 SOP 进行操作，完工后及时清场并做好相应记录
4	洗丸	进入生产区域规范穿戴工作衣、鞋和帽，确认无上一批号产品，并核对本批号产品卡，做到卡物相符，并确认品名、规格、数量。按照洗丸岗位标准操作规程进行操作。结束时检查无本批产品遗留并做好清洁工作
5	内包装	按照铝塑泡罩包装机标准操作规程和清洁消毒规程进行操作，填写内包装生产记录
6	外包装	根据产品的工艺条件和包装储存对产品质量的影响程度选择合适的外包装，一般应选用密封性能良好的玻璃容器、透湿系数小的塑料容器和泡罩式包装，在产品注册的储存条件下储藏

在生产流程之外，还有许多有关安全的要求。保护活性药物成分可以防止员工对药品暴露的可能性，如吸入或皮肤吸收等，由于减少了生产环节中的损失，也提高了批平衡的成功率。此外，保护技术也打击了一些恶意转移产品的情况，如员工盗取。例如，打开物料桶（IBC）与下一个生产设备之间的液压活性蝶形阀。如果采用工程控制设备机械地打开物料桶，则盗取产品的可能性将大大降低。

需要注意的是，在非工作时间，地下室中总要储存一些生产材料，包括物料桶中的材料。物料桶和地下室的门的尺寸应非常严密。

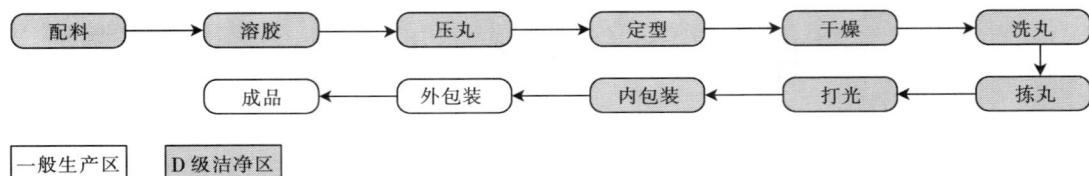

附图1　软胶囊生产工艺流程图

软胶囊制备过程介绍如下:

1　溶胶

【技术要求】

A. 控制要点

● 溶胶前要检查房间的温湿度及压差,满足要求。

● 溶胶前应按生产指令核对物料标签的信息,包括物料名称、规格、物料编号、批号、生产厂家和数量等,并应具有检验报告单、合格证。

● 物料称量及投料必须由他人独立复核,操作者和复核者均应在原始记录上签名。

● 剩余的辅料应封口贮存,在容器上标明品名、批号、数量等,并按退料SOP执行。

● 投料后,严格按照溶胶工艺规程,控制真空度、温度及时间。检测胶液黏度及水分。

● 配好的胶液在清洁的保温容器里,贴好标识,写明物料名称,批号,重量,日期和操作者姓名等。

● 溶胶设备、工具以及房间应按规定程序清洁、无污渍、保持设备完好。

B. 设备设计和材料

比较常用的溶胶设备主要包括带有投料开口的密闭的罐体、提供辅助动力(包括真空、热水、压缩空气、蒸汽等)的辅助单元两部分,与产品直接接触的部分均为不锈钢材质。

在整个溶胶过程中严格控制溶胶温度和脱泡时间,溶胶温度过高会破坏明胶的动力,脱泡时间过长导致胶液黏稠,不利于压制生产。

【实施指导】

囊材性质及处方

制备软胶囊的关键是囊壳的质量,直接关系到胶囊的成型与美观。其囊材的主要成分是胶料、增塑剂、附加剂和水等四类物质。最常用的胶料是明胶、阿拉伯胶。目前,有许多天然、半合成及合成物质被用来代替明胶制备软胶囊的囊壳,其中有天然的树胶或聚合物(阿拉伯树胶、黄蓍胶、琼脂等)、半合成的树胶或聚合物及合成的树脂或聚合物(聚甲基丙烯酸树脂,PVP,泊洛沙姆等)。增塑剂一般为甘油、山梨醇、丙二醇中的一种或其混合物。附加剂主要包括着色剂、遮盖剂、矫味剂(香料等)和防腐剂。

软胶囊的弹性大小取决于囊壳中干明胶、增塑剂及水三者之间的重量比。而干明胶与增塑剂的重量决定囊壳的硬度。囊壳处方中各种物料的配比是根据药物的性质和要求来确定的,有时还要根据产品销售的地域不同来确定。所以在选择软质囊材硬度时应考虑所填充药物性质及囊材与药物之间的相互影响。在选择增塑剂时亦应考虑药物的性质。

（1）操作简介

将固体明胶颗粒与增塑剂（如甘油）、纯化水在一密闭容器中混合加热、脱泡使其成为均质胶质液体的过程。操作时先把增塑剂（如甘油）、水、其他辅料加入容器中，搅拌混合，升温至一定温度后加入明胶颗粒，搅拌，利用真空进行脱泡，制得均质胶液。

（2）特点

整个过程在一密闭容器内进行，操作简单、快速，减少了污染风险。

（3）溶胶过程控制

- 工艺控制点：投料、溶胶真空度、温度、时间等
- 质量控制项目：黏度、水分等

2　内容物配制

【背景介绍】

软胶囊剂中可以填充各种油类或对明胶无溶解作用的液体药物或混悬液，也可以填充固体药物，填充的液体内容物可分为三类：

- 与水不相混溶的挥发性或不挥发性的液体，如植物油或芳香油。
- 能与水混溶的不挥发性的液体如聚乙二醇和非离子型表面活性剂。
- 能与水相溶而挥发性小的化合物如甘油、丙二醇和异丙醇。

通常药物可能吸水，往往会引起软囊壳中水分发生改变，若药物是亲水性的，应使药物保持适量的水分，油类一般作为药物的溶媒或混悬液的介质，填充油的软胶囊虽然没有水分，但湿气或囊壳中的水分可透过囊壁而进入其中。如果药物是亲水性的，亦应保持适量的水分。

药液中含水分超过50%或含低分子量与水互相混溶的挥发性溶剂如乙醇、丙酮、胺、酸及酯类等，均能使软胶囊软化或溶解，因此不宜制成软胶囊剂。

【技术要求】

- 配料前应按生产指令核对物料的信息，包括物料名称、规格、物料编号、批号、生产厂家和数量等，并应具有检验报告单、合格证。液体物料均应过滤除去异物，用固体原辅料配混悬液前，应先粉碎，过滤达到规定的细度。
- 原辅料投料量按生产指令计算，称量及投料必须由他人独立复核。操作人、复核人均在原始记录上签名。
- 剩余的辅料应封口贮存，在容器上标明品名、批号、数量等，并按退料SOP执行。
- 使用的各容器应洁净、干燥、无异物，清洗后的容器应有状态标志。
- 配好的药液装在清洁的容器内，标明药液的名称、批号、数量，检验合格后才可交付下工序。

【实施指导】

（1）内容物配制的几种方法

- 药物本身是油类的，只需加入适量抑菌剂，或再添加一定数量的油（或PEG400等），混匀即得。
- 药物若是固态，首先将其粉碎过100～200目筛，再与油混合，经胶体磨研匀，

或用低速搅拌加玻璃砂研匀，使药物以极细腻的质点形式均匀的悬浮于油中。

- 软胶囊大多填充药物的非水溶液，若要添加与水相混溶的液体如聚乙二醇、吐温80等时，应注意其吸水性；因胶囊壳水分会迅速向内容物转移，而使囊壳的弹性降低。
- 在长期储存中，酸性内容物也会对明胶水解造成泄漏，碱性液体能使囊壳溶解度降低。醛类药物会使明胶固化而影响溶出；遇水不稳定的药物应采用何种保护措施等，均应在内容物的配方时考虑。

（2）内容物配制过程控制
- 工艺控制点：投料、粉碎、过筛、温度、时间
- 质量控制项目：含量、异物等

【实例分析】

用5%～10%的甘油或丙二醇可使聚乙二醇对胶壳的吸水作用得到改善。油类能增加甾体药物的溶解度；低黏度的稀释剂可增加胶囊内容物的流动性。例如，选择稀释剂是制备硝苯啶软胶囊剂的关键，以聚乙二醇（PEG）400为辅料，按下述处方压制获得的胶丸质量较好。处方（每丸用量）：硝苯啶5mg、PEG400 220mg。

3 压丸

【背景介绍】

软胶囊的制法有两种：滴制法和压制法，压制法又分平模压制和滚模压制。

【要点分析】

A. 控制要点

- 认真执行交接班制度，接班时，认真检查设备运转状况，查阅原始记录。
- 生产过程中，密切注意设备运转情况及时监测胶皮厚度与均匀度、补充润滑液。
- 严格控制操作间温度计湿度，如有异常及时调整。
- 注意随时调节胶液温度、胶盒温度、定时检查丸重差异，并记录，随时检查丸形是否正常、有无渗漏。
- 定期清洗设备并记录，换品种时应清场并记录。定期进行设备保养，做好记录。

B. 设备

滚模式软胶囊机主要有主机、内容物料供应系统、胶液供应系统、胶皮冷却系统、胶囊输送带、定型干燥转笼和电气控制系统等组成，辅助工具有天平、网胶装运及处理用具等，另外配有空调净化系统、压缩空气、冷水、清洁热水等辅助动力（附图2）。

影响压丸质量主要因素：
- 胶液方面：主要是原料胶的质量、配比，还有胶液的黏度、水分含量等诸多参数。
- 内容物方面：性质与理化特性、黏稠度、细度、分布均匀情况、流态和分层速度等。
- 人员技术技能水平等。
- 机器设备匹配和状况方面：设备转速、模具同步、各温度控制部件的温度等。
- 环境因素方面：主要是温度与湿度的恒定及洁净度的保证等。
- 工艺方面：好工艺是绝对主要的。

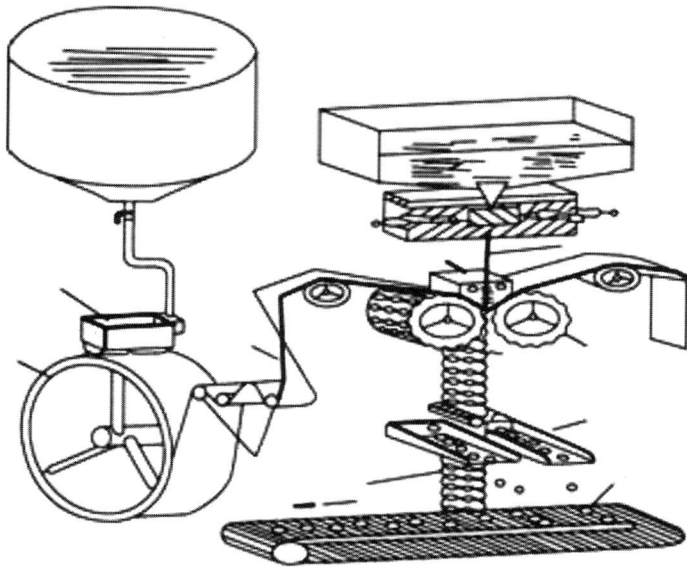

附图2　压丸机示意图

【实施指导】

A. 滴丸机生产软胶囊剂

将油料加入料斗中；明胶浆加入胶浆斗中，并保持一定温度；盛软胶囊器中放入冷却液（必须安全无害，和明胶不相混溶，一般为液状石蜡、植物油、硅油等），根据每一胶丸内含药量多少，调节好出料口和出胶口，胶浆、油料先后以不同的速度从同心管出口滴出，明胶在外层，药液从中心管滴出，明胶浆先滴到液状石蜡上面并展开，油料立即滴在刚刚展开的明胶表面上，由于重力加速度的道理，胶皮继续下降，使胶皮完全封口，油料便被包裹在胶皮里面，再加上表面张力作用，使胶皮成为圆球形，由于温度不断的下降，逐渐凝固成软胶囊，将制得的胶丸在室温（20～30℃）冷风干燥，再经石油醚洗涤两次，再经过95%乙醇洗涤后于30～35℃烘干，直至水分合格后为止，即得软胶囊。

制备过程中必须控制药液、明胶和冷却液三者的密度以保证胶囊的有一定的沉降速度，同时有足够的时间冷却。滴制法设备简单，投资少，生产过程中几乎不产生废胶（装量调节、速度调节时易产生不合格品），产品成本低。

B. 滚模式软胶囊机生产软胶囊

软胶囊制备常采用滚模式软胶囊机压制生产，即胶液分别由软胶囊机两边的输胶系统流出铺到转动的胶带定型转鼓上形成胶液带，由胶盒刀闸高低调整胶带厚薄。胶液带经冷源冷却定型后，由上油滚轮揭下胶带。自动制出的两条胶带，由左右两旁向中央共相对合的方向靠拢移动，在分别穿过左右各自上油滚轮时，完成涂入模剂和脱模剂工作，然后经胶带传送导杆和传送滚柱，从模具上部对应送入两平行对应吻合转动的一对圆柱形滚模间，使两条对合的胶带一部分先受到楔形注液器加热与模压作用而先黏合，此时内容物料液泵同步随即将内容物料液定量输出，通过料液管到楔形注液器，经喷射孔喷出，充入两胶带间所形成的由模腔包托着的囊腔内。因滚模不断地转动，使喷液完毕后的囊腔旋即模压黏合而完全封闭，形成软胶囊。

压制法产量大，自动化程度高，成品率也较高，计量准确，适合于工业化大生产。

C. 压丸过程控制

● 工艺控制点：胶皮厚度、设备转速、胶盒温度、喷体温度、冷水温度等
● 质量控制项目：装量、丸形等

4　干燥

【技术要求】

胶囊过猛干燥反而欲速而不达，甚至于对丸形有害，严重的会造成外观质量不合格和崩解度差的后果，因此在预干一定时间后采用自然风干。

常用的终干方式：将胶囊放于托盘内并放于干燥隧道或干燥间内通过空调系统除湿干燥（附图3）。

附图3　干燥隧道示意图

控制要点：

● 注意检查丸形正常、无粘连。
● 胶囊干燥关键在于环境温湿度的控制，因此在生产过程中要严格控制环境的温湿度。

【实施指导】

预干定型和终干是借助设备或采用其它方式快速有效地将制备出的半成品软胶囊脱去囊壳中的多余水分，含水量达到成品标准。

简单的操作描述：压制后的胶囊通过传送带送入预干转笼内，通过转笼旋转和风机吹风使胶囊囊壳的水分快速散失达到定型的目的，经预干后的胶囊放在托盘内放于低温低湿环境中进行自然风干。

工艺控制点：环境温度、环境湿度。

质量控制点：外观、水分。

5　拣丸

【技术要求】

A. 控制要点

● 生产前确保房间温湿度、压差符合规定要求。

- 生产前核对品名、规格、批号等。
- 操作过程中严格控制胶囊出料速度，避免由于惯性导致不合格胶囊进入合格区域或合格胶囊进入不合格区域。
- 操作过程中严格按照规定程序进行操作，确保拣丸质量。
- 生产结束后按照规定程序标识物料和清洁设备、房间。

B. 设备设计和材料

软胶囊分拣设备分拣原理：以椭圆形软胶囊中间切面的直径为基准，通过振荡器、分拣孔板和转辊的旋转对产品进行分拣。在分拣转辊之下，是两条材料为聚亚胺酯的出料传送带；这两条传送带反向传送，出口分别装在设备的两侧，以便分拣出的软胶囊按照不同的厚度标准分别进入 3 个相应的接料筐：偏大的产品、偏小的产品、合格的产品；在分拣转辊单元上方有一个有机玻璃护罩，带有一个安全开关，从而保证操作人员的安全（附图 4）。

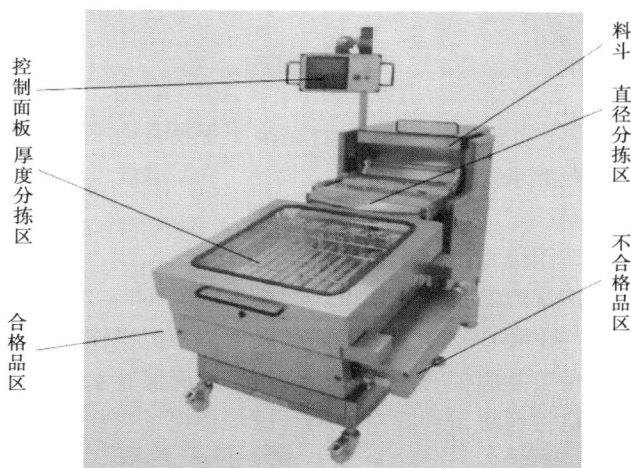

附图 4 拣丸设备示意图

【实施指导】

胶囊拣丸是控制胶囊大小的一种方式，其操作简介如下：首先，在加料料斗中加入待拣产品；通过一个振荡器向直径分拣区加料，在此区域将粘连在一起的软胶囊剔除。接着通过一个倾角可以调节的胶囊分配单元分别引导软胶囊进入厚度分拣区的转辊轨道；两个转辊轨道之间形成一个梯形缝隙，由上到下逐渐加宽，利用设定的界定值将该梯形缝隙分为三个区域，然后通过转辊的运转，输送软胶囊分别进入相应的区域。

质量控制项目：大小丸、异形丸等。

6 洗丸

【技术要求】

- 洗丸环境要满足安全和工艺双向要求。
- 选择的清洗溶剂不得对产品质量产生影响。
- 必要时进行清洗剂残留溶剂检测。

【实施指导】

洗丸是通过乙醇或异丙醇等清洗溶剂将胶囊表层的油脂去除,可人工清洗也可采用设备进行清洗,简单操作即为:将胶囊放入清洗溶剂中通过搅拌、淋洗等方式是使油脂与囊皮分离,然后将清洗后的胶囊进行干燥。

洗丸最原始的方式是放在盆中或类似水斗的洗涤槽内,加入一定量的清洗溶剂,手工反复搅拌若干时间后,捞出软胶摊开到晾丸台上,让清洗溶剂彻底挥发干净若干时间后,转入下一工序。

目前比较先进的洗丸方式是采用设备进行清洗,其原理应用主要部件上分滚笼式和履带式,洗涤形式主要分冲淋式和浸泡式,包括超声波技术应用。

7 印字

【背景介绍】

印字是在软胶囊囊皮上以适当的方式印上文字或图案,目前常用的方法有:字模印字法、喷墨印字法、激光刻字法。

【技术要求】

2010 版 GMP 第一百零二条规定,药品上直接印字所用油墨应当符合食用标准要求,因此胶囊印字符合食用级要求。

控制要点:

● 印字用油墨为药用级别或食用级别。

● 生产前确认生产环境符合工艺要求。

● 印字操作需要一定技巧,要求员工熟悉操作并掌握操作要领,以确保印字质量。

● 胶囊印字过程中要随时抽查胶囊的印字质量,确保胶囊印字清晰、完整。

● 生产结束后严格按照规定程序对物料、设备和现场进行相应的处理。

● 由于印字过程需要持续时间较长(取决于生产批量),所以各班次需要做好半成品产品保护,防止交叉污染。

● 有些产品印字结束后,为了确认胶囊印字效果,会有全批挑囊过程。由于挑囊过程需要很多操作员工同时在操作间进行。直接接触产品的人员在接触产品之前需要确保佩戴手套(符合微生物要求的)和口罩,并用符合要求的药用酒精对双手进行消毒。离开操作间之前需要摘除手套口罩。再次进入操作间,需要重新佩戴新的手套(符合微生物要求的)和口罩。

【实施指导】

字模印字法:主要就是按文字或图案样刻在一硬质模上,舔上印油,在排列好的软胶囊表面像盖章一样将文字图案印在胶囊上面,由于印墨属于食品级并会快速挥发达到干燥后色印留驻产品上的目的。字模印字一般为单色且个别会模糊印字不清,因此其对字和图案的大小有一定要求范围。

喷墨印字法:喷墨印字法使用喷墨印字机技术,按电脑液晶面板显示,从键盘输入需要印刷的文字或图案,靠光感应到丸后而由特制喷嘴细微喷射孔定量定位喷射出食品级色墨喷印在丸外表面上,墨会极其迅速地挥发去溶剂并干燥。喷墨印字机反应迅速,只要软胶囊排列速度快,其速度就多快,是非常有效的印字设备,相对字模印字机,速度快清晰度好，质量更好。由于喷嘴是平面喷射文字或图案，而丸是球拱曲面，所以边缘图案文字会走形些，所以要特别注意软件的配选。

激光刻字法：是利用激光技术像刻图章般在软胶囊外表面阴（凹）刻下文字或图案，字体细度能达到 0.005mm。使用该技术进行印字时各项参数的设计尤为重要，确保胶囊印字完好且不穿透胶皮影响产品质量。

词 汇 表

环境，健康，安全	environment, health, safety, EHS
质量风险管理	quality risk management, QRM
风险评估	risk assessment
风险控制	risk control
事先危害分析	preliminary hazard analysis, PHA
失败模式效果分析	failure mode effects analysis, FMEA
危害分析及主要控制点	hazard analysis and critical control points, HACCP
过失树分析	fault tree analysis, FTA
两次失败之间的平均时间	mean time between failure, MTBF
主题事务专家	subject matter expert, SME
缎带式混合机	ribbon blender
在线清洗	clean in place, CIP
锥型混合机	conical screw blender
辊压制粒	roller compaction
压片能力	compressibility
导流管	wurster column
中间过程控制	in process control, IPC
物料桶	intermediary bulk containers, IBCs
关键工艺参数	critical process parameters, CPP
工艺验证	process validation
前验证/前瞻性验证	prospective validation
同步验证	concurrent validation
回顾性验证	retrospective validation
个人防护设备	personal protective equipment, PPE
职业暴露限值	occupational exposure limit, OEL
职业暴露等级	occupational exposure bands, OEB
口服固体制剂	oral solid dosage, OSD
人流/物流	person flow / material flow
药物活性成分	active pharmaceutical ingredients, API
中间体	intermediate products

术 语 表

包装	待包装产品变成成品所需的所有操作步骤，包括分装、贴签等。但无菌生产工艺中产品的无菌灌装，以及最终灭菌产品的灌装等不视为包装。
包装材料	药品包装所用的材料，包括与药品直接接触的包装材料和容器、印刷包装材料，但不包括发运用的外包装材料。
操作规程	经批准用来指导设备操作、维护与清洁、验证、环境控制、取样和检验等药品生产活动的通用性文件，也称标准操作规程。
产品	包括药品的中间产品、待包装产品和成品。
产品生命周期	产品从最初的研发、上市直至退市的所有阶段。
成品	已完成所有生产操作步骤和最终包装的产品。
重新加工	将某一生产工序生产的不符合质量标准的一批中间产品或待包装产品的一部分或全部，采用不同的生产工艺进行再加工，以符合预定的质量标准。
待包装产品	尚未进行包装但已完成所有其他加工工序的产品。
待验	指原辅料、包装材料、中间产品、待包装产品或成品，采用物理手段或其他有效方式将其隔离或区分，在允许用于投料生产或上市销售之前贮存、等待作出放行决定的状态。
发放	指生产过程中物料、中间产品、待包装产品、文件、生产用模具等在企业内部流转的一系列操作。
复验期	原辅料、包装材料贮存一定时间后，为确保其仍适用于预定用途，由企业确定的需重新检验的日期。
发运	指企业将产品发送到经销商或用户的一系列操作，包括配货、运输等。
返工	将某一生产工序生产的不符合质量标准的一批中间产品或待包装产品、成品的一部分或全部返回到之前的工序，采用相同的生产工艺进行再加工，以符合预定的质量标准。
放行	对一批物料或产品进行质量评价，作出批准使用或投放市场或其他决定的操作。
高层管理人员	在企业内部最高层指挥和控制企业、具有调动资源的权力和职责的人员。
工艺规程	为生产特定数量的成品而制定的一个或一套文件，包括生产处方、生产操作要求和包装操作要求，规定原辅料和包装材料的数量、工艺参数和条件、加工说明（包括中间控制）、注意事项等内容。
供应商	指物料、设备、仪器、试剂、服务等的提供方，如生产商、经销商等。
回收	在某一特定的生产阶段，将以前生产的一批或数批符合相应质量要求的产品的一部分或全部，加入到另一批次中的操作。
计算机化系统	用于报告或自动控制的集成系统，包括数据输入、电子处理和信息输出。
交叉污染	不同原料、辅料及产品之间发生的相互污染。

校准	在规定条件下，确定测量、记录、控制仪器或系统的示值（尤指称量）或实物量具所代表的量值，与对应的参照标准量值之间关系的一系列活动。
阶段性生产方式	指在共用生产区内，在一段时间内集中生产某一产品，再对相应的共用生产区、设施、设备、工器具等进行彻底清洁，更换生产另一种产品的方式。
洁净区	需要对环境中尘粒及微生物数量进行控制的房间（区域），其建筑结构、装备及其使用应当能够减少该区域内污染物的引入、产生和滞留。
警戒限度	系统的关键参数超出正常范围，但未达到纠偏限度，需要引起警觉，可能需要采取纠正措施的限度标准。
纠偏限度	系统的关键参数超出可接受标准，需要进行调查并采取纠正措施的限度标准。
检验结果超标	检验结果超出法定标准及企业制定标准的所有情形。
检验结果超趋势	检验结果没有超出标准，但超出正常范围或出现不正常的趋势。
批	经一个或若干加工过程生产的、具有预期均一质量和特性的一定数量的原辅料、包装材料或成品。为完成某些生产操作步骤，可能有必要将一批产品分成若干亚批，最终合并成为一个均一的批。在连续生产情况下，批必须与生产中具有预期均一特性的确定数量的产品相对应，批量可以是固定数量或固定时间段内生产的产品量。 例如：口服或外用的固体、半固体制剂在成型或分装前使用同一台混合设备一次混合所生产的均质产品为一批；口服或外用的液体制剂以灌装（封）前经最后混合的药液所生产的均质产品为一批。
批号	用于识别一个特定批的具有唯一性的数字和（或）字母的组合。
批记录	用于记述每批药品生产、质量检验和放行审核的所有文件和记录，可追溯所有与成品质量有关的历史信息。
气锁间	设置于两个或数个房间之间（如不同洁净度级别的房间之间）的具有两扇或多扇门的隔离空间。设置气锁间的目的是在人员或物料出入时，对气流进行控制。气锁间有人员气锁间和物料气锁间。
确认	证明厂房、设施、设备能正确运行并可达到预期结果的一系列活动。
退货	将药品退还给企业的活动。
物料	指原料、辅料和包装材料等。 例如：化学药品制剂的原料是指原料药；生物制品的原料是指原材料；中药制剂的原料是指中药材、中药饮片和外购中药提取物；原料药的原料是指用于原料药生产的除包装材料以外的其他物料。
物料平衡	产品或物料实际产量或实际用量及收集到的损耗之和与理论产量或理论用量之间的比较，并考虑可允许的偏差范围。
污染	在生产、取样、包装或重新包装、贮存或运输等操作过程中，原辅料、中间产品、待包装产品、成品受到具有化学或微生物特性的杂质或异物的不利影响。
验证	证明任何操作规程（或方法）、生产工艺或系统能够达到预期结果的一系列活动。

印刷包装材料	指具有特定式样和印刷内容的包装材料，如印字铝箔、标签、说明书、纸盒等。
原辅料	除包装材料之外，药品生产中使用的任何物料。
中间产品	指完成部分加工步骤的产品，尚需进一步加工方可成为待包装产品。
中间控制	也称过程控制，指为确保产品符合有关标准，生产中对工艺过程加以监控，以便在必要时进行调节而做的各项检查。可将对环境或设备控制视作中间控制的一部分。
安全隐患	是指由于研发、生产等原因可能使药品具有的危及人体健康和生命安全的不合理危险。
职业暴露限值	是职业性有害因素的接触限制量值，指劳动者在职业活动过程中长期反复接触对机体不引起急性或慢性有害健康影响的容许接触水平。化学因素的职业暴露限值可分为时间加权平均容许浓度、最高容许浓度和短时间接触容许浓度三类。

关键词表

参 考 文 献

［1］中华人民共和国卫生部. 药品生产质量管理规范. 2010 年修订

［2］国家食品药品监督管理局. 药品生产验证指南. 2003

［3］US FDA. 工艺验证指南. 2011

［4］李钧. 药品 GMP 卫生教程. 2003

［5］中国医药工程设计协会. GB50457 – 2008 医药工业洁净厂房设计规范. 2009

［6］ICH, Guidance for Industry Q7A Good Manufacturing Practice Guidance for Active Pharmaceuti-cal Ingredients, 2000

［7］ICH Harmonised Tripartite Guideline Imputities：Guideline line for Residual Solvents Q3C（R4）Current Step 4 Version Dated February 2009

［8］ISPE Baseline Guide for Oral Solid Dosage Forms, 2009

［9］GMP Publishing, GMP Manual, 2009

［10］EU, Guidelines to Good Manufacturing Practice Medicinal Products for Human and Veterinary Use, 2008